空间法评论 第7卷
Space Law Review Vol.7

赵海峰 主　编
聂明岩 常务副主编
张　宇 副主编

哈尔滨工业大学出版社

内容提要

随着经济社会和科技的快速发展,空间活动日益增多,空间法的理论与实践也日益活跃。人们迫切需要空间法的研究不断深入,以规范人类的太空活动。

本书收集了新的空间法相关领域的研究论文、学术信息、国内外重要文件以及大事记,可供科技、法律等部门决策参考,也可作为高校国际法等相关专业师生的参考书。

图书在版编目(CIP)数据

空间法评论. 第7卷/赵海峰主编. —哈尔滨:哈尔滨工业大学出版社,2017.12
ISBN 978-7-5603-4018-0

Ⅰ.①空… Ⅱ.①赵… Ⅲ.①空间法-文集 Ⅳ.①D999.1-53

中国版本图书馆 CIP 数据核字(2017)第 248486 号

责任编辑　田新华
封面设计　卞秉利
出版发行　哈尔滨工业大学出版社
社　　址　哈尔滨市南岗区复华四道街 10 号　邮编 150006
传　　真　0451-86414749
网　　址　http://hitpress.hit.edu.cn
印　　刷　哈尔滨圣铂印刷有限公司
开　　本　787mm×960mm　1/32　印张 8.5　字数 280 千字
版　　次　2017 年 12 月第 1 版　2017 年 12 月第 1 次印刷
书　　号　ISBN 978-7-5603-4018-0
定　　价　48.00 元

(如因印装质量问题影响阅读,我社负责调换)

编 委 会

顾　问
　　李　巍　　工业和信息化部政策法规司司长
　　赵宏瑞　　哈尔滨工业大学法学院院长、教授、博导

主　编
　　赵海峰　　国家法官学院教授,哈尔滨工业大学空间法研究所原所长

常务副主编
　　聂明岩　　南京航空航天大学法律系讲师

副主编
　　张　宇　　哈尔滨工业大学保密处职员

编　委
　　马新民　　外交部条法司副司长
　　张振军　　中国空间法学会秘书长
　　王冀莲　　中国长城工业集团有限公司总法律顾问
　　Armel Kerrest　　法国西布列塔尼大学航空与空间法研究中心主任、教授
　　Marco Pedrazzi　　意大利米兰大学国际研究系副主任、教授
　　Stephan Hobe　　德国科隆大学法学院教授,科隆大学航空与空间法研究所所长
　　Joanne Irene Gabrynowicz　　美国密西西比大学法学院荣誉教授,密西西比大学国家遥感、航空与空间法研究中心原主任
　　Frans von der Dunk　　美国内布拉斯加大学法学院空间法教授
　　Setsuko AOKI　　日本应庆义塾大学教授
　　Sang – Myon Rhee　　韩国首尔大学法学院教授
　　Ram Jakhu　　加拿大麦吉尔大学航空与空间法研究所教授、所长
　　Tanja Masson – Zwaan　　国际空间法学会名誉主席、荷兰莱顿大学航空与空间法研究所副所长

V. S. Mani	印度斋浦尔(Jaipur)国立大学法律和治理学院院长、教授
Lesley Jane Smith	德国吕内堡(Luneburg)大学教授
Steven Freeland	澳大利亚西悉尼大学教授
stephen Barnes	中国政法大学法学院客座教授
李寿平	北京理工大学法学院院长、教授、博导,北京理工大学空间法研究所所长
张会庭	中国航天系统科学与工程研究院航天信息中心研究员、副所长
龙卫球	北京航空航天大学法学院院长、教授、博导
凌　岩	中国政法大学国际法学院教授、博导,中国政法大学航空法与空间法研究中心副主任
尹玉海	深圳大学法学院教授,深圳大学空间政策与空间法研究中心主任
赵　云	香港大学法律学院教授
高国柱	北京航空航天大学法学院教授,北京航空航天大学空间法研究所所长
李居迁	中国政法大学国际法学院教授、中国政法大学航空法与空间法研究中心副主任
侯瑞雪	哈尔滨工业大学法学院副教授,哈尔滨工业大学空间法研究所副所长
荣吉平	哈尔滨工业大学法学院副教授、哈尔滨工业大学空间法研究所副所长
吴晓丹	中央财经大学法学院副教授
高立忠	哈尔滨工业大学法学院副教授
李晶珠	哈尔滨工业大学法学院讲师
左晓宇	中国航天员训练中心助理研究员
蔡高强	湘潭大学法学院教授、博导
王国语	北京理工大学副教授

Editor in Chef

Prof. Haifeng Zhao, Prof. of National Judges College, Former Director of Space Law Insitute of Harbin Institute of Technology (H. I. T.).

前　　言

　　《空间法评论》第 7 卷主要刊登了针对近期空间领域一系列重要法律问题进行专门研究的论文。首篇刊出了对美国空间立法的建立、演进及变革进行评述的文章。作为世界上最重要的空间强国，美国立法对其他国家空间法制定有至关重要的影响。接着刊出对几年前外层空间法一个全球性的改革，即常设仲裁院通过《外层空间活动争端任择性仲裁规则》所创设的解决外空争端的新机制所涉及的问题进行讨论的文章。之后的两篇论文关注了空间法领域的最新课题，即由美国和卢森堡新近通过的小行星资源开采立法所引起的关于外空资源开发所涉法律问题。此外，本卷收录两篇与载人航天相关的论文，分别对载人航天国际法律规制及外空旅游法律问题进行了研讨。除了上述论文之外，还刊登了最近几年国内重要的空间立法政策和法规、国外的两个立法等重要文件。同时，对最近几年的空间法领域的主要事件以"大事记"进行了回顾。

　　具体而言，美国葛布利诺兹教授的《半世纪的纪实：美国国内空间法的演变和三个长期存在的问题》，将美国空间立法发展历史进行了全面介绍和认真梳理的同时关注了空间活动发展过程中几个长期存在的问题。这首先对于读者全面、透彻地了解美国空间立法具有重要意义。同时，葛布利诺兹教授重点论证的美国空间活动中的州空间立法、商用轨道飞行许可以及有关商业化概念等三个问题，具有启示意义。

　　朱泓宇和赵海峰教授合著的《外空活动争端解决国际法律机

制研究》针对国际常设仲裁院于2011年通过的《外层空间活动争端任择性仲裁规则》所创设的解决外空争端新机制进行了全面的解析,对"仲裁规则"适用程序的灵活性与便利性、私人实体的可适用性以及适用争端类型对外空相关条约的补充等全新特点进行了关注和解读,并就中国相关机构和个人如何适用新机制提出了建议。

吴晓丹的《外空领域国际法与国内法的关系》一文主要从各国国内空间立法与国际空间条约关系的角度进行分析,并就国内空间立法的最新发展(尤其是美国、卢森堡新近关于小行星资源开采的立法)可能带来的国际与国内空间法的双向互动进行了深入研究。

李晶珠的《人类命运共同体意识下外空资源开发的国际法制构建基础探讨》以美国、卢森堡新近立法为起点,主要讨论建设开发外空资源国际制度的基础。文章引入我国倡导的"人类命运共同体"的外交理念,提出应将其转化为外空资源开采基本原则,以此为基础建设相关国际机制。

杨博超的《全球治理视域下载人航天国际法律制度研究》针对载人航天国际法律制度进行研究,提出在与载人航天相关的国际法律规范中引入全球治理模式,从而完善载人航天国际法体系的顶层设计。

于焕与陈晔的《外空旅游的法律问题》对外空旅游以及外空游客相关的法律问题进行了全面介绍和分析。在梳理不同国家的相关立法经验之后,提出了我国应对外空旅游所带来的法律困境的相应措施。

本卷刊登的国内外空间政策、法规包括:《2016中国的航天》白皮书、《中国北斗卫星导航系统》白皮书、《国家民用空间基础设施中长期发展规划(2015—2025)》《民用卫星工程管理暂行办法》《高分辨率对地观测系统重大专项卫星遥感数据管理暂行办法》以及美国《外空商业发射竞争法》第四部分——外空资源的探索与利用和卢森堡《探索和利用外空资源法》等。

《空间法评论》的出版,得到了中国空间法学会、国防科工局、外交部、中国国际法学会、各兄弟院校、国外空间法研究机构和各位名家学者的大力支持,我们表示衷心的感谢!

赵海峰

国家法官学院教授

哈尔滨工业大学空间法研究所原所长、

法学院特聘教授

聂明岩

南京航空航天大学法律系讲师、

德国科隆大学法学博士

2017年8月20日

目　录

□ 论文

半世纪的纪实：美国国内空间法的演变和三个长期
存在的问题
[美] 乔安娜·赵爱琳·葛布利诺兹 著，聂明岩 译，赵海峰 校
………………………………………………………… （1）
外空活动争端解决国际法律机制研究　　朱泓宇　赵海峰 （34）
外空领域国际法与国内法的关系　　　　　　　吴晓丹 （51）
人类命运共同体意识下外空资源开发的国际
法制构建基础探讨　　　　　　　　　　　　　李晶珠 （68）
全球治理视域下载人航天国际法律制度研究　　杨博超 （81）
外空旅游的法律问题　　　　　　　　　于煥　陈晔 （105）

□ 学术信息

哈尔滨工业大学人文社科与法学学院成功举办亚太空间
合作组织（APSCO）"第四届国际空间法律政策论坛"
………………………………………………………… （123）
哈尔滨工业大学人文社科与法学学院举办亚太空间合作
组织国际培训
………………………………………………………… （125）
专家通过"一带一路"空间信息走廊建设工程方案
………………………………………………………… （126）

□ 重要文件

(一)国内空间政策、法规 .... (128)

《2016 中国的航天》(中、英文)
.... (128)

《中国北斗卫星导航系统》白皮书(中、英文)
.... (176)

《国家民用空间基础设施中长期发展规划(2015—2025)》
.... (200)

《民用卫星工程管理暂行办法》
.... (215)

《高分辨率对地观测系统重大专项卫星
遥感数据管理暂行办法》
.... (222)

(二)国外空间立法 .... (230)

《美国外空商业发射竞争法》(中、英文)
第四部分——外空资源的探索与利用　　于　焕译 (230)

《探索和利用外空资源法(卢森堡)》(中、英文)
　　　　　　　　　　　　　　　　于　焕译 (236)

□ 大事记

外层空间法大事记(2011—2017)　　聂明岩 (248)

Contents

☐ **Thesis**

One Half Century and Continuing: The Evolution of U. S. National Space Law and the Three Long-Term Emerging Issues
　　　　　　　by GABRYNOWICZ Irene Joanne
　　translated by NIE Mingyan, revised by ZHAO Haifeng　(1)

Study on International Mechanism of Dispute Settlement in Outer Space
　　　　　　by ZHU Hongyu and ZHAO Haifeng　(34)

The Relationship Between International and National Law in the Field of Outer Space
　　　　　　　　　　　　by WU Xiaodan　(51)

Analysis of the Basis of Establishing International Regime of Space Resources Exploitation under the Consciousness of a Community of Shared Future for Mankind
　　　　　　　　　　　　by LI Jingzhu　(68)

Research on the International Legal Regime of Manned Space Flight from the Perspective of Global Governance
　　　　　　　　　　　by YANG Bochao　(81)

Legal Issues on Space Tourism
　　　　　　　　by YU Huan and Chen Ye　(105)

☐ Academic Information

The Fourth APSCO International Space Law and Policy Forum
was Held by the School of Humanities, Social Sciences &
Law, Harbin Institute of Technology (123)
APSCO International Training was Held by the School of Humanities, Social Sciences & Law, Harbin Institute of Technology
(125)
Engineering Proposal on the Construction of the Belt and Road Initiative Space Information Corridor was Passed by Experts (126)

☐ Important Documents

I. National Space Policies and Regulations (128)
China's Space Activities in 2016 (Chinese & English) (128)
China's BeiDou Navigation Satellite System (Chinese & English)
(176)
Medium and Long Period Development Plan for National
Civil Space Infrastructure (2015-2025) (200)
Interim Measures for Administrating Civil Satellite Projects"
(215)
Interim Measures for Administrating Mega Project of High Resolution Remote Sensing Satellite Data for Earth Observation System (222)
II. Foreign Space Regulations (230)
U.S. Commercial Space Launch Competitiveness Act Title
IV – Space Resource Exploration and Utilization
(Chinese & English)
translated by YU Huan (230)
Draft Law on the Exploration and Use of Space Resources
— Luxembourg (Chinese & English)
translated by YU Huan (236)

☐ Big Events

Major Events of Outer Space Law (2011 – 2017)
by NIE Mingyan (248)

(本卷目录英文部分由聂明岩译,王晶校)

论 文

半世纪的纪实：美国国内空间法的演变和三个长期存在的问题

[美] 乔安娜·爱琳·葛布利诺兹* (Joanne Irene Gabrynowicz) 著
聂明岩** 译 赵海峰*** 校

---

* 作者简介：乔安娜·爱琳·葛布利诺兹(Joanne Irene Gabrynowicz)从1987年起教授美国和国际空间法。她是《空间法杂志》原主编，美国密西西比大学法学院空间法与遥感法荣誉教授，遥感，航空和空间法国家中心原主任。葛布利诺兹教授是2001年"航天杰出女性国际奖"的获得者，她是美国法学会空间法论坛成员，哈尔滨工业大学等校客座教授。

** 译者简介：聂明岩(1985 -)，男，南京航空航天大学法律系讲师，德国科隆大学法学博士，哈尔滨工业大学国际法硕士、法学学士。

*** 校者简介：赵海峰，国家法官学院教授，哈尔滨工业大学法学院特聘教授。

本文重点关注美国民用和商业空间法，只有在与民用和商业航天相关时，才提及与军用和国家安全有关的空间法律。有关国家安全的法律是一个庞大且复杂的体系，超出本文的探讨范围。如果要更好地了解与美国国家安全有关的空间法律，请参考：R. Cargill Hall, The Evolution of U. S. National Security Space Policy and Its Legal Foundations in the 20th Century, 33 J. S L. 1 (2007)。

本文原载于《哈佛法律与政策评论》2010年第4期，第405 - 426页（译者注）。

法律和机构必须与人类的思想进程齐头并进,随着人类思想的日益进步和开明,随着新发明的出现,新的真理的不断发现以及人类行为和思想的不断改变,随着客观环境的变化,机构也必须不断进步,跟上时代的步伐。

——托马斯·杰斐逊[1]

简介

美国国内空间法的一个特征是跟随空间技术和地缘政治的发展(而发展)。当技术发展到可以被应用,往往会催生规制技术商业化的法律。在第一颗人造卫星于1957年10月4日成功发射之后,美国通过发布国内空间法并努力推动国际社会制定国际空间法[2]的方式来处理随之会出现的无法可依(的问题)。在美国国内层面,这导致了1958年《美国国家航空航天法》的出台,在国际层面导致了包含《外空条约》等一系列条约的条约制度体系的建立。从那之后,美国国内空间法得到不断发展,而(这种发展)很大程度上受到技术进步和地缘政治进展的催化。如果我们比照那些已经成为空间活动重要参与者几十年的其他空间大国的国内空间立法状况(例如日本和法国,直到2008年,这两个空间大国才通过国内

---

[1] Letter from Thomas Jefferson to Samuel Kercheval (July 12, 1816), in 10 THE WRITINGS OF THOMAS JEFFERSON: 1816 – 1826, at 42 – 43 (Paul Leicester Ford ed., 1899).

[2] See WALTER A. MCDOUGALL, THE HEAVENS AND THE EARTH: A POLITICAL HISTORY OF THE SPACE AGE 6 – 8 (The Johns Hopkins Univ. Press 1997) (1985).

空间立法①),就会发现美国早期空间法的起源具有十分重要的历史意义。

本文追溯美国国内空间法从1958年出现直至今的发展状况,同时简要阐述几个对未来有影响的问题。本文分为三个主要部分。第一部分介绍从20世纪50年代和60年代开始直至今日的美国国内空间法的发展历程。本部分将按照年代划分为不同的小节,第一小节着眼于20世纪50年代,并探讨当时美国空间法的首要目标:满足冷战的紧急需要并开发一个法律和物理的空间基础设施。第二小节主要探讨20世纪80年代的立法,这一阶段,商业空间活动已经与民用和军用空间活动并列成为空间活动的三个主要部分。第三小节主要探讨20世纪80年代和90年代空间立法的发展状况,这一时期,发射技术和遥感技术不断成熟和被应用,本小节主要探讨空间立法在处理由于上述进展而产生的问题及其发展状况。第四小节则重点关注进入21世纪之后空间监管表现出来的精细化的趋势。第二部分包含对2009年美国法典中空间法的编纂问题的直接讨论。第三部分试图发现并简略探讨三个可能对美国国内空间活动发展有长期影响的三个新兴的空间法问题:州空间法的演变,商用轨道飞行的许可以及"商业的"这一术语含义的不断演化。

一、1958—2008

(一)1958与1962:空间机构与空间法的基础建设

1. 1958年《国家航空航天法案》

地缘政治性事件催生了美国早期的空间活动。(在那时)空间活动并不被认为是单独的政策目标,是史普尼克一号(Sputnik I)的成功发射促使美国去寻找一个引人注目且有效的证据来证明美

---

① See Law No. 2008 – 518 of June 3, 2008, 34 J. SPACE L. 435 (2008); Setsuko Aoki, Current Status and Recent Developments in Japan's National Space Law and Its Relevance to Pacific Rim Space Law and Activities, 35 J. SPACE L. 362, 365 (2009).

国的技术优于苏联。作为世界第一颗人造卫星,史普尼克一号(Sputnik I)的成功发射震惊了全世界。史普尼克(Sputnik)(在俄语中的意思是"旅伴"),其型号只有篮球大小,重 183 磅①。在当今这样一个互联网时代,很难理解当时由于史普尼克一号(Sputnik I)的成功发射给世界带来的恐慌。经过了第二次世界大战的洗礼,史普尼克一号(Sputnik I)的成功发射在那个时代代表了随时可能从外空如雨点般射向地球各个角落的原子弹。而对于美国而言,这也代表着自 1812 年(美英)战争以来首个可以确信的对其领土进行攻击的威胁。这一威胁促使美国国会建立一个法律和机构的基础设施,从而可以使美国有能力应对史普尼克(Sputnik)。结果,美国国会于 1958 年通过了《国家航空航天法案》(NAS 法案),该法案由艾森豪威尔总统签署②。

新法律中规定的回应史普尼克一号(Sputnik I)的威胁的方式为:(开展)美国民用空间项目。同时,设立了计划的执行机构——美国国家航空航天局(NASA)。从 1958 年 10 月 1 日起,几乎是苏联史普尼克一号(Sputnik I)卫星发射成功一周年之后,NASA 开始开展人类空间探索项目③。三年后的 1961 年,当时的肯尼迪政府给了 NASA 第一个任务:在十年内让人类成功登上月球并安全返回。从那时开始,美国国内的空间活动以及规制空间活动的法律开始按照空间政策和空间技术的要求不断演变。

经过多年的发展,NAS 法案已经变成了融合合同、侵权、国际、

---

① DEBORAH D. STINE, CONG. RESEARCH SERV., U.S. CIVILIAN SPACE POLICY PRIORITIES: REFLECTIONS 50 YEARS AFTER SPUTNIK (2009), available at http://www.fas.org/sgp/crs/space/RL34263.pdf.

② 1958 年《国家航空航天法案》Pub. L. No. 85 – 568, 72 Stat. 426 (codified as amended at 42 U.S.C. §§ 2451 – 84(2006)).

③ DEBORAH D. STINE, CONG. RESEARCH SERV., U.S. CIVILIAN SPACE POLICY PRIORITIES: REFLECTIONS 50 YEARS AFTER SPUTNIK (2009), available at http://www.fas.org/sgp/crs/space/RL34263.pdf. at 4.

保险及赔偿和知识产权等法律内容为一体的合成体。其内容所涉及的领域也十分广泛,包含从哲学和科技(例如确定宇宙中生命的范围①)到具体的空间科学活动(例如国际空间站②)再到陆地上的实务 terrestrially pragmatic(例如拨款③)。近来,法案又针对创新问题设立了相应机制(例如,通过奖励和竞争奖励的办法促进研究开发等④)。

当然,在初始阶段,需要做出一些基础和重要的决定。其中两个最为关键的问题是,新的空间计划的目的以及(如何恰当处理)民用和军用空间项目之间的关系。对于第一个问题,NAS 法案中规定的空间活动的目的沿用了美国在联合国的外交政策,(即)制定新法律阻止美苏之间的对抗扩展到外层空间⑤。因此,美国议会宣布"美国空间活动的政策应该致力于外层空间的和平利用,为全人类谋福利。⑥"

这一说法有先例性和战略性意义。NAS 法案中所规定的"和平目的"与联大关于外层空间问题的决议(中的相关说法)几乎同时出现,它们为最终形成的《外空条约》体系奠定了基础⑦。在战略方面,当史普尼克一号(Sputnik I)绕地飞行时,无论是政策制定者还是立法者都认为外层空间只能用于制造战争。依据艾琳·盖洛威(Eilene Galloway)(国会研究人员,由当时的参议员林登 B. 约翰

---

① See 42 U.S.C. § 2451.
② See id.
③ See id. § 2459f.
④ See id. § 2459f - 1.
⑤ WALTER A. MCDOUGALL, THE HEAVENS AND THE EARTH:A POLITICAL HISTORY OF THE SPACE AGE, at 173 - 74, 179. (The Johns Hopkins Univ. Press 1997) (1985).
⑥ 42 U.S.C. § 2451(a).
⑦ 例如,和平利用外层空间的问题,G. A. Res. 1348 (XIII), at 5 - 6 (Dec. 13, 1958).

逊(Lyndon B. Johnson)招募,帮助美国制定空间法①)介绍,当时只有当科学研究人员告诉立法者,外层空间还可以用于"除战争外的其他事情上,例如通讯、气象、医药"时,"我们才被和平的希望激励着,代替了对于战争的担忧"②,空间法可以将空间活动带入一个全新的发展方向。当他们宣称,外空活动应当(should be)致力于和平的目的,而不是将会(shall be)致力于和平的目的,立法者将担忧和希望之间微妙的平衡法定化了。由于对苏联的空间能力并不完全了解,国会为自己留有一定的余地,它只是"倡议"而没有"要求"外层空间用于和平目的。

对于第二个基本问题,即民用的和军用的空间项目的合理关系问题,国会曾做过如下表述:

航空航天活动[……]应该对一个民事机构负责并接受该部门的指导[……]而涉及专门或主要是研发武器系统,军事行动或者防御的活动则应该对国防部负责并由国防部指导③。

二者关系的这一特点受到了前盟军最高司令德怀特·戴维·艾森豪威尔(Dwight D. Eisenhower)总统的影响。他曾断定,美国的空间项目应当不同于苏联的公然用于军事目的的做法,空间项

---

① 新闻稿:NASA,NASA 创建人之一艾琳·盖洛威(Eilene Galloway)女士于2009年5月4日逝世,享年102岁,参见:http://www.nasa.gov/topics/history/features/galloway_obit.html.艾琳·盖洛威是美国国内空间立法的创始人之一,也是国际空间法的共同创始人。限于篇幅,本文不能详细介绍艾琳·盖洛威女士对空间法的重大贡献,尤其是在禁止在外空放置核武器问题上的贡献。强烈建议读者搜集学习更多关于艾琳·盖洛威女士的材料,尤其是她的重大贡献方面。可以参考,NASA,"帮助创建 NASA 的女士",http://www.nasa.gov/topics/history/galloway_space_act.html (July 28, 2008) (on file with the Harvard Law School Library).

② Video: Happy 100th to the Woman Who Helped Create NASA, http://www.nasa.gov/vision/earth/everydaylife/galloway_100.html (last visited May 14, 2010).

③ 42 U.S.C. § 2451(b).

目不应当给国家带来赤字①。因此,艾森豪威尔抵制住民意的和军方的压力,努力将国家的空间活动置于民用的控制之下。通过颁发行政命令的方式,艾森豪威尔将那些与外空相关的,与军事行动及武器系统开发不甚相关的民用人员、财产及资金从国防部(DoD)转移给了NASA②。

过去数年,空间活动的民事和军事目的关系随着政治力量的变化而此消彼长。二者关系仍是NASA与国防部(DoD)之间紧张关系的一个来源③。即便如此,NASA仍是一个民事部门,负责民用空间项目。

2. 1962年《商业通信卫星法案》

1962年的《商业通信卫星法案》(Comsat Act)④是作为冷战的工具出现的,其中所包含的一个策略已经成为美国以至全世界最有利可图的空基产业即电信产业的法律基础。这一法案既体现了冷战时期的政治也体现了人道主义动机。通过为经济欠发达国家提供服务,法案试图对约翰·F肯尼迪(John F. Kennedy)总统所说的"新兴的民主国家"产生影响。

《商业通信卫星法案》授权美国参与国际通信卫星组织(Intelsat——一个国际通信卫星组织和系统)的发展与运营⑤。国际通信卫星组织的成员一致同意应有效、公平地使用空间通信卫星。协议认为无线电频谱为稀缺资源,这一资源应为所有国家在全球的

---

① ROGER HANDBERG, SEEKING NEW WORLD VISTAS: THE MILITARIZATION OF SPACE 44 – 57 (2000).

② Exec. Order No. 10,783, 3 C. F. R. 422 (1954 – 1958).

③ See, e. g. , Joanne Irene Gabrynowicz, The Perils of Landsat from Grassroots to Globalization: A Comprehensive Review of US Remote Sensing Law With a Few Thoughts for the Future, 6 CHI. J. INT' L L. 45, 65 – 66 (2005).

④ 1962年《商业通信卫星法案》, Pub. L. No. 87 – 624, 76 Stat. 419 (codified as amended at 47 U. S. C. § § 701 – 69 (Supp. II 2008)).

⑤ 参见:1962年《商业通信卫星法案》, § 102(a), 76 Stat. at 419.

不受歧视的基础上开放。国际通信卫星组织为其成员提供了法律、行政以及技术体系。在这个体系下,成员方可以进入其有权在国内使用的频谱部分。作为组织的成员,各成员方同意不与国际通信卫星组织竞争,保证其具有全球垄断性的合法地位。

卫星通信很快就取得了巨大的商业成功,而技术的进步也使得无线电频谱以及放置通信卫星的地球同步轨道的利用效率大幅度提高。在20世纪90年代,政治的压力导致国家和国际社会的通信垄断局面被打破,私人逐渐参与到这一活动中来,这一改变导致了2002至2005年间国际通信卫星组织的重构①。而今,对于新的组织形式是否可行和公平还存在争议②。卫星通信活动已经在国内和国际层面催生了复杂多变的法律,当然,对于这一问题的讨论超出了本文的研究范围。总而言之,与美国所有的其他以空间为基础的活动和法律类似,卫星通信(法)产生于冷战期间,并为了适应全球化时代的需要而变化。

(二)20世纪80年代:商业

当立法和行政机关确认了 NASA 和国防部各自的角色之后,民用空间计划即随着水星(Mercury)、双子座(Gemini)以及阿波罗(Apollo)等航天项目一同载入了史册。与此同时,促成了1969年7月20日人类首次将宇航员送上另外一个星球——月球。这具有史诗般的意义。之后,后阿波罗计划(Post – Apollo)由天空实验室(Skylab)项目、阿波罗联盟测试项目(Apollo – Soyuz Test Program)以及1982年宣布实施的航天飞机(Space Shuttle)项目接续。所有这些项目都依赖于美国私人部门在与政府签订合同的基础上向政

---

① See Open – market Reorganization for the Betterment of International Telecommunications Act (Orbit Act), Pub. L. No. 106 – 108, 114 Stat. 48 (2000) (codified at 47 U. S. C. § § 761 –69).

② See generally Kenneth Katkin, Communication Breakdown?;The Future of Global Connectivity After the Privatization of INTELSAT, 38 VAND. J. TRANSNAT' L L. 1323 (2005).

府提供商品和服务。

在这段时间,由于确信私人部门可以比公共部门更有效,更恰当地执行许多政府的活动,里根政府迎来了一个新的时代。并且,由于成熟的空间技术可以经受市场考验,所以私人部门可以利用市场的力量将空间技术以及空间产品提供给公众和非政府客户。因此,里根政府开始征询将部分空间资产及空间活动剥离出政府,转移给私人部门的提案①。这些提案导致了法律的出台。当然,前提是发射和遥感技术已经成熟到一定的程度,政府不需要或者几乎不需要参与了。

为了获得由行政机关首先开始的这一进程的控制权,国会也开始寻找机会促进空间活动的商业化和私营化。1984 年,国会对 NAS 法案中的"政策和目的"一节进行了修订,修订指出:"国会倡议,为了美国整体的利益,需要(NASA)尽最大可能地促进和鼓励外层空间的充分商业利用②。"自此,商业利用外层空间与民用和军用一起成为第三个法律认可的美国空间活动的一部分。

除了扩展(NAS 法案中)"政策和目的"一节的内容之外,与此同时,该国会通过同样的委员会,也通过了 1984 年《商业空间发射法案》(发射法案)③以及 1984 年《陆地遥感卫星商业化法案》(商业化法案)④。两部法律通过后不久,由于错综复杂的政治,经济和技术的变化,都适时做了修改。

---

① Joanne Irene Gabrynowicz, The Perils of Landsat from Grassroots to Globalization: A Comprehensive Review of US Remote Sensing Law With a Few Thoughts for the Future, 6 CHI. J. INT'L L. at 53 (2005).

② 1985 年《国家航空航天局拨款法案》,Pub. L. No. 98 - 361, 98 Stat. 426 (1984) (codified at 42 U. S. C. 2451(c) (2006)).

③ 《商业空间发射法案》,Pub. L. No. 98 - 575, 98 Stat. 3055 (1984) (codified as amended at 49 U. S. C. § 70101 (Supp. II 2008)).

④ 《陆地遥感商业化法案》,Pub. L. No. 98 - 365, 98 Stat. 451 (codified at 15 U. S. C. § 4201 (repealed 1992)) (regulating the satellite observation of land masses).

(三)20世纪80年代至90年代:应用——发射与遥感技术

1. 发射法

1984年通过发射法时,国会有两个主要目标:一是鼓励和促进私人部门的商业空间发射,为其提供便利条件;其二是通过与其他政府部门合作,发展许可证制度①。法案同时专门指定运输部(DoT)负责规范这一产业。发射法案及其相关规章还对如下三个重要问题进行了规定:许可以及对许可的规制,责任保险的要求以及私人发射公司对于政府发射设备的使用。

在发射法案通过之前,美国国家政策规定,所有的民用、军用以及商业的空间物体都应当由航天飞机发射。出台这一政策有诸多原因,但实质原因是尼克松政府想吸引加利福尼亚、佛罗里达以及德克萨斯州这些大型空间中心的选票②。美国国家政策的制定者希望航天飞机成为所有空间活动(无论出于何种目的)的运输工具,并希望其获得的所有记录都是成功地将空间物体送入了预定轨道。这一政策的出台有效地使得对于一次性火箭这类一次性运载工具(ELVs)的使用成为非法行为。所以,发射法案试图允许在商业空间活动中使用一次性运载工具(ELVs)。然而,由于1986年挑战者号航天飞机失事事件的惨重损失,导致里根政府重新考虑美国的航天发射政策并禁止NASA发射商业空间物体。这一新政策之后成为1991年度《美国航空航天局授权法案》的规定③。这一法律规定将航天飞机的活动限制在了那些需要人类参与或者是仅有航天飞机有能力提供的活动中。

由于民用、军用以及商业空间发射的分离,以及对于空间商业

---

① 《商业空间发射法案》,§ 3, 98 Stat. at 3055 – 56 (codified at 49 U. S. C. § 70101(b))。

② R. MICHAEL GORDON, THE SPACE SHUTTLE PROGRAM: HOW NASA LOST ITS WAY 19 (2008)。

③ 1991年度的《美国航空航天局授权法案》, Pub. L. No. 101 – 611, 104 Stat. 3188 (1990) (codified at 42 U. S. C. § 2464a(a))。

化的愈加重视,从 1986 年开始,空间运输法律发生了一系列的变化。这些年来,发射活动已经逐渐变成了一项普通的商业活动,但是其仍然涉及昂贵的技术、高功率的爆炸以及对于安全范围的要求等内容。一次发射如果出现问题则可以造成极端重大的人身及财产的损害。并且,在美国所有的发射设施都由政府建设、投资、维护及运营。私人部门的发射可以通过佛罗里达州的卡纳维拉尔角(Cape Canaveral)、加利福尼亚州的范登堡空军基地(Vandenberg Air Force Base)(隶属于国防部),或者位于佛罗里达州的肯尼迪航天中心(Kennedy Space Flight Center)(隶属于 NASA)进行。故而,由于涉及发射活动的内在风险,近来立法的主要变化是公共的和私人部门之间的关系更加明确。

私人部门必须依赖政府的设施提供发射服务和产品的这一事实是美国公司与其大西洋彼岸的欧洲同行正在争论的一个问题。这一问题将在后文中加以详细讨论,但是简言之,美国的航天公司仍旧援引外国政府的商业化活动以及它们对于工业政策的使用作为原因,坚持发射法案中规定的优惠的政府工业以及风险分担等制度。由于多数西方工业国家,包括加拿大和日本都沿用欧洲的航天投资体系及政策作为范例,因此,期待美国国会在每次审查时都延长风险分担制度是合理的。

1988 年,国会对发射法案进行了实质性的修改,并进一步界定了商业发射法律制度[1]。1988 年的修正案许可规定美国政府对空间运输造成的第三方责任进行补偿,并要求业界对每一次空间发射活动依照"最大可能损失"的标准购买一份保险。上述以及其他一些产业的政府风险分担条款于 1993 年生效,并连续延至 2004 年。在 2004 年的《商业空间发射法案修正案》[2]中(下文中将讨

---

[1] 1988 年《商业空间发射法案修正案》,Pub. L. No. 100 - 657, 102 Stat. 3900 (codified as amended at 49 U.S.C. § 70112).

[2] 2004 年《商业空间发射法案修正案》,Pub. L. No. 108 - 492, 118 Stat. 3974 (codified at 49 U.S.C. §§ 70101 - 21).

论),要求运输部研究对于商用的一次性运载火箭的补偿是否应当延续下去。在过去几十年之中,议会曾两次对第三方责任赔偿进行延期,第一次延至2009年,第二次是从现在延至2012年①。

20世纪90年代,航天飞机(的使用)成为NASA最昂贵的活动,并且对NASA的财政预算构成了威胁②。结果,1996年,航天飞机项目通过一个为期10年的空间项目经营合同实现了私营化,这个经营合同是由NASA和联合太空联盟(USA)之间签订的。联合太空联盟是一个有限责任公司,现在由波音公司(Boeing Company)和洛克希德·马丁空间经营公司(Lockheed Martin Space Operations Company)共有③。2006年,NASA与联合太空联盟签订了第二份合同,合同确定联合太空联盟为NASA载人航天活动的首要工业合作伙伴,合作项目包括航天飞机和国际空间站④。

法律方面最主要的变化是2004年《商业空间发射法案修正案》的通过⑤。这一法案对外空旅游的市场表示信心:所谓外空旅游即是将人送到亚轨道之上,私人的一次这样的旅行要支付200 000美元的费用或者更多。2004年的修正案授权私人和商业乘客参与外空旅游,并许可私人部门的宇宙飞船为乘客提供有偿的亚轨道飞行服务。

2. 遥感法

所谓遥感是从一定距离之外对地球及其大气层成像。1972

---

① 《延长空间交通运输赔偿责任制度的法案》,Pub. L. No. 111 - 125, 123 Stat. 3486 (2009).

② See generally U. S. GEN. ACCOUNTING OFFICE, GAO/NAIAD - 95 - 118, SPACE SHUTTLE: NASA MUST REDUCE COSTS FURTHER TO OPERATE WITHIN FUTURE PROJECTED FUNDS (1995), available at http://archive.gao.gov/t2pbat1/154853.pdf.

③ United Space Alliance, USA History, http://www.unitedspacealliance.com/about/history.asp (on file with the Harvard Law School Library).

④ Id.

⑤ 49 U.S.C. §§ 70101 - 21.

年,第一颗民用遥感卫星陆地卫星一号(Landsat I)发射。从那时起(至今),美国遥感法的发展经历了四个不同的阶段[①]。在所有阶段中,促使法律不断发展的核心问题是由税收收入支持并由政府推动的技术的适当制度化。与此同时,其明确表明这既是为了公共部门。也是为了私人部门的利益。对于气象卫星而言,政府明确表明其属于公共商品,不允许商业化[②]。但是,对于陆地成像卫星,态度便有些含混和灵活。此种做法有三个原因:人本性、从冷战过渡到全球化时代出现制度的滞后以及工业时代过渡到信息时代技术的发展[③]。

从人类本性角度讲,陆地是人类生活、工作、娱乐以及产生所有类型冲突的地方。对陆地成像可以产生诸如:隐私、安全以及经济等问题,相比而言,对海洋和大气成像产生的问题就少得多。陆地成像的诸多问题促使国会在多次会议上询问:陆地成像的制度应当是怎样的才合适,公共的还是私人的,国内的还是国际的。

在20世纪70年代,我们所熟知的冷战促使美国踏上发展民用遥感的道路[④]。同阿波罗计划类似,美国希望通过其空间技术说服世界各国在当时的两极世界中与其结盟。当时的政策制定者只关心卫星本身,并不考虑数据的储存、处理和利用等问题。

最终,对于图像处理技术的理解和使用能力远远落后于发射和将卫星送入预定轨道的能力。制造和发射卫星是工业时代"金

[①] Joanne Irene Gabrynowicz, The Perils of Landsat from Grassroots to Globalization: A Comprehensive Review of US Remote Sensing Law With a Few Thoughts for the Future, 6 CHI. J. INT'L L. 50 – 64. (2005).

[②] 15 U.S.C. § 5671 (Supp. II 2008).

[③] 关于这一进程详细的讨论,参见:Joanne Irene Gabrynowicz, Space Law: Its Cold War Origins and Challenges in the Era of Globalization, 37 SUFFOLK U. L. REV. 1041(2004).

[④] Joanne Irene Gabrynowicz, The Perils of Landsat from Grassroots to Globalization: A Comprehensive Review of US Remote Sensing Law With a Few Thoughts for the Future, 6 CHI. J. INT'L L. 48 (2005).

属弯曲"(metal-bending)的活动,美国的航空工业有数十年的经验,而对于技术产品的开发、市场化以及维护,则是以信息为基础的,所以看起来相对深奥,已经超出了它的视野了。起初,卫星制造公司投标遥感商业化合同,其目的是以其作为手段,从而将卫星卖给联邦政府。它们关心的依然是原始数据的形式,而不是信息产品。直到20世纪90年代,信息时代使得降低成本的同时,计算机的商业化能力极速增强,从而,对于地基图像的处理可以不必在政府的主导下进行了。

接下来发生的事情可以比喻为一次足球比赛,在这些比赛中,比赛双方都试图在1/4场结束之前控球。在这个比喻中,参赛的双方分别是联邦的公共机构和私人公司,而这个球就是国会对获得和处理公共陆地卫星图像和数据的授权。每一方都声称自己才是获得授权的最佳选择。哪一方能得到这个球取决于软件技术的最新迭代以及谁能在国会会议结束之前影响国会,从而成为赢家。

1972年至1984年之间,尽管国会为了颁布遥感法做了诸多努力,但并没有出台具体的监管制度。之后,在1984年,为了实现陆地卫星系统(由联邦投资并从1972年起开始运营的一系列地球观测卫星)的商业化,通过了商业化法案[①]。这部法律提供了一个三阶段的程序。首先是通过政府与可以经营它的(指卫星)公司签订合同的方式使现有的体系私营化。第二和第三阶段是设想一个私人的建设和资助体系,其可以先向联邦政府出售数据,之后与那些无须政府支持的公司一起营造一个良好的商业化环境。由于上文中讨论的原因,事实上这一过程一直停滞在第一阶段。由于陆地卫星商业化的失败,其数据的高成本以及国家科学目标优先性等原因的推动,1992年的《陆地遥感政策法案》(政策法案)[②]替代了

---

① 1984年《陆地遥感商业化法案》,Pub. L. No. 98-365, 98 Stat. 451 (1984) (codified at 15 U.S.C. §4201 (repealed 1992)).

② 1992年《陆地遥感政策法案》,Pub. L. No. 102-555, 106 Stat. 4163 (codified as amended at 15 U.S.C. §§5601-72).

1984 年的法律。

政策法案意识到陆地卫星数据对研究者、教育者以及非营利性的公共利益机构很有价值。它将陆地卫星系统重新纳入公共部门之下，并且设定了一个最低标准，使政府支持的研究者以及机构可以获得未经加工的数据。而长期的目标则是为了满足使用者的需要，在使用者付费的情形下，使所有的使用者都可以获得陆地卫星的数据。这一目标于 2005 年实现并且超越了之前的设想，即所有的使用者都可以使用陆地卫星的数据而无须支付费用[1]。因此，可以说政策法案意识到了陆地遥感的商业价值，但是它同时也意识到在可预见的将来陆地卫星的商业化还无法实现，因此不能作为短期目标。现阶段，中等分辨率的陆地卫星数据主要用于森林、土地管理以及气候变化的研究，并且主要用于公共部门开展的此类活动。

现在，人们正试图商业化被解密那些的曾经只有政府情报卫星才可以使用的高分辨率卫星技术。并且已经有两个经联邦授权的私人经营者正在使用这种技术，但是它们在很大程度上依赖于联邦政府作为他们的主要客户，每个经营者都与政府签订 5 亿美元的合同[2]。现在，它们正在开发新一代卫星，（这两家公司中的）至少一家宣布它"将不依赖于任何正式的美国政府承诺作为主要

---

[1] Press Release, U. S. Geological Survey, Orthorectified Landsat Digital Data Now Available From USGS (Dec. 27, 2005), available at http://www.usgs.gov/newsroom/article.asp? ID =1425.

[2] Press Release, GeoEye, ORBIMAGE Selected as NGA's Second Next-View Provider Sept. 20, 2004), available at http://geoeye.mediaroom.com/index.php? s =43&item =76; Press Release, DigitalGlobe, DigitalGlobe Awarded in Excess of MYM500 Million NextView Contract Sept. 30, 2003), available at www.media.digitalglobe.com/index.php? s =43&item -98.

客户"①。这些公司的成功在很大程度上依赖于它们扩大客户群以及维护国家安全敏感性的能力。

(四)21世纪:监管细化

21世纪的前10年是美国国内空间立法的所有领域的监管都全面细化的时期。可以肯定,在空间法出现之初,即已经存在了相应的规制。然而,由于私人空间活动的出现以及美国对国际空间活动的参与,相应机构的经验不断增加,加之之前带政治色彩的监管程序过于冗繁,导致21世纪出现了更多详细的和经过修订的法规。本部分将对遥感、商业载人航天飞行以及美国参与国际空间站等方面的法规加以简要介绍。

1. 遥感

美国商务部的国家海洋和大气管理局负责私人遥感系统的许可和规制②。第一个法规于2000年出台,并于2006年进行了修改③。它们(法规及修订)全面地规范了关于地基和空基活动的所有问题,包括了许可证的期限和条件、年度经营的审计和记录、监测和遵守程序以及对于境外协定的通知。在这些规范之中,有两个问题最引人注目。其一,谁可以获得由这些系统产生的数据?其二,政府是否可以在第一时间阻止已经得到许可的经营者获得或者分发数据?

针对第一个问题,商业化法案提出了一个政策既不受歧视的获得(数据),同时又适用于公共和私人经营者。与遥感法的其他

---

① Colo. Space Coalition, GeoEye Contract With ITT Begins Procurement of GeoEye-2 Satellite, http://www.spacecolorado.org/news/GeoEye-2.html (on file with the Harvard Law School Library).

② See 15 U.S.C. § 5621 (Supp. II 2008).

③ 《私人陆地遥感空间系统许可最终规则》,15 C.F.R. § ¨960.15 (2009).

内容类似,"不受歧视的获得(数据)"的原则也有漫长和复杂的历史[1]。起初,这一原则是美国的一项外交政策,其目的是消除那些领土可以被拍摄到的国家的恐惧,使其不致以为它们遭受了经济的和军事方面的间谍行为。之后,商业化法案规定所有使用者都可以获得陆地卫星以及经联邦许可的经营者获得的所有数据;不允许任何人违反。但是,政策法案对"不受歧视的获得"这一政策做了修改,依据政策法案的规定,私人经营者的遥感数据只有义务提供给那些领土被拍摄到的国家[2]。私人经营者可以因商业原因及任何国家安全、外交政策的原因以及许可证条款中规定的其他原因拒绝向其他要求获得数据的使用者提供数据。当然,针对所有类型的数据,"不受歧视的获得"的政策仍在不同程度地延续着,这取决于政府资金投入的数量。

对于第二个问题,答案是肯定的,也就是说:政府可以阻止获得许可的经营者得到和分发数据。这一问题在2000年《机构间关于私人遥感卫星系统的注册谅解备忘录》[3]之中有明确的规定。在经过复杂的决定做出程序(这一程序被称作"快门控制",要求总统做出最后决定)之后,(政府可以)基于国家安全和国家利益的原因,中断正常的商业经营。尽管总统并没有介入,在2001年9月11日之后,联邦政府与一个许可证的持有者签订了独家(代理)合

---

[1] See generally Joanne Irene Gabrynowicz, Defining Data Availability for Commercial Remote Sensing Systems Under United States Federal Law, 23 ANNALS AIR & SPACE L. 93 (1998).

[2] 参见:1992年《陆地遥感政策法案》,Pub. L. No. 102 – 555, § 501, 106 Stat. 4163, 4176 (codified as amended at 15 U.S.C. § 5651 (Supp. II 2008)).

[3] 《机构间关于私人遥感卫星系统的注册谅解备忘录》, 15 C.F.R. § 960 app. 2 (2000).

同,暂时限制公众获得阿富汗及其周边区域的卫星图像的权利①。当时,许多空间领域的观察者认为,这一协议规避了"快门控制"的监管,所以,他们称这一协议(的做法)为"支票簿似的快门控制"②。左派观察家接受这种新说法,他们认为"快门控制"监管破坏了政府的透明度这一重要原则。右派观察家接受这种说法的原因是他们认为这一规定不适当地干涉了私人部门的商业利益。而两派都认为"快门控制"监管从未实行过。

但是,仔细研读这一规范的内容,会发现双方的观点都是错误的:"快门控制"监管是得到了成功的实施的,并且(虽然所有图像都是向公众开放的)只有少数图像是及时地向公众公开的,这形成了关于公开的推定。规范明确指出,由于国家安全的原因,为了限制许可证持有者的行为,许可证持有者"应该在需要的时候,在获得报酬的基础上,只向美国政府提供未经处理的受限制的图像。"③这一做法的结果是在国家安全这一现实问题与自由市场这一假设以及政府在公开社会的透明度之间的适度平衡。在当时那样一个思想政治极端分立的年代,在空间问题上有其自己的方法解决相

---

① Michael R. Gordon, A Nation Challenged: Public Information; Pentagon Corners Output of Special Afghan Images, N. Y. TIMES, Oct. 19, 2001, at B2.

② THE NAT'L REMOTE SENSING & SPACE LAW CTR., THE REMOTE SENSING INDUSTRY: A CEO FORUM 76 – 77 (John F. Graham & Joanne Irene Gabrynowicz eds., 2002), available at http://www.spacelaw.olemiss.edu/publications/ceoforum.pdf; Jennifer LaFleur, Government, Media Focus on Commercial Satellite Images, NEWS MEDIA & LAW, Summer 2003, at 37, available at http://www.rcfp.org/newsitems/index.php? i = 6048; Peter de Selding, Blanket Space Imagery Purchases by U. S. Gov't. Likely a Thing of the Past, SPACE.COM, Oct. 16, 2002, http://www.space.com/news/wsc_observation_1016.html (on file with the Harvard Law School Library).

③ 《私人陆地遥感空间系统许可》, 15 C. F. R. 960.11 (b) (4) (2009).

关争议也不奇怪。不幸的是,在一个艰难的环境中平衡的执行法律,已经导致了法律在困境中不断地失去作用,而这很可能再次发生。

2. 商业载人航天

时至今日,只有三个国家成功地将人类送入了太空,它们都具有了"宇航员"的法律和专业的地位。宇航员都是经过专门的选拔和培训的,用以完成科技、工程和政治的空间目标。与政府的所有专业工作者一样,宇航员也是按雇员标准付给报酬。但是,有许多梦想进入外层空间的人们无法成为宇航员。(人们想进入外空的)这一需求,加之其他外空技术商业化应用的尝试不断增多,使许多企业家意识到可以通过将人类送入外空,从而从中谋求商业利益。

这就是俗称的外空旅游,现在包含了一系列的活动。包含了从 7 000 美元起的乘坐改装的波音 747 飞机进行抛物线飞行从而创造失重环境(类似外空旅游)到费用达 2 000 万美元的轨道旅行①。亚轨道飞行(尽管尚未出现)是最为人们熟知的外空旅游的类型,并且已有多家公司可以提供这种服务。维珍银河(Virgin Galactic)(或许是这些公司中最耀眼的一个)与波特鲁坦(Burt Rutan)以及维天复合体公司(Scaled composites)强力联合,试图"组成一个新的航天生产公司,建设一个由用于商业性亚轨道飞行的飞船和发射飞机组成的船队。"②相比而言,轨道飞行的机会则较为稀少,并且需要与政府投资的空间设施(如国际空间站)达成协议。在这一类型的外空旅游中,俄国是最积极的一个国家。但近期俄

---

① See Zero G, Select Flight, http://www.gozerog.com/index.cfm? fuseaction = reservations. welcome (on file with the Harvard Law School Library); Space Adventures, Orbital Spaceflight, http://spaceadventures.com/index.cfm? useaction = orbital. welcome (on file with the Harvard Law School Library).

② Press Release, Scaled Composites, Branson and Rutan Form "The Spaceship Company" (July 27, 2005), available at http://www.scaled.com/news/2005 - 07 - 27_branson_rutan_spaceship_company.htm.

罗斯宣布,由于空间站运输的需要,在可预见的将来它将停止提供此类外空旅游①。

在这样一个令人兴奋的前提下,仍然存在对于外空旅游的质疑。"尽管有诱人的商机,商业性的载人航天的长期技术以及商业上的可行性仍有待观察。在所有的因素中,决定这一产业最终是成功还是失败的是将人类运送到太空的相关法律的应用以及规则的制定。"②

在 2004 年《商业空间发射法案修订案》通过之后,美国又制定了联邦法规,它要求商业亚轨道飞行的经营者用书面的信息披露的方式,使客户知情,并获得客户关于亚轨道飞行的同意意见。[这种知情并同意参与飞行的客户被称为"太空飞行的参与者"(SFPs)]③。"依据 2004 年法案的规定,SFPs 没有获得损害赔偿的资格,并且无权享有责任保险所包含的利益。"④并且,由于商业亚轨道飞行缺乏跟踪记录,所以,我们并不清楚经营者向客户披露什么信息,客户所谓"知情"的内容是什么。但是,我们清楚的,是客户(而不是经营者)必须对他们所承担的风险知情。"毋庸置疑的,是议会和联邦监督机构正在试图在 SFP 和经营者之间建立一个风

---

① Dmitry Solovyov, Russia Halts Space Tours as U. S. Retires Shuttle, REUTERS, Mar. 3, 2010, http://www. reuters. com/article/idUS-TRE6223VF20100303 (on file with the Harvard Law School Library).

② Timothy Robert Hughes & Esta Rosenberg, Space Travel Law (and Politics): The Evolution of the Commercial Space Launch Amendments Act of 2004, 31 J. SPACE L. 1, 3 (2005).

③ 14 C. F. R. § 460.45 (2009).

④ Timothy Robert Hughes & Esta Rosenberg, Space Travel Law (and Politics): The Evolution of the Commercial Space Launch Amendments Act of 2004, 31 J. SPACE L. 59 (2005).

险转移制度,当然,前提是经营者已经向 SFP 提供了充分的信息。"[1]并且,由于 SFPs 可能财力雄厚,"空间飞行的参与者给第三方造成了损害,从而在损害赔偿的诉讼中作为被告并不是不合理的。"[2]对于这个风险转移制度,最为重要的是亚轨道飞行的经营者获得 SFP 的"知情同意",而无论这种知情同意可能会是什么。

最后,一个有意思的和重要的问题是关于外空旅游所涉及的科学问题,这也是商业载人航天法律的基础。现有的法律和规范只定义了亚轨道飞行,即飞船离开地球,飞越空气空间到达一个很高的高度,之后返回地球,但并不进入地球轨道。由于物理学上"升起"与"推动"两个词语的差异,虑及完成这一旅程所需的过程,法律将商业外空旅行的飞船归类为火箭,而非飞机。但可以预见的是,随着这一产业的不断成熟,关于这个定义会产生一些问题,这一产业是否应当受国际航空法律和机构的规制而不是国内空间法的规制将会成为一个争议的问题[3]。但是,在可预见的将来,美国的商业空间飞行产业还是要受到国内空间法的规制。

3. 国际空间站行为准则

规制空间站上复杂的活动的法律证明国内空间法和国际空间法是相互作用的。一般而言,依据《国际空间站政府间协定》(IGA)的规定,空间站是由国际法规制的[4]。但是,涉及参与空间

---

[1] Tracey Knutson, What Is "Informed Consent" for Space – Flight Participants in the Soon – to – Launch Space Tourism Industry?, 33 J. SPACE L. 105, 108 (2007).

[2] Timothy Robert Hughes & Esta Rosenberg, Space Travel Law (and Politics): The Evolution of the Commercial Space Launch Amendments Act of 2004, 31 J. SPACE L. 59 (2005).

[3] See, e. g. , Ruwantissa Abeyratne, ICAO's Involvement in Outer Space Affairs—A Need for Closer Scrutiny?, 30 J. SPACE L. 185 (2004).

[4] 《加拿大政府、欧空局成员国政府、日本政府、俄罗斯联邦政府和美国政府间关于民用国际空间站合作的协定》,第 1 条,1998 年 1 月 29 日,State Dept No. 01 – 52, 2001 W 679938.

站活动的问题,则是由各伙伴方(包括美国)在国内法的层面上做出决策。举一个具体的例子,国际空间站政府间协定中包括一个空间站船员的行为准则,这一准则是由各伙伴方制定并通过的①。但是,每个伙伴方对其本国的人员以及其本国空间站部分具有管辖和控制权,因此,也就是在它们的层面实施这一准则。在美国,这一准则变成了美国宇航员雇佣条款和雇佣条件的一部分并适用于所有的 NASA 人员,包括联邦的雇员、武装服务人员、并非联邦雇员的美国公民以及外国公民②。这样看来,国内法和国际法是错综复杂地交织在一起的③。

二、2009:编纂:从 20 世纪到 21 世纪的桥梁

正如上文所简单讨论的那样,在过去的半个多世纪,美国已经制定了相当数量的国内空间立法。这些空间立法都是在 1926 年也就是美国制定美国法典的那一年之后出现的。因此,在美国法典中并没有单独的空间立法编。当一个规约制定之后,依据其所规制的内容,将其置于相关的法典编之下。有些被放在第 15 编即商务与贸易编之下;有些被置于第 42 编,即公共健康与福利编之下,有的被置于第 49 编,即交通运输编之下。

2009 年,美国法律修订顾问办公室向美国众议院司法委员会提交了一个提案,建议完善美国国内空间法的结构④。这一提案将美国关于国家的和商业的空间项目法进行收集和重述,形成了一个新的法典编,即第 51 编,国家的和商业的空间项目编,但提案并未以其他方式改变现有的法律。提案依据法律原本的政策、意图及目的对其加以重述,并完善了法律的组织结构,同时去掉了含糊

---

① Id. art. 11.2.

② 14 C.F.R. § 1214.401 (2010).

③ See generally A. Farand, The Code of Conduct for International Space Station Crews, EUR. SPACE AGENCY BULL., Feb. 2001, at 64, available at http://www.esa.int/esapub/bulletin/bullet105/bul105_6.pdf.

④ H.R. 3237, 111th Cong. (as passed by House, Jan. 13, 2010).

和矛盾之处。

编纂美国国内空间立法是有重大意义的,原因有二。其一,其可以展示一个明显为20世纪的产物的法律体系的成熟,并且期望它可以继续向前演进。编纂也可以使其他国家更容易接触美国的空间法,并将其作为范本发展自己本国的空间立法。美国空间法中的一些做法,例如快门控制(Shutter Control)和"最大可能损失"等已经是其他国家实际使用的标准;并且,太平洋地区其他新近的空间国家的学者也已经意识到,美国法可能是他们国家新兴的空间法的模板[①]。

截至本文发表,关于美国空间法的编纂的草案已经由众议院通过了,现在正在等待参议院的结果[②]。

三、三个长期性的问题

（一）州空间法

虑及商业性载人空间发射将会成为一个有利可图的行业,美国的一些州也开始计划建设宇航中心和相应的物理性和机构性的基础设施以适应这一新兴产业的发展。目前已经有九个州立法批准采取行动支持在其辖区内建设宇航中心及开展相关活动。这九个州分别为:阿拉斯加、加利福尼亚、佛罗里达、夏威夷、新墨西哥、俄克拉荷马、德克萨斯、弗吉尼亚和威斯康星[③]。采取行动的范围和级别都非常广泛,但是它们的目标都是在本州范围内开展空间旅游业,以此作为推动经济发展的策略。因此,州法律中都包含着一些激励机制,且这些机制都是按照每个州的不同情况而特别制

---

① See Colloquium, Pacific Rim National Space Law Summit, 36 J. SPACE L. 363 (2009).

② 2010年12月18日美国国会颁布了《美国法典》第51编"国家航天和商业航天方案",该编涵盖了美国航天活动管理,特别是民事、商业航天管理的大部分内容,涉及了一些军民协调的管理机制。(译者注)

③ See, e. g., ALASKA STAT. §14.40.821 (2009); HAW. REV. STAT. §201-73 (2009); WISSTAT. ANN §114.63 (West 2010).

定的。为了利用已有的政府设施,一些州诸如加利福尼亚、佛罗里达、德克萨斯和弗吉尼亚的政策中都有实际的建立宇航中心激励措施①。其他的,例如俄克拉荷马州,设立了一个主管范围很宽泛的空间当局②。新墨西哥州立法的主要特点是在税收方面给予优惠③。一些州,例如新墨西哥州④,针对"知情同意"的规定制订了具有吸引力的责任制度,这在某种程度上有利于这一产业的发展。

这些法律逐渐的一同成为单独的州空间立法的一部分。起初,州将宇航中心类比于机场,在很多情形下,这种类比是合理的,地方、州以及联邦当局都可以沿用这种机场类比的模式。但是,随着宇航中心的发展,会出现一些其他的因素导致机场的一些做法无法适用。下文要讨论的《外空条约》第六条的规定就是这些因素中最为重要的之一,这一条的规定导致美国政府对美国所有的非政府的空间行为有进行持续监督的责任⑤。因此,联邦政府要对宇航中心的活动进行比航空飞行更为严密的监督。进一步看未来的情形,并设想(如果)在不同的州都有活跃运行的宇航中心,为了履行条约义务,美国政府可能会需要启动宪法的优先性原则⑥。

---

①　CAL. GOV'T CODE § 13999. 2 (a) (West 2009); FLA. STAT. § 331. 302 (2010); TEX. LOC. GOV'T CODE ANN. § 507 (2010); VA. CODE ANN. § 2. 2 – 2201 (West 2009).

②　OKLA. STAT. ANN. tit. 74 § 5203 (2009).

③　N. M. STAT. ANN. § 58 – 31 – 4 (2010).

④　2010 年 2 月 27 日,新墨西哥州州长比尔·理查森(Bill Richardson) 签署了新墨西哥州参议院法案 9《空间飞行知情同意法案》,S. B. 009, 49th Leg. , 2d Sess. (N. M. 2010).

⑤　《外空条约》第 6 条,1967 年 1 月 27 日,18 U. S. T. 2410, 610 U. N. T. S. 205.

⑥　Interview: Timothy Hughes, SpaceX Chief Counsel, RES COMMUNIS, Jan. 14, 2008, http://rescommunis.wordpress.com/2008/01/14/interview – timothy – hughes – spacex – chief – counsel (on file with the Harvard Law School Library).

(二)商用轨道飞行的许可

多年来,国会将越来越多的管辖权授予运输部下属的联邦航空管理局(FAA),由其负责发放商业空间飞行许可。当发射技术只能将物体送入外层空间的时候,国会在1984年的发射法案中赋予了FAA发放发射许可的特权①。之后,当空间技术发展到能将有效载荷送入外空并能回收时,1988年国会重新赋予FAA发放再入许可的特权②。由此,FAA获得了对上升和收回的空间物体的管辖权,但是对于那些在轨道停留一段时间的商用空间物体,并没有发放许可的管辖权③。如果技术已经发展到在商业的基础上可以成功地将空间物体送入轨道的话,依据国会之前关于管辖权的授权(的经验),可以合理地预测,在将来,它也会授予轨道物体登记的管辖权④。如果这样的话,则将会与之前管辖权授予的情形有很大不同,因为与亚轨道飞行不同,轨道飞行明显地可以在国际区域进行运营。因此,国家对于商业空间物体经营的管辖权必须在国际空间法的背景下进行。

与南极和公海类似,外层空间也为全球共有。但是,与其他全球共有物不同,规制外空的国际法发展极为迅速——几乎发生在数月之间而没有经历几十年或者几个世纪。从1967年《外空条约》谈判结束到通过不足十个月的时间。其他四个条约则是在二

---

① 《商业空间发射法案》,Pub. L. No. 98 – 575, 7, 98 Stat. 3055, 3058 (1984) (codified as amended at 49 U. S. C. 70101 (Supp. II 2008)).

② 《1998年商业空间法案》,Pub. L. No. 105 – 303, 112 Stat. 2843.

③ Timothy Robert Hughes & Esta Rosenberg, Space Travel Law (and Politics): The Evolution of the Commercial Space Launch Amendments Act of 2004, 31 J. SPACE L. 49 – 50 (2005).

④ 一些观点认为,应该由NASA而不是FAA享有对商业轨道飞行的管辖权。在本文写作时,这一问题仍是热门讨论的问题。See Video: Space Exploration and Policy and Programs (C – Span 2010), http://www.c – spanvideo. org/program/292791 – 1 (last viewed May 14, 2010).

十年之内全部生效①。国际社会建立外层空间条约制度的速度明确表明了外层空间问题应该由国际法进行规制的意向。

起初,不同的国家对于何种的主体是外空活动适格的参与者存在不同看法。苏联认为只有国家才能参与外空活动,美国则主张私人实体也应该是正当的空间活动者。这一矛盾看法导致了空间法中最为重要的一个妥协:《外空条约》第六条规定"非政府团体在外层空间的活动[...]应由有关的缔约国批准并加以连续监督。"②这一条款承认了私人实体参与外空活动的权利,但与此同时也规定了监督制度以保证其行为符合国际法的要求。

美国通过制定联邦许可条例规制私人的空间活动从而满足第六条规定的监督的责任。随之而来的问题就是,国家对于商业轨道发射的许可程序是否也要与国际法的规定一致。如果要达到一致性,许可程序要考虑诸多问题,其中最重要的是《外空条约》中规定的"不得据为己有"原则。条约规定"(各国)不得通过主权要求将外层空间据为己有"③。因此,如果美国为实现主权权威并履行责任而授予商业轨道活动许可,则应明确指出,授予许可的行为并不意味着(授权)对特定轨道的占有。《空间站政府间协定》提供了一个具有警示作用的先例,其规定"本协定中的任何内容不应该被解释为[...]国家占有外层空间或者外层空间的任何部分的主张的基础。"④对于非政府组织的商业轨道活动的许可也不能解释为

---

① See Brian Beck, The Next, Small Step for Mankind: Fixing the Inadequacies of the International Space Law Treaty Regime to Accommodate the Modern Space Flight Industry, 19 ALB. L. J. SCI. & TECH. 1, 10 – 11 (2009).

② Outer Space Treaty, art. 6, Jan. 27, 1967, 18 U. S. T. 2410, 610 U. N. T. S. 205.

③ Id. art. 2.

④ 《民用国际空间站合作协定》,第 2 条,1998 年 1 月 9 日,T. I. A. S. No. 12927.

间接的国家占有,因为《外空条约》禁止"任何形式的"占有①。因此,许可中必须有一个附加的说明,明确告知许可私人实体对于外空轨道的利用不意味着国家占有。

这个关于许可的语言只阐明了国家占有的问题,并没有对非政府组织的占有做出说明。一些观察家认为空间法制度允许非政府组织对于外空的占有,但是国际社会总体则持强烈反对的态度②。针对类似的问题,美国国家部门给出的权威观点指出"《外空条约》第二条禁止私人享有小行星的所有权。"③由此可以推断,这一情形同样适用于空间轨道,因此,美国的轨道许可制度,至少会以此为依据。

(三)"商业的"的概念演化

在航空航天工业领域,"商业的"这一概念有漫长的历史且不断变化。在美国,航天产业出现在第二次世界大战,战时必需品的需求导致一批战前公司飞速发展,例如麦克唐纳飞机公司和道格

---

① Outer Space Treaty, art. 2, Jan. 27, 1967, 18 U. S. T. 2410, 610 U. N. T. S. 205.

② Compare Alan Wasser & Douglas Jobe, Space Settlements, Property Rights, and International Law: Could a Lunar Settlement Claim the Lunar Real Estate it Needs to Survive?, 73 J. AIR L. & COMMERCE 72 (2008), with Press Release, International Institute of Space Law, Statement of the Board of Directors of the International Institute of Space Law (IISL) (Mar. 22, 2009), available at http://www.iislweb.org/html/20090322_news.html.

③ Letter to Gregory William Nemitz from Ralph L. Braibanti, Dir., Space & Advanced Tech., U.S. Dep't of State, Bureau of Oceans & Int'l Envtl Affairs, (Aug. 15, 2003), quoted in OrbDev Appeals to State Dept for Eros Rent Ruling, SPACE DAILY, Aug. 28, 2003, http://www.spacedaily.com/news/asteroid-03k.html (on file with the Harvard Law School Library).

拉斯飞机公司等①。在战后的几年中,空间冷战和军事活动刺激这些企业合并成为航空航天制造商和国防承包商,例如麦克唐纳·道格拉斯公司②。但是,随着冷战的结束,产品的需求量减少,经过进一步的公司合并,只有一些巨头公司存活了下来,例如洛克西德马丁公司和波音公司③。

  自从20世纪50年代以来,美国政府和航空航天承包人一直维持着紧密的关系,其中政府通过融合价值、技术和政治等诸多因素授予合同,其目的是一方面可以实现合同中具体约定的任务,一方面也奠定一个充满活力的工业基础。一直以来,两方都承认商业基础上的工业活动——也就是说,公共的和私人的是相互独立的,公共部门设定工作要求,私人部门则在盈利的基础上完成工作④。相比而言,20世纪70年代,随着《建立欧空局公约》(公约)的出

---

  ① See Boeing, McDonnell Aircraft Corp... Preparing for the Phantom, www. boeing. com/history/narrative/n028mcd. html (on file with the Harvard Law School Library); Boeing, The Douglas Aircraft Co... Building Up for War, http://www. boeing. com/history/narrative/n026dou. html (on file with the Harvard Law School Library).

  ② See Boeing, The McDonnell Douglas Corp... Merging Talents, www. boeing. com/history/narrative/n063mcd/html (on file with the Harvard Law School Library).

  ③ See Lockheed Martin, Lockheed Martin History, http://www. lockheedmartin. com/aboutus/history/index. html (on file with the Harvard Law School Library); Boeing, The Boeing Company... The Giants Merge, www. boeing. com/history/narrative/n079boe. html (on file with the Harvard Law School Library).

  ④ See Frans G. von der Dunk, The Moon Agreement and the Prospect of Commercial Exploitation of Lunar Resources, 32 ANNALS AIR & SPACE L. 91, 93 (2007).

台①,欧洲的空间工业也开始起步,欧洲(各国)的政府则经常地参与到商业航空航天活动中去。对于欧洲而言,商业活动只是产生收益的一种活动,故而政府参与也是恰当的②。与之相反,在美国,商业活动会自然而然地与私人部门联系起来,对于政府参与商业活动则有一种强烈的偏见。因此,美国航空航天工业经常会要求公平竞争的环境——这就意味着要有一个不需要与政府从事的商业活动进行竞争的市场环境③。对此,欧洲则认为,美国政府对重要的空间基础设施投入物资和资金,与从事航空航天的公司签订专项合同,这其实使美国的公司与欧洲公司的情形并无二致。

关于这一问题差异与工业政策有关。所谓工业政策,是指一国为发展特殊工业部门所做的计划和策略。在美国航空航天工业看来,工业政策是令人厌恶的,因为其违反了市场自由的原则,这会导致政府错误地试图去选择胜利者和失败者。在欧洲看来,工业政策仅仅是政府与工业合作的成果,能促进国家利益。事实上,工业政策是促使欧洲各国进行空间合作的法律依据④。

一些观察家发现,美国政府与航空航天工业的关系极为密切,

---

① 《建立欧空局公约》,1975 年 5 月 30 日,14 I. L. M. 864 [hereinafter ESA Convention], available at http://www.esa.int/convention/.

② Frans G. von der Dunk, The Moon Agreement and the Prospect of Commercial Exploitation of Lunar Resources, 32 ANNALS AIR & SPACE L. 93 (2007).

③ See, e. g., U. S. GOV'T ACCOUNTABILITY OFFICE, U. S. AEROSPACE INDUSTRY: PROGRESS IN IMPLEMENTING AEROSPACE COMMISSION RECOMMENDATIONS, AND REMAINING CHALLENGES 26 - 29 (2006), available at www.gao.gov/cgi - bin/getrpt? GAO - 06 - 920; TRENDSAND CHALLENGESIN AEROSPACE OFFSETS 33 (Charles W. Wessner ed., 1999).

④ 《建立欧空局公约》,第 VII 条。

认为这两种观点差异并不大①。近期的关于"商业的"这一术语含义的立法的努力给予这些观察家一个有力的回击,因为这些努力表明一些立法者认为将政府与私人的商业活动区分开来还是很有必要的②。

从历史的角度看,航空航天活动大体都被纳入国家项目。国际合作的项目大都分为若干个部分,并且这种合作不涉及投资的相互交换。因此,关于什么是"商业的"这一问题的争论几十年来一直变化不大。但是,争论是为了获得更多的利益。2010年,航天飞机退出历史舞台③,在奥巴马政府2011年的财政预算中,NASA的预算将更多地倚重私人部门以及创新的承包合同实践,即(为私人部门)提供为近期完成的国际空间站的运输合同(运往国际空间站和从国际空间站运回)④。计划将NASA的财政预算提高了数十亿美元,与此同时,增加了私人部门对国家空间项目的参与。可以预见,这一计划会存在诸多争议,而且,其成功的机会并不确定。

尽管如此,我们也可以想象,新的发展趋势和新技术的需求会继续推动美国空间项目全球化时代的变革,其中包括NASA与航空航天产业关系的变化以及这一产业结构的变化等。关于NASA与航天产业的关系,近年来,无论是公共还是私营部门都开始采用

---

① See, e. g., ROBERT B. REICH, THE WORK OF NATIONS: PREPARING OURSELVESFOR 21ST CENTURY CAPITALISM 156 – 57 (1992).

② 参见:《NASA 授权法案》,Pub. L. No. 106 – 391 303,309,114 Stat 1577,15 (2000);《保证和加强载人航天能力法案》,H. R. 4804,111th Cong. 8 (2010).

③ Damien Cave, Celebrating U. S. Future in Space, Hopefully, N. Y. TIMES, Apr. 27, 2010, at A14.

④ See President Barack Obama, Address at Kennedy Space Center (Apr. 15, 2010) (transcript and recording available at http://ww. nasa. gov/about/obama_ksc_pod. html).

新的承包方式,为了"实施向商业化平稳的过渡"①采购,支付和执行都发生了变化。关于产业结构问题,冷战期间的"购买国货"的政策已经被取代,非美国的转包商不断增加,现在他们为美国大多数一般承包商提供重要技术,甚至在一些涉及国家安全的发射领域,这些之前从未有过商业参与的领域也开始有非美国的供应商的参与②。

这些变化和外空探索发展的新趋势暗示着"主要由商业决定"将取代"主要由地缘政治决定",而后者塑造了冷战时期的空间项目。如果这样的话,关于"商业的"概念的争论便将要呈现出新的规模,虽不可能走的诸如指定一个外国的总承包商参与美国的重大项目这么远,但是将会在那些已经被认为是商业的安排中改变实行者和协议。

结论

20世纪初期时,飞机还没有成功起飞,空间飞行器还没有被构想出来。然而,还没到20世纪之末——在不到美国国家存在的四分之一的时间内——人类已经登上了月球。在我们登月的过程中,我们意识到外层空间可以用来改善人类的生活水平,并供应人类的需要。在一篇文章中很难将那些必须由新的或者经过延伸的法律基础支持的所有重要的新兴外层空间活动描述一遍。仅举几个例子,这些重要的问题包括:轨道碎片和近地球空间的环境问

---

① Tiphany Baker Dickerson, Patent Rights Under Space Act Agreements and Procurement Contracts: A Comparison by the Examinations of NASA's Commercial Orbital Transportation Services (COTS), 33 J. SPACE L. 341, 343 (2007).

② See, e.g., Press Release, Lockheed Martin, Atlas V Team Wins Achievement Award from U. S. Space Foundation (Apr. 1, 2003), available at http://www. lockheedmartin. com/news/press _ releases/2003/AtlasVTeamWinsAchieve mentAwardFromU. html.

题、外层空间的财产权和知识产权问题、空基太阳能问题、人类在太阳系定居的问题以及商业应用问题。

同样,也很难断言制宪者在面对外空活动时的想法①。但是,在设计宪法体系的过程中,设计者期望"建立一个更为完美的国家"并且为了他们,也为了我们以及我们的子孙后代"促进公共福利的发展"②。宪法制定者建设了一个既牢固又灵活的法律体系,这一体系足以应付18世纪还想象不到的问题,比如在外层空间工作或者生活。或许空间法比任何其他法律更多地阐述了宪法要求的每一代人都要重新阐述的"争取自由的祝福"③的含义。

为了设计和实施未来的空间活动和空间法,美国应该仔细地考虑其自己国家的利益,并决定其如何与其他国家的利益结合起来,分享全球利益。在21世纪这样一个互通有无的时代,那种阿波罗似的"国家特立独行"的模式已经逐渐被摒弃。国际空间站采取的伙伴关系模式有可能将这种"全球合作"的模式引入到火星和其他外空开发的过程中去。或许在这过程中会出现新的商业和工业模式,将外空活动引入更为公平和繁荣的局面中去。

要实现对于外层空间的期望需要被杰佛逊认为是民主的第一要件的见多识广的公民的参与④。为了培养这样的公民,美国必须继续提供优良的公共教育和私人机会,例如英特尔科技人才搜索,2010年,这一项目由18岁的Erika De Benedictis赢得,他创造了一

---

① 但是,依笔者看来,托马斯.杰佛逊可能会是空间活动的主要倡导者。遥感技术可能会在他的农耕社会中大有作为,GPS会成为西北条例中的重要工具,并且,刘易斯与克拉克远征的领导者与建筑师也会意识到空间探索的吸引力。可以肯定的是,曾经做过测量员的乔治·华盛顿也会欣赏GPS的。

② U. S. CONST. pmbl.

③ Id.

④ Letter from Thomas Jefferson to Samuel Kercheval (July 12, 1816), in 10 THE WRITINGS OF THOMAS JEFFERSON: 1816 – 1826, at 42 – 43, Paul Leicester Ford ed., 1899.

种原始算法,这种算法可以确定飞船最短航线所需的能量[①]。如果坚持实施这样的措施,美国会继续在地球上和外层空间保持优势。

---

① News Release, Intel, Intel Science Talent Search 2010 Winners Announced (Mar. 16, 010), available at http://www.intel.com/pressroom/archive/releases/20100316edu.htm.

外空活动争端解决国际法律机制研究

朱泓宇* 赵海峰**

摘要: 本文解释了2011年12月常设仲裁法院通过的《外层空间活动争端任择性仲裁规则》对外空争端解决国际法律机制所带来的新机制,说明了新机制所具有的特点。即适用程序的灵活性和便利性、私人实体的可适用性、争端类型包括合同性和非合同性争端、一审终审制、适用法律成员方可自行选择,否则由仲裁庭做出决定等,并就中国相关机构和个人如何适用新机制提出了建议。

关键词: 《外空仲裁规则》;常设仲裁法院;外空争端解决;国际法律机制

一、外空争端法律国际解决机制的特点与改革

商业化和私营化是外空活动发展的特点,私人主体不断地进入外空领域使得潜在的外空争端出现的可能性增加,同时也推动着外空争端解决机制的改革。在这一部分将首先分析外空争端解决机制变革的原因,总结出外空争端及其解决机制的特点和法律基础。在这些分析的基础之上提出外空争端解决机制改革的方向。

---

* 朱泓宇,哈尔滨工业大学法学院硕士。
** 赵海峰,国家法官学院教授,哈尔滨工业大学法学院特聘教授。

(一)外空争端解决机制的特点和法律基础

在讨论对外空争端解决机制的变革问题时,必须先搞清楚外空争端和其他的国际争端相比有什么特点,外空争端解决机制和其他的国际法上的解决机制相比又有什么不同。了解了这些有助于我们把握外空争端解决机制变革的方向。

1. 外空争端的特点

外空争端和其他一切国际争端相比的最大特点就是其发生的地点是在外空。这直接决定了这种争端具有科技含量高、未知性大等特点。即使是科技高度发展的今天,人类对于外空的探索和利用还是处于初级阶段。人类仅仅能够登上离地球最近的天体——月球;人类仅仅能够把探测器送上离地球相对较近的火星;人类的足迹也仅仅能勉强跨出太阳系。这些成就和人类对于地球的认知相比还是远远不够的。而且,不论是政府还是私人主体,其对外空探索的投资都是十分巨大的。以国际空间站为例,其十几年的建设下来总花费超过了1 000亿美元,单次发射到国际空间站的火箭就需要超过5亿美元的发射成本,代价可谓是极其高昂的。这也是在人类外空探索的初期,美苏等大国主导了人类探索外空的原因之一。

当然我们可以看到,在国际争端解决方法中,国际磋商外交解决依然是主要的解决方法之一。大国政治、强权政治的阴影依然笼罩着国际关系。但是在呼唤法治社会的今天,国际社会更加需要法律来规制。国际法院、国际刑事法院等国际司法机构的建立就是对这一呼声的直接回应。在外空争端解决机制开始变革慢慢完善的今天,建立一套以法律方法为中心的解决机制可谓是外空争端解决机制的内在要求。这是由外空争端的特点所决定的。

2. 外空争端解决机制的特点

(1)外空争端解决机制的特点。外空争端解决机制的特点是由外空争端的性质决定的。其专业性、紧迫性都和传统的国际争端有所区别。因此,简单地判断外空争端解决机制应当采取什么样的形式是很困难的。正如新加坡吴美珊博士在其英文专著《空间法上的争端解决》上论述的那样,外空争端解决机制应当是一套复合的解决方法,包括了国际磋商、仲裁、审判等多种方法。这种观点具有一定的代表性。

外空争端主要包括碰撞损害、环境污染损害和商事纠纷几大类。这几大类应当根据具体情况采取不同的解决方法。2009 年美国一颗在轨正常运转的卫星受到一颗俄罗斯废弃卫星的撞击失灵就是碰撞损害的典型案例[①]。这个案例中由于证据不足,双方僵持不下而不了了之。"宇宙 954 号"案件则是环境污染损害的典型案例。此外,随着外空商业化与私营化趋势的不断增强,外空争端中的商事纠纷不断显现。目前,各大空间实体在订立合同时都会加入发生争端后的解决方法。在本文后面的部分将会有更加详细的论述。

鉴于外空争端解决机制的特点,在开始外空争端解决机制的变革时就必须考虑这些特点,找准外空争端解决机制的方向。首先,外空争端的时效性要求外空争端解决机制必须以较快的速度解决争端。空间科技的发展日新月异,也许一个技术现在是主流,两年后就会面临淘汰升级。因此,传统的国际争端解决机制漫长的审理过程并不符合外空争端解决机制的特点。第二,外空争端解决的专业性要求建立外空争端解决机制时必须建立专门的机构、拥有具有相关知识的工作人员。这种要求和 WTO 的争端解决机制、国际海洋法法庭等专门国际法领域是一样的。第三,外空争端解决机制法律性要求其存在与运转需要有完善的法律基础,同时有可以援引的法律文件作为其解决依据。

(2)外空争端解决机制的法律基础。外空争端解决机制既然是一个法律机制,那么其存在与运转必须有一套完善的法律基础,同时在解决争端的过程中必须有可供援引的法律作为依据。外空争端解决机制的法律基础可以大致分为以下几个层次:

---

① 薄守省:《从美俄卫星相撞事件看航天活动之损害赔偿责任》,载《暨南学报(哲学社会科学版)》,2010 年第 4 期,第 15 – 20 页。

A. 国际习惯法、国际法原则。这一层次包括联合国宪章等国际"宪法"层次的法律文件以及被各国所普遍认同的国际法原则。这些原则不仅指导外空争端的解决，还可用于一切国际争端的解决。任何外层空间领域的立法都不得违背这些原则。

B.《外空条约》。《外空条约》是外层空间法领域的"宪法"性质的国际条约。其所确立的一系列原则是各国在从事外空探索与开发时必须遵守的。

C.《责任公约》、《登记公约》、《营救协定》和《月球协定》。在这些国际条约中对于如何解决外空争端做出了具体的规定。值得注意的是，《责任公约》所确立的归责模式是十分特殊的，它规定了一切外空活动主体所造成的损害全部归责于所在国。这一规定迫使国家对于其所管辖的自然人、法人的外空活动严格管理，甚至可能会使得国家不愿意私人主体参与外空活动。这就可能会对外空活动的发展造成阻碍。

D. 其他国际法律文件。在前文的外空争端解决机制的论述中简单介绍了一些外空领域的国际法律文件，包括联合国的有关决议。例如《关于各国探索和利用外空活动的法律原则的宣言》《关于在外层空间适用核动力源的原则》等。这些条约都不断地强调通过和平的方式来解决国际争端，在外层空间法的具体领域发挥着作用。这些国际法律文件也是外空争端解决机制可以援引的法律文件之一。

以上就是外空争端解决机制的法律基础。除此之外，一套完整的争端解决机制还应当包括适用程序、机构设计等具体问题。这些问题将会在后面的部分予以探讨。

（二）国际仲裁解决外空争端的分析

1. 国际仲裁解决外空争端的合理性

在有效的外空争端解决机制缺失的今天，国家解决外空争端时可能还需要依赖传统国际法上的争端解决方法。例如采取国际磋商或者是诉至国际法院等国际司法机构。但是这些方法仅对国家有效，私人主体是不能适用的。在实际操作过程中，私人主体会倾向于采用国际商事仲裁的解决方法。目前,私人主体之间达成的国际空间法仲裁协议主要是基于现有的几部仲裁规则,包括联合国国际贸易法委员会制定的仲裁规则(UNCITRAL Rules)以及其他国际主要的仲裁机构的规则。这些仲裁规则虽然能够适应大多数和商事活动有关的争端,但是对于外空争端的特殊性却没有周全的考虑与设计[1]。因此,一部专门针对外空争端特点设立的仲裁规则是很有必要的。

用国际仲裁的方法解决外空争端,其优点有以下几个方面:

(1)国际仲裁是对所有相关主体开放的。以常设仲裁法院为例,它所制定的仲裁规则可以适用的主体包括国家、国际组织、国家控股的实体、非政府组织以及私人主体,几乎包括了商事活动中所有参与的主体。

(2)国际仲裁是一种自愿性机制,其适用与否取决于当事方的合意,只有在双方达成合意的情况下才可以提交国际仲裁。但是这种合意可以是前置的,也就是说在双方订立合同时就可以约定发生纠纷后提交国际仲裁。

(3)国际仲裁的结果具有强制性和国际性。这种强制性和《责任公约》下达成的建议性质的决定形成了鲜明的对比。而且值得注意的是,在国际仲裁中其裁决是最终的,当事方不可上诉。这对于提高外空争端解决机制的效率具有重要的作用。国际仲裁的国际性意味着仲裁的裁决被国际社会所普遍认可,因为国际仲裁的效力在《纽约公约》[2]所有签字国都有法律效力。

---

[1] THOMAS H. WEBSTER, HANDBOOK OF UNCITRAL ARBITRATION 4, London, Sweet & Maxwell, 2010.

[2] 1958年6月10日在纽约召开的联合国国际商业仲裁会议上签署了《承认及执行外国仲裁裁决公约》(the New York Convention on the Recognition and Enforcement of Foreign Arbitral Awards)。该公约处理的是外国仲裁裁决的承认和仲裁条款的执行问题。至2017年6月4日,《纽约公约》共有157个成员。

(4)国际仲裁适用中的弹性。和其他解决机制不同的是,国际仲裁的适用具有很大程度上的弹性。当事方在适用国际仲裁规则时只要双方达成合意就可以自行修改。一部仲裁规则可以使用很长的时间,但是空间技术却在飞速发展。国际仲裁适用中的灵活性对于飞速发展的空间活动来说很有必要。

2. 常设仲裁法院解决外空争端

随着经济与科学技术的发展,人类对外空的探索和利用也发展到了一个新的阶段,如何解决空间争端已经成为各空间大国以至全世界关注的问题。常设仲裁法院作为和平解决争端方面的第一个常设机构,在历史上曾发挥过意义深远的作用。今天,它也是由多边协议授权来运用《联合国宪章》第 33 条中列举的几种第三方争端解决办法(即调查、斡旋、调停、仲裁、司法)的机构之一,仍然是和平解决国际争端的一个重要途径。在国际社会和平解决国际争端趋势日益彰显的背景下,加上常设仲裁法院自身的改革努力,其在空间争端解决方面也有着较为广阔的发展前景。

2011 年 12 月,常设仲裁法院通过了《外层空间活动争端仲裁任择性规则》[①],标志着在外空活动领域发生的争端可以提交常设仲裁法院解决。常设仲裁法院出台的《外空仲裁规则》是改革现有外空争端解决机制的最新尝试。它立足于在现有的外空争端解决机制之外提供一套全新的争端解决机制,有效地规避了"重新签订外层空间条约"或者"对现有条约进行重大修改"这类难以实现的解决方法,同时又能够切实的提供一整套具有可操作性的解决外空争端的程序。

由此可以看出,常设仲裁法院不断地通过新的《外空仲裁规

---

① PCA Optional Rules for the Arbitration of Disputes Relating to Outer Space Activities http://www. pca - cpa. org/shownews. asp? ac = view&pag_id = 1261&searchkind = archive&nws_id = 323;汉语翻译 杨宽译:《常设仲裁法院外层空间活动相关争端仲裁任择规则》,李寿平主编:2012《中国空间法年刊》,世界知识出版社,2014 年版,第 233 – 253 页。

则》扩大了其管辖权。在外空争端解决领域,常设仲裁法院成为传统的外空争端解决机制之外最具可操作性的选择。

二、常设仲裁法院《外空仲裁规则》分析

随着社会的不断发展,人类的科技水平飞速进步,人类对外层空间的探索和利用也发展到了一个新的阶段,在新形势下如何妥善的解决外空活动中产生的各种争端已经成为各空间大国乃至全世界共同关注的问题。2011年12月,在国际空间法领域发生了一件引人注目的大事。老牌的国际仲裁机构常设仲裁法院(Permanent Court of Arbitration)通过了一个重要的国际法律文件——《外层空间活动争端任择性仲裁规则》(PCA Optional Rules for Arbitration of Disputes Relating to Outer Space Activities)(简称《外空仲裁规则》)。这是外层空间实现法治化以来,在外空争端解决机制领域的极其重要的法律文件,也是国际社会试图变革传统的外空争端解决机制的一次重要的尝试。

尽管在联合国五大公约体系下,《责任公约》制定了一套完整的外空争端解决机制,并就争端的解决设立了一整套的系统。但是正如前文所述,长期以来这套体系并未被国际社会真正使用过。许多国际空间法专家不断地批评这套外空争端解决机制,甚至有的专家直接评价为"没有用的""失败的"。虽然在设立之初,立法者们在立法的过程中思考的相当周全,但是在几十年的发展过程中。这套解决机制没有及时的反应飞速变化的社会现实,逐渐落后于时代。

(一)《外空仲裁规则》的起草与通过

早在世纪之处的2001年,常设仲裁法院就开始关注外空争端解决的相关问题。在当年的2月,常设仲裁法院的国际局主持召开了题目为"航空、空间和电信法律问题的仲裁:强行调整的方式"的国际法研讨会。在会上主要探讨了用国际仲裁的方式解决外空争端的可能性,并计划制定一套专门解决外空争端的仲裁规则。

直到2009年,常设仲裁法院开始了这套《外空仲裁规则》的起草工作。这套《外空仲裁规则》由常设仲裁法院的国际局和来自航

空法和航天法领域的杰出专家所组成的一个专家组①联合起草的。其目的就是改变目前外空争端解决机制难以适用的现状,提供一套自愿但具有强制力的争端解决手段。这套争端解决机制应当克服传统外空争端解决机制的种种不足,能够被参与外空活动的所有主体所适用,尤其是反映目前愈演愈烈的私营化和商业化的趋势。

常设仲裁法院的国际局是其行政机构,主要负责法院的日常运转、专家组的挑选以及一些后勤工作。因此,《外空仲裁规则》的起草主要是由国际局所挑选的13位航空法与航天法领域的专家所组成的杰出专家组负责。在为期两年的起草工作中,专家组组织了大量的讨论、会议、讲座,并参考了国际上业已成文的仲裁规则,尤其是常设仲裁法院过去使用过的仲裁规则。2011年5月,国际局将《外空仲裁规则》的初稿提交各成员方深度讨论。2011年12月,在常设仲裁法院的成员国大会上,《外层空间活动争端仲裁任择性规则》正式获得通过。外空争端解决机制迈入新的时代。

(二)《外空仲裁规则》的法律源泉

在考察了常设仲裁法院的历史沿革,回顾了常设仲裁法院通过《外层空间活动争端任择性仲裁规则》的过程后,我们可以发现《外空仲裁规则》的通过并不是一蹴而就,而是经过了长期的发展过程。

常设仲裁法院是基于条约成立于1899年的政府间国际组织,其成立的法律基础是1899年第一次海牙会议所制定并获得通过的《海牙和平解决国际争端公约》(The Hague Convention for the Pacific Settlement of International Dispute)。起初它成立的主要目的是

---

① 专家组由前南斯拉夫国际刑事法庭 HE Fausto Pocar 法官担任组长,小组的其他成员有:Dr. Tare Brisibe, Prof. Frans von der Dunk, Prof. Joanne Gabrynowicz, Prof. Dr. Stephan Hobe, Dr. Ram Jakhu, Prof. Armel Kerrest, Mrs. Justine Limpitlaw, Prof. Dr. Francis Lyall, Prof. VS Mani, Mr. Jose Montserrat Filho, Prof. Dr. Maureen Williams, and Prof. Haifeng Zhao.

为了解决国际法主体在运用国际仲裁解决国际争端时在仲裁员选任、仲裁庭的组成等方面没有一定之规而造成的困难。在此后百年的发展中,常设仲裁法院的职能随着时代的发展而不断扩大。目前,它拥有 121 个成员。而且,常设仲裁法院于 2010 年在毛里求斯设立了第一个海外办事处,也将在新加坡设立第二个分支机构。

在常设仲裁法院成立之初,其所受理的国际争端全部集中在国家之间。这种情况在 1996 年发生了变化。1993 年,常设仲裁法院通过了《双方中只有一方为国家仲裁的任择性规则》(Optional Rules for Arbitrating Disputes between Two Parties of which only one is a State);1996 年又通过了《国际组织和私人之间仲裁任择性规则》(Optional Rules for Arbitration between International Organizations and Private Parties)。这些《仲裁任择性规则》使得私人主体也获得了在常设仲裁法院解决与国家或者国际组织之间发生的纠纷的权利。在此基础上,常设仲裁法院于 2011 年开始研究与外空活动争端有关的仲裁规则,并在 2011 年通过《外层仲裁规则》就成了水到渠成的事。

常设仲裁法院另一个重要的参考是 2010 年版的《联合国国际贸易法委员会仲裁规则》。在国际商事仲裁领域,《联合国国际贸易法委员会仲裁规则》是适用范围最广的程序规则之一。1976 年《联合国国际贸易法委员会仲裁规则》通过以来经过了几次大的修改,2010 年的版本已经非常完善。

总的来看,常设仲裁法院通过的《外空仲裁规则》参考了《联合国国际贸易法委员会仲裁规则》和其 1992 年以来通过的一系列仲裁规则,吸取了几方的优点,并就外空争端的特点做出了专门性的规定。

(三)常设仲裁院《外空仲裁规则》值得注意的特点

1. 适用程序的灵活性和便利性

(1)《仲裁规则》的前言部分指明其起草是基于联合国国际贸易法委员会 2010 年仲裁规则,因此继承了其灵活性以及当事人意思自治的原则。

(2)当事人可以自主选择仲裁员的数量;当事方可以自由选择仲裁地点以及选择仲裁所使用的语言。

(3)当事人可以根据双方达成的协议修改原有的规则。

(4)这套《仲裁规则》是非强制性的,争端当事国不必非要适用这套规则来解决相互之间的争端[①]。只要争端当事方同意遵守此协定,把争端递交国际仲裁法院仲裁,那么即使不是外层空间方面的争端也是可以的。这样就可以有效地避免出现对于争端本身是否为外层空间领域而陷入旷日持久的争论。至于其是否为外层空间争端可留给当事国自己决定。

(5)仲裁庭拥有自己的程序以保证当事方能够被平等的对待,并且在程序进行中的适当阶段当事方都能够被给予合理的机会能够陈述自己的案情。

(6)请证人出庭作证时可以不要求证人出庭。仲裁庭可以采取数字通讯的方法请证人作证。这一规定极大地便利了证据的采集。

由此可见,这套《仲裁规则》具有充分的灵活性。在《仲裁协议》适用的过程中,可以充分地彰显当事人的意见。

2. 私人实体的可适用性

在此规则的前言部分就指明了本规则的适用对象包括国家、国际组织以及私人实体。这是此规则的最主要的进步之一[②]。它开始允许个人以及私人实体在外空争端中维护自己的合法权益,而过去的通常做法是把一切外空活动归责于国家。正如前文所说,外层空间活动的商业化是其发展的必然趋势,而私人实体也越

[①] Stephen Hobe, The Permanent Court of Arbitration Adopts Optional Rules for Arbitration of Disputes Relating to Outer Space Activities, Abhandlungen, 2012. 1.

[②] Von der Dunk F, Settlement mechanisms Space for Dispute – Dispute Resolution Mechanisms for space? A few legal considerations, (2001). Space and Telecommunications Law Program Faculty Publications, p. 450.

来越广泛的参与其中。美国太空探索技术公司(Space X)研发的"龙"号飞船开始承担从地球到国际空间站的运输任务,在航天飞机退役后,美国终于可以自主向国际空间站运送物资。此次发射也开启了私营企业进入航天领域的新时代。可以预见的是此类商业活动将会越来越多。在大量的外层空间商业活动中出现摩擦是必然的,但是过去的归责原则、争端解决机制不能满足私人实体保护自身合法权利的需要,常设仲裁法院的《外空仲裁规则》开宗明义的指明私人实体被授权适用此规则,适应了外空商业化的趋势,有利于外层空间活动的和平有序发展。

3. 争端类型的组成

《外空仲裁协议》的第一条就明确指出:此协议既可以用于合同性争端,也可以用于非合同性争端。这与过去《责任公约》的做法是非常不同的。因为《责任公约》对合同性的商业化的争端是无权处理的。

另一个重要的创新体现在适用《外空仲裁规则》或者是对现有条约进行解释与适用来解决两个或两个以上的缔约国的争端使其达成多边协议成为可能。这就意味着,某种程度上来说仲裁庭成为联合国外空条约的解释者。这也使得《仲裁规则》与联合国的外空条约之间具有了更多的相关性。

我们需要明确的是,国际常设仲裁院的这一套《外空仲裁规则》并不是对于联合国《责任公约》等条约的取代,而是对其的一个有益补充。仲裁庭不仅可以适用《仲裁规则》,而且可以对联合国的条约进行解释,《仲裁规则》与联合国的诸条约之间是紧密联系的。

4. 裁决的效力

所有的裁决都应形成书面文字;裁决应当是由仲裁员中的大多数做出的,一经做出就是最终的裁决,对各成员方形成约束力。

《外空仲裁规则》同时也规定了裁决书中发生错误时的补救措施。第38条规定,当事人在收到判决的30内发现的计算错误、文书或印刷错误、任何遗漏都可以向国际常设仲裁法院的国际事务局申诉。仲裁庭应当在30日内做出回复。

5. 应当适用的法律

成员方可以自行选择想要适用的法律。如果各成员方没有选择适用的法律，那么究竟适用国内法还是国际法，将会由仲裁庭做出决定。仲裁员在适用法律时必须考虑合同具体条款的规定以及外空争端解决机制的具体实践。具体来看，《外空条约》《责任公约》等国际条约以及联合国及其他国际组织通过的国际法律文件都可以选择适用的法律。

《外空仲裁规则》作为《责任公约》的有力补充，不仅能够很好地适应外空活动商业化的趋势，同时可以保护弱势一方的利益，保证案件及时公平的解决。从这个角度来看，《外空仲裁规则》的一些操作程序将有望成为未来外层空间活动争端解决的标准化程序。

三、中国对空间争端法律解决机制变革的对策

在本文的前面几部分，作者论述了外空争端解决机制变革的原因、方向和最新的实践。传统的外空争端解决机制是在美苏争霸的背景下，由美苏这两大空间强国主导建立的，反映了两国在外空探索方面的意志，是两国争霸过程中妥协的产物。中国在当时空间技术一片空白，而且也还不是联合国会员，在空间立法方面还没有发言权。因此，这套传统的外空争端解决机制并不能反映中国的利益。几十年岁月变迁，人类的外空探索已经发生了翻天覆地的变化。其中中国在航天领域所取得的巨大成就为世人所瞩目。

但是与中国在航天领域取得的辉煌成就形成鲜明对比的是我国在外空立法领域参与不够，应加大参与力度。下文中，将阐述中国解决国际争端的一般方式及其演变，以及中国对于争端解决机制的选择的建议。

（一）中国解决国际争端的一般方式及演变

一般而言，和平解决国际争端的方式可以笼统地分为政治方法和法律方法。其中政治方法包括：谈判与协商、斡旋与调停、和

解与调查等,而法律方法则包括仲裁和司法解决两种方式。作为联合国常任理事国之一的中国,在解决国际争端的过程中,仍旧倾向于采取"对话"的方式加以解决,我国认为"在今天的时代,平等的主权国家之间无论产生什么纠纷和冲突,都应当采取对话的方式寻求争端的解决。因为,这不仅有助于增强当事国各国的彼此了解,澄清事实,解决矛盾,又可避免可能给双方人民带来的深重灾难。对话,是和平解决国际争端的正确途径①。"而这种"对话"的方式即和平解决国际争端的政治方法。我国对于和平解决国际争端的政治方法的倚重在中华人民共和国成立初起即已有所表现。1953年8月,我国政府在关于和平解决朝鲜问题的政治会议的声明中建议,为了使政治会议能够和谐进行,以便在国际事务中给和平协商解决争端建立典范,政治会议应当采取圆桌会议的形式,即朝鲜停战双方在其他有关国家和地区参加之下共同协商的形式,而不是采取朝鲜停战双方单独谈判的形式。我国建议,在争端当事国单独谈判不方便的情况下,邀请其他有关国家在中立的立场上参加协商,这是创设了一种新的外交方法,使朝鲜的停战谈判取得了成功②。自此之后,中国采用类似的方式解决了一系列的争端。

关于和平解决国际争端的法律方法,即仲裁与司法解决,我国政府一向秉持较为谨慎的态度。首先,针对仲裁这一国际争端解决方式,在我国与外国缔结的国际条约中,除了一些自由贸易议定书外,几乎都没有载入任何仲裁条款。在我国签署、批准或加入的多边条约或国际公约中,对以仲裁作为解决争端的仲裁条款,我国

---

① 刘力杨:《在第四十一届联大六委关于和平解决国家间争端的发言》,载《中国国际法年刊》(1988),法律出版社1989年版,第700-701页。

② 王虎华:《论我国和平解决国际争端的理论与实践》,载《河南师范大学学报(哲学社会科学版)》,2002年第4期,第30页。

几乎都做出保留①。其二,作为司法解决国际争端典范的国际法院,我国自 1971 年恢复联合国合法席位之后,宣布不承认过去国民党政府于 1946 年 10 月 26 日关于接受国际法院强制管辖权的声明。同时,我国也从未与其他任何国家订立过将争端提交国际法院的特别协议,对我国签署、批准或加入的国际公约中带有提交国际法院解决争端的争端解决条款,几乎都毫无例外地做出了保留②。自 1986 年起,我国开始向国际法院推荐法官候选人,对于国际法院的态度也不断地有所改变。在我国签署、批准或加入的国际公约中,除了对一些涉及我国重大国家利益的国际争端仍然坚持通过谈判和协商解决之外,对有关经济、贸易、科技、航空、环境、交通运输、文化等专业性和技术性的公约所规定的由国际法院解决争端的条款一般不做保留③,改变过去对提交国际法院解决国际争端的条款一概保留的做法④。虽然迄今为止,我国还没有向国际法院提交过任何案件,但是这种积极参与的态度有利于未来我国对和平解决国际争端法律方法的利用⑤。

近年来,随着国际贸易的日益发达,尤其是中国于 2001 年加入世贸组织之后,其所设置的诸多规则也逐渐被中国所接受,特别是结合到 WTO 争端解决机制。自 2002 年中国同其他 7 个国家共

---

① 赵劲松:《中国和平解决国际争端问题初探》,载《法律科学(西北政法学院学报)》,2006 年第 1 期,第 100 页。
② 王虎华:《论我国和平解决国际争端的理论与实践》,载《河南师范大学学报(哲学社会科学版)》,2002 年第 4 期,第 31 页。
③ 曾令良:《中国践行国际法治 30 年:成就与挑战》,载《武大国际法评论》第 14 卷,第 1 期,第 12 页。
④ 赵劲松:《和平解决国际争端原则及适用——中国的理论评析和实践探讨》,武汉大学硕士学位论文,2004 年,第 45 页。
⑤ 赵海峰:《中国与国际司法机构关系的演进》,载《法学评论》,2008 年第 6 期,第 2 - 12 页。

同起诉美国的"美国钢铁保障措施案"开始[①],至今为止,中国应用WTO争端解决机制作为原告的案件为17起,作为被告的案件为39起[②]。由此可见,无论出于主动或是被动,中国已经逐渐接受了WTO设置的这样一种法律争端解决方式。这也将是未来解决国际纠纷发展的大趋势[③]。当然,也必须注意的是,针对不同种类的国际争端,中国对于司法解决方式的态度也是有所不同的。如上述,随着国际交流的日益频繁,中国只有针对涉及我国重大国家利益的国际争端才坚持谈判协商的政治方式。对于其他类型的争端,都可以诉诸法律方法。虽然这一论断主要针对国际法院争端解决条款的问题,但是适用于国际仲裁也并无不可。结合到本文探讨外层空间争端,虽然至今为止我国作为当事方的此种争端还并不常见,但是作为世界上的空间大国,尤其是随着私人实体参与外空活动的不断增加,产生此类争端的概率也大大增加,尤其需要加以审慎对待。

(二)中国对于空间争端解决机制的选择

常设仲裁法院针对外空争端的这一新的规定是供参与方自愿选择,但却是有法律约束力的争端解决条款,适用于所有参与外空活动的主体,包括国家、国际组织、私人实体等。依照起草条款的专家组主席福斯托·波卡尔(Fausto Pocar)法官的介绍,国际常设仲裁院行政理事会意识到外空活动尤其是外空商业活动的飞速发展,在诸多领域,如卫星通信、发射服务以及遥感等出现争端的可

---

① 中国网:中国在WTO中的第一个案件——美国钢铁保障措施案,资料来源:http://www.china.com.cn/zhuanti2005/txt/2003 - 06/23/content_5351822.htm.

② 热点解读:如何正确理解并构建"一带一路争端解决机制"(二)http://www.sohu.com/a/137850501_652123,2017年8月1日访问。

③ 对于司法方法在未来国际争端解决过程中的重大作用,可以参见:赵海峰:《略论国际司法机构的现状和发展趋势》,载《人民司法》,2005年第9期,第96-98页。

能性不断增大,所以有必要采取相应措施对这些可能的争端进行调整①。我国的外空活动发展迅猛,神舟系列飞船以及嫦娥系列探月卫星的不断发射成功使得我国的空间技术不断地走在世界的前列。但是,随着我国空间探索的不断发展,和其他国家的摩擦与冲突也将会不断凸显。这是外空探索过程中所无法避免的。而从外空商业利用角度讲,从 1985 年起,中国长征系列火箭开始在国际市场上提供发射服务②,由于发射服务主要由国有的长城工业总公司提供,而我国政府在提供发射服务过程中的权利义务主要通过与服务购买方的政府签订双边政府间协议进行规制③,所以到目前为止,相关的争端仍然可以通过协商对话的方式按照协议规定的内容进行解决。而随着私人实体参与空间活动的可能性不断增大,政府间协议的方式将不再适用,彼时,常设仲裁法院就可以作为一个选择。

综上所述,关于中国利用常设仲裁法院解决空间争端有如下建议:

其一,当中国政府为主体作为被告时,则首选还是联合国框架下的争端解决方法。外交磋商在先,依据《责任公约》求偿紧随其后,不仅可以充分发挥我国综合国力强大的优势,而且可以借助其过程漫长的求偿过程,慢慢解决问题。而关于政府主导的空间商业发射服务,由于有明确的协议规定,争端解决方式可以在协议中加以规定。当然,值得提出的是,虽然目前看中国政府主导的空间

---

① Fausto Pocar, An Introduction to the PCA's Optional Rules for Arbitration of Disputes Relating to Outer Space Activities, in Journal of Space Law, 2012, Vol. 38, p. 174.

② Yang Mingjie, Chinese Role in the Regional Space Security Cooperation and APSCO, www.gwu.edu/~spi/assets/docs/YangMingjie.ppt.

③ Li Shouping, International Space Cooperation in the Reform and Opening of China over the Past 30 Years, in Proceedings of the International Institute of Space Law, p. 335.

商业服务取得了巨大成功,但是政府并不应该因此限制国内私人外层空间工业的发展,而从长远利益看,政府逐步退出空间商业发射服务,也是有可能的。

其二,当中国政府为主体在外空争端中作为原告时,则可以选择常设仲裁法院进行解决,在这种情形下,我国可以优先选择常设仲裁法院的仲裁规则。其优势在于可以快速地解决问题,得到公正的裁决。当然,如上述,在我国作为发射服务提供者时,会和对方签订政府间协议,在协议中可以加入仲裁条款,以利于未来争端的解决,而针对那些涉及我国重大利益的争端,即便是作为原告方,"对话"的方式仍为首选。

其三,我国的私人主体解决外空争端时更应当采用常设仲裁法院的仲裁规则。因为常设仲裁法院不仅专业而且快速,可有效地避免传统外空争端解决机制过程漫长的弊端。此外,常设仲裁法院的仲裁程序公共合理,可有效地避免控辩双方由于实力差异巨大带来的不公平的情况。而从国际社会潮流看,涉及商业争端的解决,仲裁是较为普遍的方式。当然,从目前情况看,我国国内空间立法者所要考虑的并非私人主体产生外空争端的解决,而是制定相应法规鼓励私人实体积极参与外空活动并进行国际空间合作。只有在私人主体逐渐具备对外提供空间服务的能力之后,对争端解决的方法的选择才有意义。而当私人主体不断强大之后,也会在另一方面促进空间争端解决方法的健全与完善。

在研究了各国的空间政策以及国际上主要国际条约、空间争端解决机制后我们可以得出结论:法治化是保障一国航天事业发展的必要条件,商业化和私营化是航天事业发展的主要趋势。顺应趋势、完善条件才能更好地发展我国的航天事业。

外空领域国际法与国内法的关系

吴晓丹[*]

摘要：制定于20世纪60~70年代的外空五条约是国际外空法的核心，国际法是调整外空活动的首要方式。20多年来，外空法的发展主要体现在国内立法中，使得外空领域国际法和国内法的关系成为一个有趣的话题。外空领域中国际法和国内法的互动目前以单向居多。国际法是国内立法的起点和基石。各国外空立法均在不同层级和范围内落实国际法的规则，另有些国内法律制度有意弥补国际法规则的不足。过去几年，美国和卢森堡走得更远。立法填补了国际法空白，未来可能发生更多双向互动甚至逆向互动，国内法可能撬动和倒逼国际法发展。

关键词：航天；国际法；国内法；关系

规范外空活动的法律规则体系可分为国际法和国内法两个层面。外层空间超越了各国主权管辖范围，国际法是调整外空活动的首要方式。苏联发射第一个人造卫星后，外空法很快成为国际法的一个分支。首先，在联合国和平利用外层空间委员会（简称外

---

[*] 吴晓丹（1978-），黑龙江林口人，国际法博士，中央财经大学法学院副教授。本文是教育部规划项目"国家安全视阈下外空安全国际法问题研究"（项目批准号17YJC820052）和中央财政大学青年教师发展基金项目"中国商业航空法研究"（项目批准号QJJ1530）的阶级性成果。

空委)主持下,20世纪60~70年代订立了五个探索和利用外层空间的国际条约①。和其他有关防止外空武器化和加强环境保护的规则,以及双边和多边合作协议,构成了国际外空法律体系。其中联合国外空五条约是核心。除了《月球协定》,其余四个条约获得了比较广泛的认可和接受②。其中部分规定已经成为国际习惯法,非缔约国亦有义务遵守③。其次,国际外空法具有一定的特殊性。著名学者拉克斯主张,国际外空法不是将现行的国际法原则和规范简单地适用于外层空间,而是针对外空活动的特殊性调整已有的规范,制定新的原则和规则④。

过去20多年里,外空法的发展更多地体现在国内立法中,目前已有近30个国家制定了外空法,虽然完善程度不一。这使得外空领域中国际法和国内法的关系成为一个有趣的话题。目前看,二者的互动以单向居多。政府和非政府实体的外空活动均须遵守

---

① 1967年《关于各国探索和利用外层空间包括月球和其他天体活动所应遵守原则的条约》(《外空条约》);1968年《营救宇宙航行员、送回宇宙航行员和归还发射到外层空间的物体的协定》(《营救协定》);1972年《空间物体造成损失的国际责任公约》(《责任公约》);1975年《关于登记射入外层空间物体的公约》(《登记公约》);1979年《指导各国在月球和其他天体上活动的协定》(《月球协定》)。

② 截至2017年1月1日,联合国193个会员中,105个国家地区批准《外空条约》,另有25个国家和地区签署了该条约。《营救协定》《责任公约》《登记公约》和《月球协定》的缔约国和地区数量分别为95、94、63和17,签署国地区数量分别为24、20、4和4。Status of International Agreements relating to Activities in Outer Space as at 1 January 2017. http://www.unoosa.org/documents/pdf/spacelaw/treatystatus/AC105_C2_2017_CRP07E.pdf, 2017年7月23日。

③ V. S. Vereshchetin, G. M. Danilenko, "Custom as A Source of International Law of Outer Space", 13 *Journal of Space Law*, 1985, p. 32.

④ M. Lachs, The Law of Outer Space: An Experience in Contemporary Law – Making, 2nd Edition, Martinus Nijhoff, 2010, pp. 11 – 28.

外空五条约,国际法是国内立法的起点和基石。国内立法的首要目的是在国内落实国际法的规则,结合本国实际需求弥补其不足。但近年来,美国和卢森堡等通过立法填补国际法空白,意味着未来可能发生更多双向互动甚至逆向互动,值得关注和研究。

一、国内立法落实外空五条约

国内立法在不同程度上体现了落实和遵守国际外空法,与国际规则接轨的意图。

(一)国内立法落实外空五条约的必要性和重要性

国际空间法规则直接指向国家,公法性质昭然若揭[①]。这些规则适用于所有空间活动,但非政府实体不受其直接约束。《外空条约》第6条规定国家为本国空间活动承担国际责任时提到非政府实体;第9条确立的国际磋商制度包括"一国或其国民进行的外空活动"。说明国际法不禁止非政府实体从事空间活动,但必须由有关国家批准并连续加以监督;由有关国家对其一切活动承担国际责任[②]。法律是最好的批准和监督方式,因此非政府实体参与空间活动需要缔约国立法落实和遵守国际条约的有关规定[③]。无论一国是自动将国际条约纳入国内法,还是立法将国际法转化为国内法,都有必要制定清晰、具体和详细的国内法规[④]。外空五条约中的有些义务特别需要在国内通过立法落实,如确立许可和登记制度,有些由于内容宽泛的,需要国内立法加以细化,如责任制度。

---

① P. L. Meridith, G. S. Robinson, Space Law – A Case Study for the Practitioner: Implementing a Telecommunications Satellite Business Concept, Spring, 1992, p. 58.

② 贺其治:《外层空间法》,法律出版社1992年版,第251页。

③ C. Scott, Making Space Profitable: the Role of Law and Policy, 2004 Space Law Conference Paper Assembly, Beijing, 2004, pp. 119 – 123.

④ 赵云:《外空商业化和外空法的新发展》,知识产权出版社2008版,第129页。

(二)落实外空五条约的国内立法

国内立法在不同程度和范围反映了外空条约的规定,体现了与国际条约接轨的意图,但立法路径体现了国际法和国内法关系理解差异,立法内容体现了国际法的重视程度不一。意大利、瑞典、西班牙和韩国为履行国际条约通过了某个法令或法律;英国、法国、瑞典、西班牙、澳大利亚和荷兰国家等明确了立法的宗旨是履行国际义务;多数国家立法的具体法律规则和制度体现了国际法的规定,在不同程度和范围内直接引用国际条约的有关规定,特别是登记信息、归责原则和责任范围等。

1. 将外空五条约转化为国内法

最典型的国家是对国际法与国内法的关系秉承二元论的意大利[1]。国际条约若需在国内层面享有法律效力必须国内化(欧盟法除外)。"转化"通常通过"落实法令"实现。按照意大利法律,议会授权总统批准条约和下达落实条约的命令是不同的立法行为。条约经议会许可总统批准后,发生国际法上的效力,再经议会命令落实才成为国内法,虽然两者的内容是同一的。这是 1983 年关于实施《责任公约》的第 23 号法令和 2005 年关于实施《登记公约》的第 153 号法令的由来,其内容与相应的条约规定完全一致。

其他国家也有为落实国际条约的专门立法。西班牙根据《登记公约》立法,建立国家登记册并通报给联合国秘书长[2]。瑞典制定 1982 年《空间活动法》目的是确立非政府团体从事空间活动的监管框架,履行《外空条约》。韩国 1980 年批准《责任公约》,为履行有关义务,2008 年 7 月 1 日起正式生效《空间责任法》,明确韩国作为发射国应承担的责任以及代表本国国民索赔的权利。

2. 履行外空五条约的立法宗旨和遵守有关义务的态度

---

[1] J. Hermida, Legal Basis for National Space Legislation, Kluwer, 2004, p. 123.

[2] Establishing in the Kingdom of Spain of the Registry in the Convention adopted by the United Nations General Assembly on 2nd November 1974, preamble.

俄罗斯、乌克兰、英国、法国、荷兰、比利时、奥地利、瑞典、澳大利亚、日本和韩国等将落实国际条约明确列为外空立法的宗旨。英国1986年《空间活动法》规定立法是为了恰当地履行国际义务，"确保联合王国对于本国相关的人发射和运营空间物体及在外层空间进行的其他活动承担国际责任"①。2008年6月3日，法国议会通过了关于空间活动的第2008-518号法律，以履行法国在有关外空活动国际条约下承担的义务②。比利时立法的主要目的是保证本国的空间活动符合国际法，特别是《外空条约》的要求，在国内落实国际规则、标准和承诺③。澳大利亚《空间法》第3条强调立法的目的是"根据联合国外空条约履行澳大利亚的有关义务"。乌克兰《空间活动法》第17条规定，保证履行空间活动领域的国际义务，应当基于公认的国际法规则和接受的国际法规定承担责任。日本《宇宙基本法》规定立法宗旨是履行国际义务，空间开发和利用应当遵循有关的国际条约和协议依据《外空条约》第6条确保第三方责任④。韩国2005年《空间开发促进法》第3条规定，韩国政

---

① United Kingdom Outer Space Act, 1986, preamble of Chapter 38.

② French Official Journal, 4 June 2008。立法说明明确主要目的使法国法的规定与法国在空间活动方面所享有的权利和承担的义务相一致，尤其是以下几个方面:(1)遵守外空活动的普遍国际义务(1967年《外空条约》第6条);保障国家的空间活动符合外空条约的国际义务以及授权和监督非政府实体从事空间活动;(2)空间物体的损害赔偿义务;(3)空间物体的登记义务;(4)禁止在外空轨道放置核武器和大规模杀伤性武器的义务;(5)当空间活动对其他国家造成潜在危害时进行调解和磋商的义务。

③ J. Mayence, Belgian Federal Office for Science Policy, Speech on Belgian Space Law at the UNCOPOUS Legal Sub - Committee, April 2009, http://www.oosa.unvienna.org/pdf/pres/lsc2009/pres-08.pdf, July 23, 2017.

④ S. Aoki, The National Space Law of Japan: Basic Space Law and the Space Activities Act in the Making, VIth Eilene M. Galloway Symposium on Critical Issues in Space Law, http://www.iislweb.org/docs/2011_galloway/Aoki.pdf, July 23, 2017.

府将依照与其他国家和国际组织缔结的空间条约从事空间开发，和平利用外层空间。

奥地利和乌克兰用国际法作为划定外空活动合法性的标准。《月球协定》只有17个缔约国，其中有奥地利。正是奥地利的批准才使得《月球协定》生效。奥地利积极参与国际空间法的制定和落实以及联合国的有关活动。2011年《关于外空活动许可和设立国家空间登记册的联邦法》第4条规定，外空活动不得违背奥地利的国际法义务。乌克兰《空间活动法》第18条规定，国际空间活动应当遵守国际法公认的原则和标准。第9条限制和禁止的空间活动，包括"在外空或轨道放置或实验核武器或大规模杀伤性武器；为军事等目的利用空间技术对外空环境产生负面影响或给人类带来威胁；为军事目的使用月球和其他天体；给人类的生命健康带来直接威胁或给环境带来损害；违反关于外空污染的国际规范和标准；其他国际法不允许的空间活动"。

根据《航空航天法》的规定，航空航天局局长负责考虑、确认、调整、决定、安排和支付针对美国提出的索赔，其依据是《外空条约》和《责任公约》关于发射国赔偿责任的规定。1984年《商业空间发射法》第21条第四款规定，应在符合美国与任何其他外国间生效的任何条约、公约或协议中所承担的义务的条件下执行本法。

3. 与外空五条约接轨的国内法律制度

多数外空立法在具体制度设计上体现了国际条约规定，依据外空五条约的核心制度确立外空活动的许可和监管、空间物体的登记以及外空活动的责任制度等。澳大利亚《空间法》直接援引《责任公约》，对于"损害""过失""重大疏忽""发射国"的定义与《责任公约》的规定相同。一些国内登记制度与《登记公约》基本保持一致，如美国1984年《商业空间发射法》和澳大利亚《空间法》。随着外空环境保护意识的提升，一些国内法直接援引条约规定或有关标准。英国1986年《空间活动法》有关环境保护的规定是对《外空条约》第9条规定的简单重复。奥地利《关于外空活动许可和设立国家空间登记册的联邦法》第5条规定空间活动许可人在减缓空间碎片方面应当适当考虑获得国际认可的有关指南。

二、国内立法弥补外空五条约的不足

制定仓促、时代的局限性、外空环境特殊性、对外空认识的有限性、外空活动主体的单一性、美苏主导等给外空五条约带来了诸多局限[①]。外空活动扩张与螺旋式发展、主体多样化等放大了外空五条约缺陷,国内立法的适时发展填补了外空五条约的一些不足。

(一)外空五条约的时代局限性和固有缺陷难以满足外空活动发展需求

首先,外空五条约带有明显的时代烙印。外空活动开启于冷战时代,彼时,外空是美苏争霸的重要领域,只有国家和政府从事外空活动,且以政治和军事诉求为主要目的,在各方能接受的范围确保和平利用外空是条约的重点。美苏对于私人参与外空活动态度不同,妥协方案是国家授权和监督本国活动,并承担国际责任。如今,外空活动的主体、形式、范围和影响都发生了翻天覆地的变化。首先,外空活动的意义和价值不再局限于军事和政治领域,涉及日常生活的方方面面,小到通信、银行服务、上网,大到自然灾害监控和裁军监督。空间活动主体性质和数量都发生了巨大的变化[②]。现在,有能力从事外空活动的国家越来越多,80个左右国家和地区拥有卫星等外空资产,非政府实体广泛地活跃在卫星和载人航天器制造和发射以及通信、遥感、定位等领域。

其次,外空五条约过于宽泛和原则性的规定埋下了诸多隐患。例如,具有外空活动宪章地位的《外空条约》谈判匆促,自美国1966年5月提议到1966年12月19日联大通过条约文本,只有7个月。

---

① 吴晓丹:《"外空条约"面临的挑战》,载《空间法评论》第一卷——外层空间法的现状与展望,哈尔滨工业大学出版社2006年版,第94-108页。

② United Nations Treaties on Outer Space: Actions at the National Level, United Nation/Republic of Korea Workshop on Space Law, 2003.

内容比较简单、粗糙和空泛①。《外空条约》第1条第1款规定,探索和利用外层空间应本着为所有国家谋福利与利益的精神,这种探索和利用应是全人类的事。非严格意义上的法律措辞使得这条规则类似于宣言,具体含义不明,约束力单薄,无从落实。一般认为是在探索和利用外层空间时任何单方面的活动都是不允许的。但非政府实体从事空间活动的首要目的是获利,现在需要在便利和鼓励私人投资空间活动和保障为人类谋福利之间维持平衡②。

最后,外空五条约难以满足外空活动发展需求。时代变迁、空间技术更新、空间活动主体和形式的深刻变化需要国际法的更新和发展③。随着探索和利用外空活动范围和方式的拓展,国际法需要在基本规范和原则基础上进一步细化④。非政府实体逐步广泛深入地参与空间活动,国际法有关制度的模糊和不确定性成为障

---

① 主要原因有:一是在美国和苏联外空活动取得突破性进展的情况下,迫切需要国际法规则,填补法律真空,解除各国对美苏垄断外空的担忧。二是国际社会对于外空活动基本原则已经取得了一些共识,主要体现在1963年《关于各国探索和利用外层空间活动的法律原则宣言》和1963年《禁止在大气层、外层空间和水下进行核试验条约》(简称《禁止核试验条约》)。还有学者认为因为美苏对另一方的能力缺乏完整的认识,担心可能放弃某种优势,无法达成进一步的共识。J. I. Gabrynowicz, Space Law: Its Cold War Origins and Challenges in the Era of Globalization, *Suffolk University Law Review*, 2004, Vol. 37, p. 1044.

② N. Jasentuliyana, International Space Law Challenges in the Twenty - First Century, in 5 Singapore Journal of International and Comparative Law, 2001, p. 15.

③ 吴晓丹:《国际空间法的现状与发展趋势》,载《北京航空航天大学学报(社会科学版)》,2008年第3期,第31-32页。

④ B. Cheng, *Studies in International Space Law*, Oxford: Clarendon Press, 1997, p. 642.

碍①。联合国大会通过了几项关于解释和落实条约的决议,主要有《关于适用"发射国"概念的决议》《空间碎片减缓指南》《关于加强国家和国际政府间组织登记空间物体的做法的建议》,以及《就有关和平探索和利用外层空间的国家立法提出的建议》②。这些决议一定程度上厘清了条约中的模糊点,着重建议各国立法以更好地履行国际义务。

(二)国内立法弥补外空五条约的不足

对于商业利用外空活动,外空五条约存在很多空白③。但起草新条约复杂而艰难。首先,是否需要制定新规则没有一致意见④。一些国家认为需要谈判起草新条约以加强现有法律体系并廓清原有概念。一些国家主张现有条约足以规范外空活动,仍有国家继续加入《外空条约》证明现有法律制度是充分有效的。其次,谈判难度大。越来越多国家参与外空活动,外空活动形式和内容日趋多样化和严重不平衡,国家外空实力和立场迥异。外空委奉行"协商一致"决策程序,成员方由最初的 24 个增加到现在的 84 个,达成共识困难重重。再次,外空法律问题日趋复杂,条约起草技术难度增大。很多国家强调探索和利用外空应使所有国家受益;外空活动重点从军事向民事转变,空间技术蓬勃发展等让法律规范本

---

① T. S. Twibell, "Circumnavigating International Space Law", ILSA Journal of International and Comparative Law, Fall, 1997, p. 267.

② Res. 59/1115, 10 December 2004; Res. 62/217, 22 December 2007; Res. 62/101, 17 December 2007; Res. 68/74, 16 December 2013.

③ S. U. Reif, "Shaping a Legal Framework for the Commercial Use of Outer Space: Recommendations and Conclusions from Project 2001", in 18 Space Policy, 2002, p. 15; S. Swaminathan, "Making Space Law Relevant to Basic Space Science in the Commercial Space Age", in 21 Space Policy, 2005, p. 260.

④ Proceedings of the United Nations/Republic of Korea Workshop on Space Law: United Nations Treaties on Outer Space: Actions at the National Level, Office for Outer Space Affairs, United Nations Office at Vienna, ST/SPACE/22, New York, 2004, pp. 137 – 139.

身成为一门技术①。

相比之下,国内立法显得简单容易,可在一定程度上弥补国际法不足。如何保障外空活动符合国际空间法,如何保护第三方又不损害非政府实体从事外空活动的积极性,各国在许可和责任制度中做出了一些解答,比如适度降低许可门槛、简化许可申请程序。美国1988年《商业发射法案》修订案中率先引入了责任限额制度,由政府为超越每次发射保险限额部分承担第三方责任,发射许可第三方责任上限为50亿,事故国内责任的赔偿上限是15亿,2004年将两个限额降低为5亿和1亿。这种责任分担办法,解除企业从事外空活动的后顾之忧,这一做法被法国、荷兰、英国、奥地利和澳大利亚立法吸收。

再以遥感卫星为例。最初,因为从外空收集地面数据可能干涉领土主权,遥感卫星曾引起诸多争议。如何保证遥感活动的必要性和恰当性? 如何保护被遥感国的安全? 有关数据的接受、适用和传播是否有限制? 被感测国或地区是否有权以及能否以公平合理的价格获取本国领土的数据?② 1982年关于遥感的大会决议提供了部分答案。首先,感测的地点是外层空间,任何国家得不受限制地自由利用。其次,遥感活动应当在尊重所有国家和人民对其财富和自然资源享有完全和永久主权的基础上进行,且不得损及被感测国和地区的合法权利和利益,但不需要事先征得被遥感国和地区的同意。最后,被感测国和地区管辖下的原始数据和处理过的数据一经制就,该国即得在不受歧视的基础上依照合理费

---

① N. Jasentuliyana, International Space Law Challenges in the Twenty-first Century, Singapore Journal of International and Comparative Law, Vol. 5, 2001, p. 13.

② Ram S. Jahku, "International Law Governing the Acquisition and Dissemination of Satellite Imagery", in 29 Journal of Space Law, 2003, p. 66; Macro Pedrazzi,赵海峰著,《国际空间法教程》,吴晓丹译,黑龙江人民出版社2006年版,第46页。

用和条件取得这些数据。被感测国和地区亦得按照同样基础和条件取得任何参与遥感活动的国家所拥有的关于其管辖下领土分析过的资料,在这方面,应特别考虑到发展中国家的需要和利益。但什么是"不受歧视的基础上依照合理费用和条件"?《遥感原则》只适用于"为了改善资源管理、土地适用和环境保护"的,不包括其他民用活动和军事侦察,那么,被感测国和地区获得有关数据的权利不完整。

美国国内实践和法律很快就突破了国际法的局限性,给如何规制遥感活动提供了更为完整的答案。在国内层面,平衡数据利用与国家安全具体包括两个问题:一是谁能获取遥感数据,是否需要付费;二是政府是否有权力中断或终止有关个人或实体观测、获取或发布数据的许可①。1984年《地面遥感商业化法》中确立了不歧视政策,任何人有获得所有数据的平等机会。考虑到遥感的商业价值,1992年《地面遥感政策法案》修订了不歧视政策。只需保证被遥感国和地区(包括美国)管辖下领土的未分析数据一经制就,该国即可依照合理费用取得。鉴于遥感数据的公益价值,科研机构和公益活动可依该法确立的最低价格获取原始数据。2005年后,任何人均可经由互联网免费获取所有数据②。所有用户得在非歧视基础上使用任何陆地卫星系统和其他美国政府投资的遥感系统获取的未经分析过的数据,除了国家安全因素,数据的传输、格式等对任何用户不带有任何优先性、倾向性和其他附加条件。③2000年《机构间关于私人遥感卫星系统许可的谅解备忘录》确立了"快门控制"(shutter control)程序,政府根据国土安全或其他国家利益可叫停商业遥感。

---

① E. Sadeh, "Politics and Regulation of Earth Observation Services in the United States", in R. S. Jakhu (ed.), *National Regulation of Space Activities*, Spring, 2010, pp. 443–458.

② United States Code, Chapter 601, section 60111 (c) (3).

③ United States Code, Chapter 601, section 60141 (a).

三、逆向推动国际外空法发展的国内立法

国家对国际法规则施加影响更多是通过国际谈判中的政治性立场和政策导向,但国内法倒逼了国际规则发展在外空法中不乏先例,未来可能会在外空资源开发中产生重大突破。

(一)美国国内法带动国际卫星通信组织私有化

1962年美国《商业通信卫星法》确立了设立商业通信卫星体系的国家政策。据此成立的联邦通信委员会代表美国参与国际通信卫星组织和国际海事卫星组织的活动。20世纪70年代,联邦通信委员会决定根据1934年《通信法》规范私人实体操作和运行通信卫星的行为。理由是该法适用范围是源自或在美国接收的无线电信号,而通信卫星正是通过无线电波传输信号。1996年《通信法》简化了有关规范。为打破垄断,增加私人企业市场份额,保护消费者、卫星服务和设备提供者的利益,促进卫星通信市场充分竞争,2000年《重组公开市场以完善国际通信法》,将通信卫星私有化。在进入美国市场可能受阻的情况下,国际通信卫星组织和国际海事卫星组织相继私有化。不久,欧洲通信卫星组织也采取了同样的措施。2000年《重组法》改变了卫星通信政府间国际组织的性质,重塑了国际通信卫星市场,验证了美国国内法对国际法的影响力。

(二)外空资源开发的财产权问题

外空蕴含丰富的自然资源。《外空条约》第2条禁止国家通过提出主权主张,通过使用或占领,或以任何其他方法将外空据为己有。据此任何人对外层空间的任何区域提出的任何财产权主张都是完全无效的,不论国家或政府,还是非政府组织或实体。《外空条约》不禁止天体资源的开发,只是缺少具体操作规范,未涉及开采资源的所有权问题。《月球协定》第十一条强调外空及其自然资源是人类的共同继承财产,任何国家不得通过使用或占领将外层空间包括天体据为己有。由于对人类的共同继承财产含义分歧太大,没有界定具体、准确的制度,只要求在发达国家和发展中国家

之间公平分享惠益①。同时,确立了模糊的时间表,即当开发天体自然资源一旦可行,缔约国应当协商确立国际制度。目前《月球协定》只有 17 个缔约国,且没有航天大国。因此,国际法只有粗泛的法律框架,未创建开发外空资源的具体制度。②

21 世纪以来,开发月球和小行星等的热潮再次引发了关于外空产权和开发空间资源的争论。与此前不同的是有开发能力的国家数量增加了,一些企业也具备了开发能力,很多人倾向于商业开发。认为资源开发法律问题的悬而未决,特别是财产权和利润的不确定性可能阻却潜在的投资者,不利于鼓励私人投资外空活动,阻碍了商业空间活动的发展③。开发外空资源不存在不可克服的

---

① B. M. Hoffstadt, Moving the Heavens: Lunar Mining and the "Common Heritage of Mankind" in the Moon Treaty, in 42 UCLA Law Review, 1994, p. 581.

② H. Keefe, Making the Final Frontier Feasible: A Critical Look at the Current Body of Outer Space Law, in 11 Comparative and High Technology Law Journal, 1995, pp. 357 – 358.

③ Frans G. Von Dunk, *Bringing Space Law into the Commercial World: Property Rights Without Sovereignty*, Chicago Journal of International Law, Summer, 2005, p. 81. P. Tobias, Opening the Pandora's Box of Space Law, 28 Hastings International and Comparative Law Review, 2005, p. 300. Kelly M. Zullo, *The Need to Clarify the Status of Property Rights in International Space Law*, The Georgetown Law Journal Vol. 90, 2002, p. 2424. Virgiliu Pop, *Appropriation in Outer Space: The Relationship Between Land Ownership and Sovereignty on the Celestial Bodies*, Space Policy Vol. 16, Issue 4, 2000, p. 275. E. E. Weeks, Previewing a Series of Potentially Cataclysmic Events, Proceedings of the 47th Colloquium on the Law of Outer Space, IISL, 2004, p. 308. Z. Meyer, "Private Commercialization of Space in an International Regime: A Proposal for a Space District", in 30 *Northwest Journal of International Law and Business*, 2010, p. 241.

技术障碍,但受到政策和法律的制约①。法律制度缺位可能对外层空间的健康发展带来毁灭性的后果②。呼吁国际社会有必要协商建立有关外空资源开发的法律制度③。美国学者主张有关外空资源开发的制度应有利于鼓励私人企业投资,且"公平分享"不等于平均分配,大部分惠益应该归属投入时间和资金并承担风险的开采实体④。有人主张"人类共同继承财产"概念已经过时,认为这是在冷战时代的政治气氛下产生的,目的不是支持私人实体的发展,而是防止任何一方获得军事上的优势⑤。甚至有人提出将19世纪的先占制度并入《外空条约》是国际空间法的新希望。⑥

近些年,美国一些私人实体对小行星和月球采矿抱有浓厚兴

---

① R. Berkley, Space Law versus Space Utilization: The Inhibition of Private Industry in Outer Space, 15 Wisconsin International Law Journal, 1997, p. 428.

② E. J. Reinstein, Owning Outer Space, 20 Journal of International Law & Business, 1999, pp. 72 - 74.

③ R. J. Lee, *Law and Regulation of Commercial Mining of Minerals in Outer Space*, Dordrecht: Springer, 2012; V. POP, "Planetary Resource in the Era of Commercialization", in S. Bhat (ed.), *Space Law in the Era of Commercialization*, Lucknow: Eastern Book Company, 2010, pp. 57 - 71; F. Tronchetti, The Exploitation of Natural Resources of the Moon and Other Celestial Bodies: A Proposal for A Legal Regime, Leiden: Nijhoff, 2009.

④ Z. Meyer, "Private Commercialization of Space in an International Regime: A Proposal for a Space District", in 30 *Northwest Journal of International Law and Business*, 2010, pp. 255 - 258.

⑤ E. H. Reinstein, Owing Outer Space, in 20 Northwest Journal of International Law and Business, 1999, p. 62.

⑥ B. C. Gruner, A New Hope for International Space Law: Incorporating Nineteenth Century First Possession Principle into the 1967 Space Treaty for the Colonization of Outer Space In the Twenty - First Century, in 35 Seton Hall Law Review, 2004, p. 299.

趣,但开采回资源的财产权归属在法律上尚不明确。2015年,美国通过了《商业航天发射竞争力法案》。该法案规定外空资源是指在外层空间的非生命资源(包括水和矿物质),美国公民对获得的小行星资源或外空资源享有权利,包括占有、运输、使用和出售。一石激起千层浪,美国立法是否违反了国际法义务?其他国家是否有必要立法跟进?是反对美国立法还是借此推动外空资源的法律制度?如何推动,是借助《月球协定》还是从头来?

第一,严格说来,该法案与《外空条约》是有微妙冲突的。《外空条约》虽不禁止外空资源开发,但牢固确立了禁止据为己有原则和缔约国在外空管辖权限于本国空间物体的原则。财产权是国内私法中的概念,如果国家对外空资源不能据为己有也不能主张管辖权,国家对外空资源的权利存疑削弱了授予私人财产权的正当性。这曾是国际空间法学会的立场和逻辑,但2015年后有了变化[①]。

第二,国家有使国内法遵循国际法的普遍义务,但国内法与国际法不符本身并不构成对国际法的直接违反,只有国家在具体场合下不履行义务时才发生违反国际法的情形[②]。因为国际社会的个体主义特征以及不干涉内政的重要性,如果一国国内立法违反了国际义务,其他国家只能就违反义务的行为要求停止不法行为或提供赔偿,不能深究违反义务的原因[③]。

---

① Statement and Further Statement by the Board of Directors of the International Institute of Space Law on Claims to Property Rights Regarding the Moon and Other Celestial Bodies, issued in 2004 and 2009; and Position paper on space resources mining, adopted by the Board of Directors in 2015. https://iislweb.org, 22 July, 2017.

② 伊恩·布朗利著,曾令良等译,《国际公法原理》,法律出版社,2007年,第33页。

③ 安东尼奥·卡塞斯著,蔡从燕等译,《国际法》,法律出版社,2009年,第291页。

其他国家只有当外空采矿实际发生的时候,才能针对该具体行为认定为国际不法行为并要求美国承担国家责任,而法案本身是很难推翻的。

第三,从过往历史来看,人类进入新的活动领域都有开采资源的攫取性,利润主导或市场主导开发确有其优越性。因此,虽国内法的合法性存疑,却因为填补空白可能成为先驱,带动其他国家立法进而撬动国际法的发展。

后续事件也验证了这一点。历时一年多的推动,2017年7月13日,卢森堡国民会议通过了《外空资源法》,规定公司对从小行星等天体上开采的资源享有所有权。这是欧洲以法律认可外空资源可由私营公司所有的国家。这个小国立法的目的是以四两拨千斤的方式确立欧洲太空资源探索与利用的中枢地位,吸引行星资源等到卢森堡设立分支机构。其他国家如阿联酋等有跟随迹象。

四、结论

国际法和国内法关系是个复杂的问题。首先,国际法没有自己的执行机构,其活动空间与国内法纠缠在一起。多数国际法规则要发生作用就必须在国内法律制度中予以落实。国际法规则通常只有被国家纳入国内法后才能在该国内法律体系内实施[1]。简单地宣布国际法律规则在任何时候都优先于国内立法,在很多情况下可能都是不正视现实的理想做法[2]。当今国际社会仍旧是以主权国家为内核的威斯特伐利亚体系,虽然有了人权和民主的意味,但国家仍旧警惕地保护着主权。有些国际条约明确规定国家有义务自定落实国际法规则的立法,例如人权条约,但外空五条约中都没有明确提及国内法,各国在如何履行相关义务方面享有完全的自由。虽然如此,各国外空立法中在制度设计方面仍体现了

---

[1] 安东尼奥·卡塞斯著,蔡从燕等译,《国际法》,法律出版社,2009年,第11页。

[2] 马尔科姆·N·肖著,白桂梅等译,《国际法》,北京大学出版社,2011年,第142-143页。

共性,这是国际法影响和渗透国内法的典型例证。

其次,国内法可能反向渗透。国内立法填补国际法空白,撬动和倒逼国际法发展。这些动向值得我国密切关注。外空资源很可能是人类未来生存的根本,如何确立空间资源开发的法律制度,如何开发、管理和分配空间资源,如何协调开发资源的所有权和外空不得据为己有之间的矛盾,将在很大程度上决定外空的开发前景。因此对于美国和卢森堡立法保护开发外空资源的所有权问题,不应小视。我国的基本立场应当是必须在联合国主导下,在现有国际空间法基础上确立法律制度,在外空资源分配方面确保发展中国家的特殊利益。鉴于我国非政府实体尚不具备开发计划和能力,正在起草的《航天法》中应对此缄默不言。

人类命运共同体意识下外空资源开发的国际法制构建基础探讨

李晶珠*

摘要：人类命运共同体意识是在新的时代背景下中国共产党倡导的新的外交理念。任何一个国家都要以人类整体利益为出发点，只有维护人类的共同利益，才能实现自身的根本利益。各国探索活动的实践显示，外空资源开采已经势不可挡，丰富多样的外空资源开采活动给形成于20世纪60年代的国际空间法体系带来了巨大挑战。在探讨构建新的外空资源开发国际法制时，应贯彻人类命运共同体意识，将其具体化为外空资源开发应遵守的基本原则，重新审视《月球协定》的规定，借鉴现有机制的经验，在此基础上构建外空资源开发的国际法制。

关键词：人类命运共同体意识；外空资源开发；国际法制

一、人类命运共同体意识与外空资源开发

（一）人类命运共同意识的提出

在全球化的时代，每个国家都不能脱离别的国家独自发展。重大利益或根本利益在某种程度上已经不是一国所能解决的局部

---

* 李晶珠，女，1977年出生，黑龙江省富锦人，哈尔滨工业大学人文社科与法学学院法学系，讲师，主要研究方向：国际法、空间法。

问题,而已经变成了一个涉及全球各国的人类整体性问题,只有站在人类的立场上,各国携手才能真正解决那些涉及重大利益的问题。任何一个国家都需要意识到,只有站在人类整体利益的角度,维护人类的共同根本利益,才有可能维护或实现自身的重大或根本利益。

近几年,中国大力倡导人类命运共同体意识这一新的外交理念。党的十八大报告提出:"要倡导人类命运共同体意识,在追求本国利益时兼顾他国合理关切,在谋求本国发展中促进各国共同发展,建立更加平等均衡的新型全球发展伙伴关系,同舟共济,权责共担,增进人类共同利益。"①这是中国共产党在进入21世纪后对国际关系和国际法的新认识、新发展。党的十八大以来,习近平总书记多次对人类命运共同体理念做出深刻阐述,不断丰富其思想内涵。这一理念展现了中国对世界大势的准确把握和对人类命运的深刻思考,表达了中国追求和平发展、同各国合作共赢的真诚愿望,开辟了中国特色大国外交新境界。人类命运共同体意识的提出,表明中国对人类社会发展的认识越来越深刻。在国际法语境下,尤其在外空、公海、南极等领域的国际法规制方面,对人类命运共同体意识进行深入分析和解读显得尤为重要②。《2016中国的航天》白皮书第一章中强调:始终坚持和平利用外层空间,反对外空武器化和外空军备竞赛,合理开发和利用空间资源,切实保护空间环境,维护一个和平、清洁的外层空间,使航天活动造福全人类③,这是人类命运共同体意识在航天领域的具体呈现。

---

① 参见十八大报告第十一部分"继续促进人类和平与发展的崇高事业"。

② 黄德明、卢卫彬,《国际法语境下的"人类命运共同体意识"》,载《中共浙江省委党校学报》,2015年第4期,第115–120页。

③ 《2016中国的航天》白皮书,国务院新闻办公室网站,www.scio.gov.cn,2017年1月18日访问。

（二）外空资源开发问题的缘起

1. 地球资源的有限性

地球上已经存在的自然资源大多都是在漫长的地质构造影响下，经过一系列的物理、化学反应而逐渐形成的，但是由于这一形成过程十分缓慢，又受到勘探开采技术水平的制约，因此实际上能为人类所开采的地球自然资源相当有限。例如，United States Geological Survey 在 2015 年发布了最新的《矿产品概要》。[①] 该资料显示：地球上的矿产资源，尤其是主要的金属资源，储量十分有限，并不能满足人类社会长远的使用需求。虽然随着人类勘探和开发技术的进步，能够被发现和开采的矿产资源和燃料会逐渐增多，但人类的资源需求不是一成不变的，其也会随着世界人口的增多和工业的发展而不断扩大，故在资源需求不断增多而地球的资源供应终将有限的情况下，地球必将出现资源、能源供需不平衡的窘迫局面。从长远来看，人类需要利用外层空间，它代表了我们未来生存的保障，外空资源开发对地球上人类的意义和价值已经是不争的事实。

2. 科学技术的发展

开发天体资源的第一步是要解决如何顺利抵达所需开发资源所在的天体难题，或者说是决定将哪些天体作为开发目标。依靠现有的航空航天技术，有可能实现采矿目的的主要是月球或者近地小行星。实际中，我们需要解决包括如何转化天体资源、如何解决开采设备等多方面问题。虽然，开发外空资源还有许多技术问

[①] 目前可利用的铝土大概有 55,000,000,000 – 75,000,000,000 吨，锑为 1,800,000 吨，砷为 11,000,000 吨，铍为 80,000 吨，铜为 2,100,000,000 吨，金为 55.000 吨，锌为 1,900,000,000 吨，钨为 3,300,000 吨，锡为 4,800,000 吨，银为 530.000 吨，稀土为 130,000,000 吨，镍为 130,000,000 吨，铁为 230,000,000,000 吨。See: United States Geological Survey, MINERAL COMMOWTY SUMMARIES 2015. http：//rninerals.usgs.gov/ininerals/pubs/Tncs/2015/mcs2015.pdf, 2017 年 1 月 18 日访问。

题需要解决,但是包括太空钻井技术、太空采样技术等太空资源勘查技术和采矿机械研发水平的提高,为该领域的资源开发创造了有利条件,而且人类的太空资源开采技术还会不断进步。

3. 国家的外空资源探测实践

早在 1996 年 2 月 17 日,美国德尔他 - 2 火箭发射了世界首个小行星探测器"尼尔"(又称"近地小行星交会")探测器①。2012 年 4 月 24 日,由谷歌公司联合创始人佩奇和执行董事会主席施密特联合著名导演卡梅隆及其他投资者,共同成立了一家颇具雄心的太空探索和自然资源开发公司——行星资源公司。美国行星资源公司计划先明确所要开发的小行星,基本要求是距离近、资源多。为此,将建造一系列空间探测器。2013 年 1 月 22 日,美国新成立的深空工业公司宣布,将在 2015 年发射质量约 25kg 的"萤火虫"探测器,用于寻找距地球小于 4.83×10^8 km 的小行星上的资源;在 2016 年发射质量约 31.75kg 的"蜻蜓"探测器,用于从选定的小行星上运回采集样本到地球,供科学家进行详细分析,确认小行星上的矿物是否具有足够价值并确定下一步探测目标。卢森堡政府通过了一项法案,于 2017 年 8 月 1 日正式生效,该法案允许私营企业在满足部分条件的情况下,获得太空采矿的合法权益。卢森堡将因此成为继美国之后世界上第二个通过太空采矿法案的国家。2003 年 5 月 9 日,日本发射隼鸟 - 1 小行星探测器。它用于探测位于地球和火星之间距离地球 3×10^8 km 的糸川小行星,并采集样本

---

① 它的质量为 805kg,于 2000 年 2 月 14 日进入爱神星轨道,这是航天器首次成功地进入围绕小行星运行的轨道。"尼尔"探测器上带有相机、激光测距仪和无线电科学实验设备等 6 台探测仪器,用于确定爱神星的尺寸、质量、密度和磁场以及岩石成分。2001 年 2 月 12 日,在探测任务结束之际,"尼尔"首次以硬着陆的方式降落到爱神星的表面上,结束了长达 5 年的富有成果的太空之旅。在 5 年的太空活动中,"尼尔"飞行了 32×10^9 km,其中绕爱神星飞行了 1 年,共拍摄了 16 万幅图片,搜集了比科学家原先计划还多 10 倍的数据,大大超过了原来的预期。

带回地球供科学家研究。

中国于 2012 年 6 月 1 日在日地 12 点开展了 10 个月科学探测的嫦娥-2 探测器成功变轨,进入飞往小行星的轨道。12 月 13 日,嫦娥-2 在距地球约 7×10^6 km 的深空与图塔蒂斯小行星交会。这不仅是我国首次实现对小行星的飞越探测,也是国际上首次实现对图塔蒂斯近距离探测。嫦娥-2 对图塔蒂斯的探测,使我国成为继美国、欧洲航天局和日本之后,第 4 个探测小行星的国家。在实现"轨道测得准、卫星控得住、图像拍得好"的工程目标后,嫦娥-2 工程完美收官。这些都为我国未来开展月球以及小行星资源开发积累了宝贵的工程经验。

各国的探索活动的实践显示,外空资源开发已经势不可挡。空间活动的固有国际性决定了其不是单纯国内立法可以解决的事项。可以设想,如果国家可以通过其国内立法各自对本国的外空资源开发进行法律规制,这势必导致权利重叠与冲突,必将引发空间资源浪费,造成空间环境的污染与破坏等严重问题,殃及人类的生存与发展,这是与人类命运共同体意识严重相悖的。因此,外空资源开发活动必须由国际社会共同商讨,构建有关法律机制来加以规范。

二、外空资源开发相关国际空间法规定检视

国际空间法体系包括五大国际空间法条约以及联合国的决议及有关宣言原则等国际文件。其中最为重要的是 1967 年《外空条约》,因其为人类的外空活动确定的一些基本原则,其他四个空间法国际公约对空间活动的登记、宇航员的营救、空间物体损害赔偿等问题也做出相应的规定,这些规定是对《外空条约》的补充与发展,共同致力于外空活动的治理。在现有的空间法体系中,与外空资源开发问题直接相关的主要法律文件有如下几个。

(一)《外空条约》

1967 年《外空条约》被誉为"外空宪章",对外空法的发展具有重大的历史意义,是国际空间法的基础。截至 2017 年 1 月,共有

105个缔约国地区和25个签署国和地区①,所有的空间大国都加入了该条约,我国也在1984年正式加入该条约。因为该条约得到了国际社会的普遍认可,所以《外空条约》所确立的原则和规则是现阶段人类探索和利用外层空间最主要法律依据。《外空条约》确立了外空活动必须遵守的诸多原则,其中与外空资源开发密切联系的有:第一,各国开展的空间活动必须是为全人类谋利益;第二,各国不得依据先占等原因占有其已经发现的天体资源;第三,各国都有进入各种天体的自由,任何国家不得以任何理由阻碍他国进入某一天体;第四,各国对于其实施的空间活动应承担相应的国家责任;第五,强调各国在开展空间活动时要加强空间合作;第六,保护空间环境。这些原则对构建具体的外空资源开发法律机制具有重要的指导意义。

(二)《月球协定》

1979年《月球协定》第11条规定:月球及其资源均为全体人类的共同继承财产(根据《月球协定》第1条,本《协定》所称的月球包括太阳系内地球以外的其他天体);月球的表面或表面下层或其任何部分或其中的自然资源均不应成为任何国家、政府间或非政府国际组织、国家组织或非政府实体或任何自然人的财产;在月球表面或表面下层,包括与月球表面或表面下层相连接的构造物在内,安置人员、航天器、装备设施、站所和装置,不应视为对月球或其他任何领域的表面或表面下层取得所有权;本协定缔约各国承诺,一旦月球资源的开发即将可行时,建立指导此种开发的国际制度,其中包括适当程序在内;所有缔约国应公平分享这些资源所带来的惠益,而且应当对发展中国家的利益和需要,以及各个直接或间接对探索月球做出贡献的国家所做的努力,给予特别的照顾。

由于《月球协定》没有得到国际社会的普遍认可,甚至没有得

---

① Status of International Agreements relating to activities in outer space as at 1 January 2017, http://www.unoosa.org/documents/pdf/spacelaw/treatystatus/AC105_C2_2017_CRP07E.pdf, 2017年3月10日访问。

到任何一个有能力开发和利用外层空间天体资源的空间强国的支持,故其对外空资源开发活动尚不具备拘束力。但是由于该协定创造性地提出了对于包括月球在内的所有天体资源实行人类共有的原则,并将该原则作为本协定的核心内容,并在此基础上构架相关法律制度,在这种情况下,《月球协定》的价值是非常值得我们肯定的,其在天体资源开发领域的超然地位也是不容置疑的。在外空资源开发问题上,其基础性的价值也是不容忽视的。

(三)《合作宣言》

联合国在外层空间法领域除了通过了五个国际公约,还通过了一系列的决议和宣言,补充和解释以五大公约为核心的外层空间法的不足。国际空间法上任何一个联合国宣言或决议都有其特殊地位和作用,因为这些宣言或决议是外空委及其法律小组在各国的提议下,基于外空活动的现状,长期探讨和研究的成果,是对国际社会在相关领域法律观点或潜在的习惯规则的总结和展现,因此即使这些宣言或决议没有确定的法律拘束力,我们也不能否认它们存在的价值。对外空资源开发问题而言,1996年《关于开展探索和利用外层空间的国际合作,促进所有国家的福利和利益,并特别考虑到发展中国家的需要的宣言》(《合作宣言》)具有特别重要的意义。

《合作宣言》申明:第一,开展国际合作是为了促进所有国家的福利和利益,不论其经济、社会或科学技术的发展程度如何,并应成为全人类的事业,应特别考虑到发展中国家的需要。第二,各国均可在公平和相互可以接受的基础上自行决定参加探索和利用外层空间的国际合作的所有方面。这种合作活动的合同条件应当公平合理,应当完全符合有关各方的合法权利和利益,例如知识产权。第三,所有国家,特别是具有有关空间能力和正在进行探索和利用外层空间方案的国家,应当在公平和可以相互接受的基础上帮助促进和推动国际合作。在这方面,应特别注意到发展中国家和空间方案刚起步的国家在与空间能力较先进的国家开展国际合作时所产生的福利和利益。第四,开展国际合作时应当采取有关国家认为最有效和适当的方式。除其他外,包括政府与非政府的方式;商业与非商业的方式;全球、多边、区域或双边的方式以及各种发展水平的国家之间的国际合作等。第五、国际合作在特别顾及发展中国家需要的同时,应考虑它们对技术援助的需要和合理有效地分配财政和技术资源,尤其应当致力达到下列目标:(1)促进空间科学和技术及其应用的发展;(2)推动有关国家的实用和适用空间能力的发展;(3)促进各国在可以相互接受的基础上交流专业知识和技术。第六、国家机构和国际机构、研究机构、发展援助组织以及发达国家和发展中国家,都应当考虑如何适当发挥空间应用和国际合作的潜力,以求实现其发展目标[1]。

中国政府所倡导的人类命运共同体意识与该宣言有着共同的精神实质。该宣言在一定程度上解决了外层空间天体资源开发中国家间利益分配的问题,缓和了各国之间的矛盾分歧。该宣言所提出的关于空间技术和专业知识强制交流等新观念,对于构建同时符合发达国家和发展中国家利益需求的外层空间天体资源开发制度有重大的指导意义。

综上所述,无论是《外空条约》和《月球协定》,还是《合作宣言》都没有为外空资源开发问题确定具体的国际机制。国际社会迫切需要制定一套符合时代发展潮流且行之有效的专门法律机制,用以解决有关外空资源开发的各种问题和纠纷,进而达成安全、合理、和平和有序地开发利用外空资源的目的。

三、外空资源开发国际法制构建的基础

(一)构建外空资源开发国际法制的原则

人类命运共同体意识是构建外空资源开发国际法制的一个基本前提,在此前提下,需要贯彻以下基本原则:

---

[1] 1996年《关于开展探索和利用外层空间的国际合作,促进所有国家的福利和利益,并特别考虑到发展中国家的需要的宣言》。

1. 共同利益原则

共同利益原则在1963年的《外空宣言》的序言和第一条中首次被明确提出,1967年,《外空条约》(第1条第1款)将该原则以国际法的形式正式确定下来①。此后《月球协定》的第4条第1款也再次确认了该原则②。该原则对空间活动有两个基本要求:其一,无论是采取何种空间活动,该活动的目的必须是为了世界各国人民即全人类的利益;其二,实施空间活动的国家应否遵循上述原则并不是以其本国经济的发达程度、技术的先进水平为客观标准。

2. 自由探索利用原则

1963年的《外空宣言》第2条、1967年的《外空条约》第1条第2款和1984年的《月球协定》第6条第1款、第11条第4款都对自由探索和利用原则做出了相关规定。自由探索利用原则的基本内涵应包括下述内容:(1)对外空的任何探索和利用活动、进入活动都应该是自由的,且这种自由对于世界上任何一个主权国家而言都是权利和义务的高度统一。换句话说,世界各国都可以依据上述原则决定是否进入、探索和利用太空,各国同样也不能据此妨碍他国依据该原则行使上述各种自由权利。(2)上述原则中赋予世界各国进入、探索和利用外空的自由并不是绝对的,其必须接受外空法领域其他原则的制约。与此同时,对外空的探索和利用不能无视人类共同利益的基本前提,美国政府关于外空资源开发的有关立法不仅与《外空条约》所设立的外空自由原则的本意相去甚

---

① 1967年《外空条约》第1条第1款:"探索和利用外层空间(包括月球和其他天体),应为所有国家谋福利和利益,而不论其经济或科学发展程度如何,并应为全人类的开发范围。"

② 1984年《月球协定》第4条第1款:"月球的探索和利用应是全体人类的事情并应为一切国家谋福利,不问它们的经济或科学发展程度如何。应依照联合国宪章规定,充分注意今世与后代人类的利益,以及提高生活水平与促进经济和社会进步和发展的需要。"

远,而且挑战了联合国框架下外空利用的诸多原则①。由于自由探索和利用原则在被《外空条约》以法律形式确立下来以前就已经得到了大多数国家的认可,成为外空法的一项重要国际习惯法规则,故将其作为外空资源开发法律机制的基本原则是毋庸置疑的。

3. 国际合作原则

无论是 1967 年的《外空条约》,还是 1996 年的《合作宣言》,都将该原则作为其必不可少的一部分。后者更是通过约定国际空间合作的原则、方式、管理和促进机构等内容进一步地丰富了上述原则在外层空间领域的内涵,推动国际空间合作机制的发展。一方面,空间活动作为全球性的活动,往往需要多国相互协作;另一方面,由于人类对外空资源认识的有限性,这决定了空间活动存在着极高的风险,同时也对各国的科学技术水平提出了苛刻的要求,为了能更快更好地开展空间活动,彼此之间进行合作是各国的首选。

4. 外空可持续发展原则

可持续发展原则是国际环境法的一项基本原则,与此相对应,外空活动长期可持续性原则也应该成为外空法的一项基本原则,但事实是在目前的有关外空法的条约和原则宣言中并没有规定这条原则,这与现阶段所面临的外空资源和环境形势极不相称。随着外空行动主体的增多,外空活动的增加,出现了很多损害空间活动的长期可持续性的问题,包括空间碎片问题、地球静止轨道问题、外空环境污染问题等②。在国际社会的强烈要求下,联合国和平利用外层空间委员会在 2009 年第五十二届会议上决定,自 2010 年第四十七届会议起将外层空间活动的长期可持续性项目列入科

---

① 李寿平:《美国奥巴马政府空间政策及其对国际空间法的影响》,载《北京理工大学学报(社会科学版)》,2012 年第 1 期,第 87-92 页。

② 尹玉海、颜永亮:《外空活动长期可持续性面临的挑战及对策》,载《北京航空航天大学学报(社会科学版)》,2016 年第 2 期,第 21-22 页。

学和技术小组委员会的议程中①。长期可持续利用要求,对于外空资源的开发和利用不能无序进行,要做一个科学的长期开发和利用计划。

(二) 现有机制的借鉴

1. 国际海底开发模式

国际海底区域开发制度中最值得我们借鉴和关注的就是平行开发制度。首先,在这种开发制度下,深海海床资源的开发主体有两个,即国际海底管理局的企业部和管理局的成员及受该成员控制的自然人或其他私人团体。但是上述两个主体的开发权利并不是对等的,前者可以单独开发,后者则必须和前者合作开发②。其次,该制度要求申请者提供的开发区域必须能够单独进行两次采矿作业,并且还能划分为价值相当的两个部分(一个部分先行开发,一个部分未来开发)。此外,申请者或承包者还要向管理局或发展中国家提供开发使用的技术。依据该开发制度开发资源时,申请者必须满足以下几个要求:(1)申请者必须具备该开发制度要求的资格条件;(2)申请者的开发行为要经上述管理局的许可,并与之订立相关的合同;(3)申请者还要按要求缴付相关费用。

海底模式采取平行开发制度,在一定程度上缓和了处于不同发展阶段的国家对于由全人类共有深海资源理念的严重分歧,在一定程度上同时满足了发展中国家和发达国家的需求。故该项制度对于公共领域资源的开发具有极大价值,值得我们在国际空间法学习和借鉴。

2. 南极开发管理模式

1961年6月23日生效的《南极条约》,规定的有效期为30年。由于形势发生了新变化,最终于1991年10月4日在马德里

---

① 和平利用外层空间委员会,科学和技术小组委员会外层空间活动长期可持续性工作组的职权范围和工作方法, see http: // www. unoosa. org/pdf/limited/l/AC105_L277C. pdf. 2017年3月10日访问。

② 参见《联合国海洋法公约》第153条。

签署了《南极条约环境保护议定书》,议定书有效期为 50 年。议定书于 1998 年 1 月 14 日生效,也就意味着在 2048 年之前,不允许在南极从事任何与矿产资源相关的活动。由于南极地区特殊的地理位置和历史原因,最终形成的这个冻结主权、禁止开发的模式是符合南极地区的特殊法律地位的。因此,对南极的保护不能片面理解为不允许开发,保护的目的是为了合理地和可持续地利用。

然而,外层空间与南极地区虽然在某些地方有相似之处,比如非军事化利用、和平利用等,但是最终的指导思想却是不一致的。对于外层空间,国际社会普遍认为是可以开发的,并且对外层空间的开发是非常有价值的。我们承认,对外层空间资源的开发要顾及更多,要求也会更多,但是允许对外层空间进行开发是谁也无法否认的事情。所以,就目前来看,南极模式并不适用于外层空间。但是,《南极条约》体系中规定的某些原则以及协商国会议制度可以为构建外空资源开发国际制度提供借鉴和参考。

(三)《月球协定》的重新审视

美国的立法将小行星等外空资源开发问题的讨论推向了前所未有的高度。联合国外空委法律小组委员会决定从 2017 年开始设立一项新议题:"关于外空资源探索开发与利用活动潜在法律模式的一般性意见交流",开始了联合国框架内关于外空自然资源开发的法律问题的讨论。现有的国际机制在一些方面虽然可以为小行星采矿问题的解决提供借鉴,但并不能解决问题的全部。美国国会当前的这种立法活动明显是在抛开国际社会"走单边",这种做法在国际社会上不会得到广泛支持。国际社会需要开启新的一轮谈判,寻求为国际社会广泛接受的新的机制。

《月球协定》订立的初衷在于,在探索和利用月球取得重大成就的背景下,进一步促进各国在这一领域的平等合作,不使月球成为国际冲突的场所,保证月球专用于和平目的,保证月球资源的开发为全人类的共同利益服务,并建立相应的国际开发制度,进一步发展国际空间法[①]。受 1967 年《外空条约》的指导,《月球协定》确立了探索和利用月球的三项基本原则:(1)月球应专用于和平目的,禁止各种军事利用;(2)自由探索和国际合作;(3)月球及其自然资源为人类共同继承财产。在探讨外空资源开采问题时,《月球协定》既有规定是可以依据的基础。国际社会可以对《月球协定》的合理的无争议的部分加以继承,有争议的部分纳入谈判的日程,这样既可以省去一些谈判中时间与资源的浪费,还可以保持空间法发展的继承性与连续性。

结语

外空资源开发问题是航天技术发展带来的必然结果,也是人类社会将要面临的一个重大课题。美国航天技术最为发达,美国最先提出了利益要求并在国内将其法律化。为了实现小行星采矿等外空资源开采的法律确定性,美国的私人实体一方面积极推动国内立法;另一方面,也积极地在国际平台上造势,主导或推动相关研究平台的建立。中方主张,各国包括其私人实体,应依据外空条约从事一切外空开发利用活动,将"为全人类谋福利"原则落到实处,使外空开发利用活动真正惠及所有国家和人民。中国已经成为世界航天的重要一员,未来将会有更多的国家参与其中。外空资源开发和争夺势必引导新的国际规则的产生。因此,中国在未来的新规则中必须争取更多的主导权和话语权,必须在国内加大规则制定的研究力度,做好参与国际谈判的充分准备。

---

① 《月球协定》序言。

全球治理视域下载人航天国际法律制度研究

杨博超[*]

摘要:目前,对载人航天的法律规制主要体现在国际条约和政府间协定之中。但随着载人航天科技的不断发展和载人航天商业化的不断加深,现有的法律规定已远落后于实践,并对载人航天法律制度带来了挑战。这些挑战包括:调整对象概念模糊、营救对象模糊不清、登记信息不够具体等。本文试从国际法层面梳理现有的载人航天国际法渊源,并以国际空间站《政府间协定》为主线,与联合国框架下国际条约进行比较。本文同时指出,为促进载人航天事业健康、有序发展,有载人航天能力的国家应转变观念,并在国际法律规范中引入全球治理模式,从而使各国在理念上求同存异,完善载人航天国际法律体系的顶层设计。

关键词:载人航天;全球治理;国际法;国际合作

全球治理(Global Governance)理论最早出现于1995年由全球治理委员会(Commission on Global Governance)发布的《天涯若比

---

[*] 作者简介:杨博超,男,(1986 -),法学博士,中国政法大学人权研究院讲师,研究方向:国际公法、国际人权法、国际人道主义法。本文系中国政法大学2017校级科学研究青年项目(17ZFQ82002)成果。

邻》(Our Neighbourhood)研究报告中。该理论一出现,便被认为是西方大国俱乐部(特别是 G7)攫取和分配全球公共权力的一种方式,发展中国家对此讳莫如深。然而,20 世纪后期,随着西方金融危机的爆发和代表发展中国家利益团体(如金砖国家组织)群体性崛起,全球治理理论被赋予新的内涵,以中国为代表的新兴发展中国家因其在经济发展中的积极成效,而被国际社会期待其积极融入并参与全球治理的体系和进程。

随着全球化进程的不断深入,在经济发展之外的其他新兴全球性问题,如网络、极地、深海、外空等领域的规则制定需要整合世界各国的力量和决策机制。中国国家主席习近平在二十国集团(杭州)会议期间指出:"要加大对新兴领域规则制定的参与,推动各方加强规划和战略对接",在平等对话的基础上充分考虑各国家的利益,为实现共同目标采取一致的行动。

载人航天作为人类空间活动的最高领域,一直以来吸引着世界各国的目光。探索与和平利用外层空间也成为近年来讨论的重点。载人航天的目的在于利用高科技手段突破大气层屏障并克服地球引力,将人类送入太空,突破传统陆地、海洋、大气层活动领域,最终充分利用太空和载人航天器的特殊环境进行试验和科学研究,开发太空资源,更广泛地认识整个宇宙。由于空间技术掌握的困难,使得现今只有少数国家掌握载人空间技术。因此如何开发、利用空间资源对国家政治、经济和科技发展均有重要的战略意义。然而,长期以来,世界各国热衷载人空间技术的发展高于制定载人航天法律规范。原因可归纳为空间强国希望减缓空间立法发展或模糊空间法律规范概念,从而利用本国先进的空间技术获取大量利益,增强国际话语权。但随着时间推移,空间活动的日益频繁使得国际社会认识到空间立法,特别是载人航天立法势在必行。联合国大会于 1959 年通过 1472 号决议设立"和平利用外层空间委员会"(United Nations Committee on the Peaceful Uses of Outer Space,COPUOS),从而在国际层面上鼓励联合国成员对外层空间的持续的科学研究以及信息共享,研究在外层空间探索方面存在的法律问题。

本文拟基于载人航天历史演进,分析载人航天国际法律渊源及面临的挑战,并提出载人航天国际法律体系完善应吸纳全球治理理念。

一、载人航天历史发展

载人航天器主要分为三类:载人飞船、空间站和航天飞机[①]。自1957年苏联发射了世界第一颗人造卫星以来,人类已经不再满足于对地球的探索与利用,转而将视线转移到大气层以外的空间,人类也从此进入了利用航天器探索外层空间的新时代。1961年苏联发射第一艘载人宇宙飞船拉开了载人航天的序幕。人类第一次亲眼看到了大气层外面的世界。1981年,美国"哥伦比亚号"航天飞机的成功发射,代表了空间技术的又一次飞跃。时至今日,美国、苏联(包括俄罗斯)等国家已经先后将上百艘宇宙飞船送入太空[②]。目前,人类研制发射成功并正在使用的载人航天器如前所说共有3种:载人飞船、空间站和航天飞机,但考虑到航天飞机发射条件高,技术难度大,设备极其昂贵,随着美国航天飞机的退役,载人空间站将成为各国载人航天活动发展的重点。

---

① 载人飞船是一种承载航天员较少(3人以下),能在太空短期运行(几天至10几天)并可以使航天员返回舱沿弹道式或升力弹道式路径返回地面垂直着陆的一次性使用无翼航天器。空间站是一种体积大,具备一定试验或生产能力,并可以供多名航天员巡访、长期工作和生活的航天器,它在轨道运行期间由飞船或航天飞机接送航天员、运送物资和设备,可分为单舱段空间站和多舱段空间站两大类。航天飞机是一种兼有飞船与运载双重功能的载人航天器。它起飞、升空进入轨道运行,任务结束后返回地面,在机场上水平着陆,经过整修,可以再次发射上天。航天飞机是唯一可以部分重复使用的航天器/运载器。目前,航天飞机已全部退役。

② 美国成功发射了第一架航天飞机"哥伦比亚号"之后又先后多次发射了"挑战者号""发现号""亚特兰蒂斯号""奋进号"等航天飞机;苏联在1988年发射了"暴风雪号",也是其唯一的一架航天飞机。

迄今为止,各国共发射了 10 个空间站,其中包括苏联发射的礼炮(Salyut)1 号至 7 号(其中礼炮 6 号和 7 号具有显著现代空间站特征,礼炮 1 - 5 号为一代空间试验站)①、和平号空间站(Mir)、美国发射的天空实验室(Skylab)以及由美国、俄罗斯、欧盟等共同出资研制并发射的国际空间站(International Space Station,1998 年发射第一组件,目前已完成)。由于历史、意识形态的不同等原因,中国未被纳入国际空间站计划。

1992 年 9 月,中国正式宣布实施载人航天发展战略,代号"921 工程"。为了加强对工程的管理,设立了"中国载人航天工程办公室"(CMSEO)。同时,中央政治局常委会批准中国载人航天发展"三步走"战略②,拉开中国载人航天发展序幕。2010 年 9 月,《载人空间站工程实施方案》的通过代表了载人空间站工程正式启动实施。该方案设定中国空间站建设发展目标:到 2020 年前后,研

---

① 空间实验室是为发展空间站,从载人飞船过渡到载人航天基础设施的试验性航天器。研制空间实验室是建造空间站的重要前提和技术保障,对空间站的关键技术进行实验,获取经验,降低风险。类似的空间实验站还有欧洲航天局(Europe Space Agency, ESA)研制的空间实验室(Spacelab)。空间站与试验站两者的区别主要有:空间实验室在轨时间通常低于 5 年,而空间站则为 5~10 年或更长;空间实验室的规模小,对接口少,而空间站至少有两个对接口,能对接载人或货物运输;空间实验室上的燃料和消耗品原则上要一次带足,而空间站则利用飞船定期多次补给;空间实验室上的有效载荷很少更换,但空间站可多次更换和增加实验仪器;空间实验室的航天员一般不进行航天器的维修工作,只进行实验和训练,而空间站上的航天员要经常进行维修工作。见庞之浩:《关于空间实验室(站)发展技术途径的思考》,载《中国科学院院刊》2011 年第二期,http://www.bulletin.cas.cn/gkml/2011D2Q/zlyjcyj_1/201105/t20110520_3138030.html 2017 年 4 月 10 日最后访问。

② 第一步,发射载人飞船,建成初步配套的实验性载人飞船工程,开展空间应用试验;第二步,突破航天员出舱活动技术、空间飞行器的交会对接技术,发射空间实验室,解决有一定规模的、短期有人照料的空间应用问题;第三步,建造空间站,解决有较大规模的、长期有人照料的空间应用问题。

制并发射基本模块为 20 吨级舱段组合的空间站,突破和掌握近地空间站组合体的建造运营技术、近地空间长期载人飞行技术,开展较大规模的空间应用,为经济社会发展提供先进的空间技术平台。迄今为止,中国已完成"三步走"发展战略中的前两步,为建造空间站进行了多次外空探索和技术创新。2016 年 10 月 17 日成功完成了神州十一号载人飞船与天宫二号的交汇对接,2017 年 4 月,天舟一号货运飞船与天宫二号的成功对接,并完成推进剂在轨补加试验,正式宣告中国航天迈进"空间站时代"[①]。

二、载人航天法律渊源

载人航天适用空间法的一般规则,但由于其涉及宇航员在外层空间的活动,因此又具有不同于其他外空活动的特点。首先,载人航天活动首先要受一般国际法,特别是外层空间法的规范。规范外空活动的国际法规则主要为政府间多边条约,具体包括:联合国大会通过的有关外空条约;国际电信联盟(ITU)的无线电规则、1963 年《部分禁止核试验条约》和 1996 年《全面禁止核试验条约》、国家间达成的政府间协定(如为建设和运营国际空间站而缔结的协定)。

联合国大会通过的外空条约主要包含以下 5 个:《关于各国探索和利用外层空间包括月球与其他天体活动所应遵守原则的条约》(1967)(简称外层空间条约或外空条约)(The Treaty on Principles Governing the Activities of States in the Exploration and Use of Outer Space, including the Moon and Other Celestial Bodies);《营救宇宙航行员、送回宇宙航行员和归还发射到外层空间的物体的协定》(1968)(简称《营救协定》)(The Agreement on the Rescue of Astronauts, the Return of Astronauts and the Return of Objects Launched into Outer Space);《空间物体所造成损害的国际责任公约》(1972)

---

① 周建平,"权威解读天舟一号之拿手好戏",http://www.cmse.gov.cn/art/2017/4/28/art_1724_31719.html(中国载人航天网),最后访问:2017 年 7 月 1 日。

（简称《责任公约》）(The Convention on International Liability for Damage Caused by Space Objects);《关于登记射入外层空间物体的公约》(1975)（简称《登记公约》)(The Convention on Registration of Objects Launched into Outer Space);《关于各国在月球和其他天体上活动的协定》(1979)（简称《月球协定》)(The Agreement Governing the Activities of States on the Moon and Other Celestial Bodies)。其中,最重要的国际公约为制定于 1967 年的《外空条约》,该条约被视为外层空间活动的宪章。中国政府批准并加入前四项国际条约,而未加入《月球协定》。

除联合国大会通过的外空条约外,单独规范载人航天的政府间协定主要集中于国际空间站领域,这也是国际载人空间合作的起源。

总体而言,专门规范国际空间站活动的法律文件可分为三个层次：

第一个层次,也是最基本的是政府间协定(Intergovernmental Agreement)。1988 年 9 月 26 日,美国、加拿大、日本和当时欧洲空间局的 9 个成员在华盛顿签署了《政府间关于详细设计、研发、运行和使用永久性载人民用空间站安排的协定》[①]。该协议于 1992 年 1 月 30 日生效。该协定被视为国际空间站建设的起源,由于当时美苏对抗,导致苏联被排除在国际空间站计划之外。该协定生效后很快陷入了资金不足的困境,预算紧张使得科研活动一度尽可能的压缩。随着冷战的结束,美俄两国在空间站合作问题上出现松动。鉴于其在航天领域的实力,1993 年 9 月,美国决定将俄罗斯纳入国际空间站的合作框架中。俄罗斯接受了这个邀请,经过

---

① Agreement Among the Government of the United States of America, Governments of Member States of the European Space Agency, the Government of Japan, and the Government of Canada on Cooperation in the Detailed Design, Development, Operation and Utilization of the Permanently Manned Civil Space Station.

与各方的重新谈判,1998年1月29日在华盛顿签署的政府间协定——《关于民用国际空间站合作的政府间协定》(以下简称《政府间协定》)——取代了原来的文本,为空间站的设计、发展、运行与应用确立一个基础的法律框架[①]。2001年3月28日该协定生效。欧空局现有的22个成员中共有11个参加国际空间站[②]。此外,国际空间站共有5个合作方,15个缔约国。第二个层次,政府间谅解备忘录。美国航天局分别与加拿大航天局、欧空局,日本政府,以及俄罗斯航天局分别签署的谅解备忘录(Memoranda of Understandings)。根据1998年《政府间协定》,备忘录是在各国谈判磋商政府间协议的同时起草的,规定了实施《政府间协定》的具体措施。1998年《政府间协定》第4条规定备忘录应当服从于(subject to)《政府间协定》。因此,谅解备忘录具有约束力,是《政府间协定》的不可缺少的补充部分。

第三个层次,实施安排(implementing arrangement)。根据1998年《政府间协定》第4条,实施安排应与谅解备忘录保持一致(consistent with),同时服从于谅解备忘录。

此外,美国航天局还分别与巴西与意大利的航天主管机构签署了双边协定(side agreement),以及软法形式的《空间站宇航员行为守则》等。

有巴西学者认为国际空间站项目的法律框架模式为一个四层

[①] Agreement Among the Government of Canada, Governments of Member States of the European Space Agency, the Government of Japan, the Government of the Russian Federation, and the Government of the United States of America concerning Cooperation on the Civil International Space Station.

[②] 这22个成员包括:奥地利、比利时、捷克、丹麦、爱沙尼亚、芬兰、法国、德国、希腊、匈牙利、爱尔兰、意大利、卢森堡、荷兰、挪威、波兰、葡萄牙、罗马尼亚、西班牙、瑞典、瑞士和英国。斯洛文尼亚为欧空局准会员国,加拿大通过合作协定参加欧空局某些项目建设。克罗地亚正在进行加入欧空局磋商。

位阶的法律体系[1],认为位于第一层是基本的国际法及外空条约;第二层是《政府间协定》,这是建构空间站项目法律框架的基础;第三层是相关协议及实施性安排,是真正使空间站法律框架体系产生法律效力的各类实施性法律文件;第四层是巴西国内的外层空间法律体系。从一至四层的法律位阶及法律效力呈降次发展,但法律的技术操作性却呈升次发展,其观点将空间站法律体系视作一个框架性的整体。欧洲学者则将国际空间站法律体系框架分为三层,首先是基本的国际法适用于所有的外层空间活动;其次专属的国际法条约适用于国际空间站法律体系;再次是适用于欧洲的外层空间法文件。[2] 日本空间法学者则认为应当将有关于国际空间站的各种法律文件作为一个整体法律框架。[3]

由此看来,政府间关于国际载人空间站合作法律体系已经较为成熟。主要是因为国际空间站关系各国的切身利益,如何平衡各国家在空间站建设中的利益与任务分配是保证国际空间站合作项目正常推进的基本要素。因此各国在空间站建设中磋商也较为积极。在实践中,各国积累了经验,从而在随后的政府间备忘录中针对具体问题进行磋商,并达成共识。这对今后广义载人航天法律体系构建起到了很好的指导与参考作用。

然而,虽然国际空间站是载人航天的重要组成部分,但其主要精髓体现在空间站建设中的国际合作。国际空间站法律体系主要

---

[1] 参见巴西学者的观点,M. f. de. Souza Rolim, "The Impact of International Space Station Program on the Brazilian Legal System", *Proceedings of the Forty - third Colloquium on the Law of Outer Space*, American Institute of Aeronautics and Astronautics, 2000, p. 212~215.

[2] 参见 F. G. von der Dunk, "The International Legal Framework for European Activities on Board the ISS", *Studies in Space Law*, 2006, No. 1, p. 20~23.

[3] 参见 Masahiko Fukushima, "Legal analysis of the International Space Station (ISS) Programme Using the Concept of 'Legalisation'", *Space Policy*, 2008, issue 24, p. 33~41.

集中于调整各成员政府间的责任与利益分配,对于载人航天本身出现的问题涉及得较少。上文提及,载人航天器主要包含三类:载人飞船、空间站和航天飞机。其中载人飞船与航天飞机基本为掌握宇航技术的国家自行发射与回收。基于联合国框架下的国际条约,主要调整载人航天器的登记制度、损害赔偿以及航天器及宇航员的营救。这里试将国际空间站法律体系(主要以《政府间协定》为主线)与联合国框架下国际空间条约进行比较研究。

(一)载人航天器的登记制度

《外空条约》和《登记公约》均规定空间物体的发射国必须履行登记义务。该规定为外空活动的基础,国际登记制度的确立使得航天器的损害赔偿及营救变得有序可循,也易于识别;另外,完整信息的登记手续可以最大限度地防止非用于探索外空作用的航天器被发射至空间轨道,如大规模杀伤性武器的部署等。[①]

登记制度被规定在《外空条约》第 5 条、第 8 条及第 11 条。同时,《登记公约》在关于空间物体的登记制度中明确规定(第 4 条):每一登记国应在切实可行的范围内尽速向联合国秘书长提供关于空间物体的下列情报:(1)发射国的国名;(2)空间物体的适当标志或其登记号码;(3)发射的日期和地点;(4)基本的轨道参数,包括交点周期、倾斜角、远地点、近地点;(5)空间物体的一般功能。该航天器登记属于强制性登记,缔约国发射空间物体必须按照规定实施。

登记制度同样被确立在 1998 年关于合作建设国际空间站的《政府间协定》中,但该协定从法律效力上看仅具有行政协定的性质,其约束力也只针对政府;或者说,与国际条约不同,政府间协定的执行取决于政府的善意。

由于国际空间站结构复杂,将整个空间站作为一个还是若干个空间物体登记是《政府间协定》谈判过程中的核心问题之一。最

---

① 参见 Detlev Wolter, "Common Security in Outer Space and International Law", *UNIDR*, Vienna, 2006.

终,各国决定将空间站的每个组成部分看作一个独立的空间物体,奉行独立登记的原则。《政府间协定》第 5 条规定,各合作方将其提供的飞行组件(flight element)作为空间物体登记,并对登记物体及其位于空间站内或上的本国人员保有管辖权和控制权。空间站的各合作方提供飞行组件的详情记载于政府间协定的附件。因此,提供事先约定的飞行组件是合作方的义务。欧洲各国提供的组件则由欧空局负责登记。该规定是这 15 个国家对本国提供的组件及本国人员行使管辖权和控制权的法律基础。该规定完全符合《外空条约》第 8 条和《登记公约》第 2 条的规定,也符合这个项目的国际特征。《政府间协定》还有两个条款涉及管辖权:一是依据属地原则确立知识产权,这是第 5 条规定的延伸;二是依据属人原则确立刑事管辖权,这是登记国行使属地管辖权的例外应属于责任划分范畴,下文中详细讨论。

各合作方对其登记的飞行组件享有管辖权和控制权。其法律依据包括两个层面。一是《外空条约》第 8 条和《登记公约》第 2 条;二是《政府间协定》、谅解备忘、实施安排,以及由前三类文件规定的程序机制。《外空条约》和《登记公约》只对管辖与控制做了原则性的规定,其实质内容在很大程度上取决于第二层面的法律依据,即管辖和控制的实效源于空间站法律框架内的相关具体规定。

与管辖权和控制权相关的一个重要法律问题是飞行组件和设备的所有权问题。1998 年《政府间协定》第 6 条详细规定了所有权问题,具体包括以下几个方面:第一,各合作方向空间站提供的组件和设备归合作方所属国家所有,任何合作方都有义务向其他合作方说明属于它自己所有的组件和设备。欧空局成员授权欧空局代表成员国行使组件和设备的所有权。第二,已登记的组件和空间站上或空间站内设备的转让,不影响其他合作方的权利与义务。但是,上诉组件和设备所有权的转让有一个重要的例外,即若未事先征得其他合作方的同意,则任何合作方不得将其组件或设备转让给非合作方或非合作方管辖下的私人实体。另外,政府间协定附件中列明的那些组件的转让,要求必须事先通知其他合作方。

组件和设备转让的限制性规定体现了《政府间协定》的封闭性。当然,由于《政府间协定》的履行在相当大的程度上取决于合作方的善意,因此,保持一定的封闭性有利于维护合作方的稳定,从而有利于保障协议得到实际履行。第三,上述有关组件和设备所有权的规定,与由空间站上和空间站内的活动所产生的实物与数据的所有权没有任何关联。

1998年《政府间协定》有关管辖权的规定充分表明,由国际空间法的基础条约规定的控制与管辖权,为了适应空间站框架下国际合作的客观要求,在内涵上得到了充实与丰富。从这个意义上讲,《政府间协定》积极推动了国际空间法的发展。实践中,国际社会对于空间站以外的载人航天器如何适用《登记公约》存在争议。主要集中于对于空间物体的定义,即载人航天器是否符合《登记公约》与《责任公约》关于空间物体特征的界定。其实,载人航天器对人类所能造成的威胁同任何空间物体程度相同,甚至可以造成更高的威胁。所以从防止危害的角度而言,载人航天器登记制度更加符合《登记公约》设立强制性登记义务的立法本意。《外空条约》作为类似宪章性质的国际公约,规定较为笼统,更多是原则性规定,对载人航天器的登记程序没有做出具体规定,因此仍应该适用《登记公约》的有关规定。在实践中,美国、俄罗斯和中国发射载人航天器时,均依照《登记公约》进行登记。

(二)载人航天器的损害赔偿问题

《外空条约》第6条与第7条对空间物体的损害赔偿做出了原则性的规定,即国家或国际组织是绝对赔偿责任的主体。一方面,载人航天器的损害赔偿国际责任的承担者是发射国或国际组织及其成员,不论该载人航天器的发射与管理是否由该国非政府团体进行;另一方面,发射地国政府对在其领域内从事空间活动(包含载人航天器的发射)的非政府团体负有监管的义务和责任。《责任公约》对《外空条约》第6条和第7条做出了补充规定。确立了具体的赔偿原则及求偿程序。《责任公约》同时确立了两项基本的归责原则:绝对责任原则与过错责任原则。绝对责任原则是指:一国在发射航天飞机等载人航天器的过程中造成了他国或国民人身、财产损害,除非发射国可以证明该损害完全是由受损失方的重大过失或故意行为造成,否则必须承担绝对赔偿责任。过错责任原则是指:任一发射国的空间物体,在地球表面以外的其他地方,对另一发射国发射的空间物体或人员造成人身或财产损害时,仅当损害是由于发射国的疏忽或人员的过失而造成时,该国才承担责任[1]。另外,针对两个或以上国家共同发射的载人航天器所造成的损害结果,公约规定所有发射国应该对损害承担共同及单独责任。受害国可以向承担共同发射任务的任意国或全体提起赔偿请求。一国赔偿后,有权向共同发射的其他国家索取补偿。该规定类似我国民法中的连带责任求偿方式。

《责任公约》的适用范围很广,不但规定了故意发生的或可能发生的碰撞及其后果,还包括了对可以索赔的损失类型的辨别[2]。

国际空间站《政府间协定》在《责任公约》的基础上细化了国际空间站国际合作的责任划分。其中第 17 条明确规定,国际空间站的责任制度安排不得克减现有国际空间责任制度的有关规定。即除非第 16 条另有规定,各个合作方依据《责任公约》承担责任。例如,如果国际空间站的一部分在进入轨道时,位于轨道中或者此后对第三国造成了《责任公约》规定的可以赔偿的损失,该国可依据公约的有关规定向发射国提出赔偿请求。但是,考虑到国际空间损害一般可能发生巨额赔偿,为了避免合作方担心产生损害而延缓国际空间站运行及利用,从而影响到合作方在空间站上的合作关系,《政府间协定》第 16 条引入了"交叉弃权"(cross – waiver)制度。交叉弃权的对象是法律责任(liability),但不同于免责,只是有关各方不得因国际空间站的活动向对方索赔,只能求助于保险。鉴于宇航员在外空的密切互动,他们是最可能造成或者蒙受损害

---

[1]　参见《责任公约》第 3 条。
[2]　蔡高强、高阳、李成:《论载人航天国际法律制度的完善》,载《北京理工大学学报(社会科学版)》,2011 年 6 月,第 13 卷第 3 期,79 – 83 页。

的人,因此宇航员及其航空局是交叉豁免责任制度的最大受益方。该制度适用广泛,《政府间协定》明确规定适用于"受保护的空间操作"造成的损失,即"落实政府间协议、谅解备忘录和实施安排中的所有活动"。

为了鼓励利用空间站参与外空的探索、开发和利用,尽可能地减少因法律责任问题影响各方在空间站框架下的合作关系,《政府间协定》第16条第1款规定,对于交叉弃权应当做出广泛的解释以实现其宗旨(broadly construed to achieve this objective)。这意味着,对交叉弃权的解释不必局限于文字,而可以做出目的解释。通常认为该责任是由合作方的侵权行为引起的,但实际上,由于《政府间协定》并没有对引起法律责任的原因加以规定,因此,可以理解为引起法律责任的原因应不仅限于侵权行为。《政府间协定》第16条第3(a)款特别指出,交叉弃权适用于任何损害赔偿请求,不论该请求的法律依据如何(The cross-waiver shall apply to any claims for damage, whatever the legal basis for such claims)。因此,我们认为,交叉弃权所使用的法律责任,不应局限于侵权行为引起的法律责任,应当包括违约责任。另外,《政府间协定》第17条规定,各合作方仍应按照《责任公约》的规定承担法律责任,但属于第16条交叉弃权的情形除外。这表明,交叉弃权的规定可以排除《责任公约》在空间站各合作方之间的使用。

交叉弃权在具体适用时会遇到的一个关键问题是弃权的主体范围,《政府间协定》第16条3(a)款规定了交叉弃权的主体范围,包括参与空间站合作的各国之间、各合作国的相关实体(related entity)及其相关实体的雇员。根据第16条第2款的定义,"相关实体"的范围非常广泛,包括与合作方签署合同的实体(contractor)——通常为承包商,下级合同实体(subcontractor),通常为转包商以及使用者或客户,而不受合同层级的限制(at any tier)。第16条第3(a)款规定,每一合作国家应当放弃对其他合作国家,以及其他合作国家的相关实体及雇员的权利主张。第16条第3(b)款,要求将每一合作国家通过合同或其他方式,要求本国的相关实体放弃对他国、他国的相关实体及人员的权利主张,从而将交叉弃权进一步扩大适用于与各国相关的实体以及后者的相关实体。这样,在不同合作国家,不同合作国家的实体及其人员之间形成了一个横向的、交叉弃权的网络。

交叉弃权虽然应当被看作广义的目的解释,但这并不意味着交叉弃权在适用范围上不受任何限制。

一方面,在交叉弃权适用的范围内应当包括导致损害发生的,或者遭受损害的人员、实体或财产与受保护的空间活动有关(involved in Protected Space Operation)。如果致害或受害任何一方均与受保护的空间活动无关,那么就不应适用交叉弃权。显然,与"受保护的空间活动"的关联性要求是交叉弃权的前提,加入这一前提不存在,交叉弃权就失去了存在的价值与意义。关于"受保护的空间活动",《政府间协定》第十六条第2(f)款,做了非常详细的解释。它是指所有发射工具的活动,空间站的活动,荷载在地球、轨道的活动或者在地球与外空之间为履行协定、谅解备忘和实施安排而实施的交通活动。从活动的内容上看,可以包括研究、设计、发展、测试、制造、组装、集合、运行,利用发射或运载工具、空间站或荷载及其他相关支持设备、设施与服务;与地面支持、测试、训练、模拟、导航和控制设备及相关设施或服务有关的活动。此外,受保护的空间活动还包括与空间站演变有关的所有活动。但是,受保护的空间活动并不包括空间站返回后在地面上实施的活动,目的是为了进一步发展荷载产品或程序,其利用与协议实施过程中涉及空间站的活动无关。

另一方面,《政府间协定》明确指出了不适用于交叉弃权的若干情形。具体包括:空间站合作国与本国相关实体之间的权力主张,以及属于同一国的各个相关实体之间的权利主张;由自然人、其财产、继承人或代位求偿人(不含合作国作为代位求偿人的情形)针对人身、健康损害或死亡事实提出的求偿;针对故意行为造成损害提出的求偿;有关知识产权方面的权利请求;由于合作国未能根据第十六条第3(b)款,将交叉弃权扩大到本国相关实体而引起的损害。

交叉弃权通常表现为对损害赔偿请求权的放弃,因此也有必要明确损害的范围。1998年《政府间协定》对此规定,与交叉弃权相关的损害包括人身损害、健康的损害以及死亡;财产损失,或者对财产利用的丧失;收入或利润的损失;其他直接、间接和结果性的损害。

(三)载人航天器及宇航员营救问题

联合国框架下缔结的《外空条约》和《营救协定》被视为营救宇航员及航天器的原则性公约。由于宇航员在空间活动中所做试验的珍贵性,以及自身的风险,世界各国对于保障宇航员的人身安全十分关注。《外空条约》第5条确立了缔约国对迫降航天器及宇航员的全面救助原则。包括对载人航天器内宇航员的营救和对载人航天器及其组成部分的搜寻和营救。该原则不仅体现国际宇航活动中的相互协助与合作,更体现了人道主义原则。《营救协定》确立了缔约国最低限度的通知义务。第1条规定:任何一个成员方获悉或发现宇航器在其管辖的领域、公海或不属于任何国家管辖的地方,处于灾难状态、进行紧急或非预定的降落时,应该立即通知发射国,并向联合国秘书长报告。《营救协定》第2条规定:宇航器上的人员如因意外事故降落在任何一个缔约国主权范围时,该国应当立即采取一切可能的措施救助宇航器上的人员并给予一切必要的帮助。公约还明确规定了返还宇航器及宇航员的义务:宇航器上的人员如因意外事故、遇难和紧急的或非预定的降落,在任一成员方管辖的区域内着陆,或在公海、不属于任何国家管辖的其他任何地方被发现,应当将上述人员安全、迅速地交还给发射国的代表[①]。公约还规定救助国有权请求发射国支付相关返还及救助费用的权利。假如发生了该协定的成员方在营救发射国宇航员以及履行搜寻和归还载人航天器时所支出的费用,则该费用应由发

---

① 参见《营救协定》第4条。

射国支付①。

(四)知识产权保护规定

外层空间五大条约中没有涉及知识产权保护的规定。联合国大会 1996 年第 83 次会议通过《关于开展探索和利用外层空间的国际合作,促进所有国家的福利和利益,并特别要考虑到发展中国家需要的宣言》,其中特别提及知识产权应当予以保护。空间活动中的知识产权问题,一般涉及两种情况:第一种,仅有一发射国,则空间发生的知识产权纠纷由发射国国内法调整;第二种,若干发射国情形,则应当依照发射国间协定解决纠纷。

国际空间站是最典型的若干发射国情形,并具有国际空间合作特性。1998 年《政府间协定》针对知识产权保护进行了详细规定。

国际空间站中,宇航员可以自由出入各个舱,合作方也可以向第三方自由出租或出售有关服务。在国际合作与知识产权保护之间的关系上,《政府间协定》试图兼顾二者以实现平衡。一方面,各合作方有义务提供为履行其在谅解备忘和实施安排中承担的责任所必需的数据和产品;另一方面,技术数据与产品的转让又以不违反本国法律规定为条件。但是,在涉及空间站各部分的连接界面、整合与安全方面的技术数据,成员方有义务不受限制地加以提供。同样,合作方还应尽最大努力促进相关实体、私人之间的技术转让,例如,当特定的技术转让需要获得当局批准时,合作方应尽力予以促成。这时,成员方国内法适用于上述技术转让。

1. 数据保护

国际空间站知识产权制度的首要目的是避免侵犯其他合作者及其实体(包括分包商,次分包商等)的权利。为了减少潜在侵权,空间站创设了标识程序,以保护各方数据和产品的专利权,避免泄密。当然这是以不影响空间运行和使用的安全性为前提的。因此,各个空间局及其附属的企业或者学术机构均有义务在其技术

---

① 参见《营救协定》第 5 条第 5 款。

数据或产品商贴上标签。这也适用于第三方的知识产权。任何第三方的专利数据,比如源于某个委托实验,也需要恰当地标识和保护。

《政府间协定》第 19 条规定:每个合作方应当尊重在其经过其空间运输系统或者通讯系统的适当标识的数据或者货物的保密性;如果双方均认定为一方履行相关备忘录或者实施安排责任所必需,则应确保所有技术数据的传递;传递这些数据时,应毫无保留的确保完整和安全;每个合作方应采取所有必要的措施确保数据接收(无论是合作方,或者任何其他人和实体,包括分包商和次分包商等);应当依据标签保护相应数据和货物。《政府间协定》特别强调,合作方的退出也不能免除其保护数据的责任和义务。

1998 年《政府间协定》特别明确了由合作方提供的数据在利用时受到限制的情形。具体包括,提供数据的合作方可以事先声明数据的利用因出口限制,或者基于所有权或者保密的需要而受到限制,这时,已经被提供的数据不得被转让给其他第三方,或者被用于与接受数据方根据谅解备忘或实施安排承担的责任无关的事项,或者只有在数据提供方事先书面同意的前提下才能向第三方提供或者用于其他目的。另外,对于受到限制的技术数据,转让方会标注或特别声明数据的性质,以便数据受让方采取相应的保护措施;对于保密数据,向第三方转让时必须经过数据提供方与受让方的事先同意。

2. 知识产权保护

在国际空间站发明的归属问题上,采用了严格的属地原则。1998 年《政府间协定》以登记制度为基础确立专利。第 21 条规定,在空间站一个合作组件之上或者内部发生的行动,应当视为发生在该组件登记方的领土内。因此,该组件登记方的知识产权法适用于由该活动产生的知识产权。换言之,在美国组件上得出的发明,无论这是由哪个国家或地区的宇航员操作的,视为发生在美国领土上,并适用美国专利法。在欧空局的组件上的活动产生的知识产权,各个欧洲合作国家均可视为本国管辖范围内产生的知识产权。这符合《外层空间法》第 8 条的规定,即登记国对空间物体保有管辖权和控制权。空间物体发射到外空不影响其所有权。为了避免争议,《政府间协定》特别规定,当一个合作方及其相关实体参加了属于另一个合作方的组件之上或之内开展的活动时,不影响后者的管辖权。

举例而言,加拿大的宇航员可能在美国组件中执行一个美国商业实验。如果这项发明符合美国专利法的所有要求,这个加拿大人就可能拥有这项专利。如果他是在日本舱中做这个实验,就适用日本专利法。他可能基于这个发明享有某些权利,这取决于日本法律的有关规定。当然,更重要的是要看宇航员在执行这个实验时发挥的作用,如果他仅仅是严格依照实验的所有者的指示一步一步地执行,那他很可能无法获得任何专利权。

在国际空间站中,各合作方的专利法并存。对于任何侵权引发的赔偿请求,应当依据侵权方相应的国内法提出。在有关空间站发明的权利救济问题上,1998 年《政府间协定》特别强调了临时过境不构成侵权的规定。在地面与任何合作方所有的组件之间为了移动而临时出现在其他合作方管辖领域内的物品或者组件的构成部分,不因临时过境而构成弃权。

三、载人航天活动条约规范的不足

由于现存联合国框架下外层空间五条约缔结时间较早,其调整对象及内容很难与飞速发展的宇航科技相匹配。随着载人航天的出现以及发展,外层空间立法的滞后性也日渐显著。同时,载人航天器的出现也对现有外层空间法律体系产生挑战。

(一)调整对象概念模糊不清

载人航天的产生对于外层空间法的挑战首先产生于调整对象的模糊不清。学界针对"空间物体"的定义一直颇有争论。对于外层空间法中界定的定义,各国学者提出了许多不同见解。目前国际公约中对于空间物体的明确界定主要集中于《责任公约》和《登记公约》。《责任公约》第 1 条第 4 款规定空间物体包括空间物体的组成部分、物体的运载工具和运载工具的部件。《登记公约》第 1

条 b 款将空间物体定义为:"空间物体"一词包括一个外空物体的组成部分以及外空物体的发射载器及其零件。从上述定义可以看出,"空间物体"的概念在两个公约中规定得较为笼统,并没有特别体现出空间物体不同于其他物体明确不同,而只是确定了空间物体的范围。在载人航天器出现之前,学界已经对空间物体的定义产生争议,例如空间碎片是否可以属于空间物体。随着载人航天器的出现,空间物体的定义再次受到挑战。1995 年联合国法律小组委员会第 34 届会议上,法律小组委员会根据部分国家的提议(主要是俄罗斯)确立了关于航空航天物体可能涉及的法律问题的调查表的最后文本①。在调查表中,对确定航空航天物体与空间物体关系的相关问题主要包括:是否航空航天物体在空气空间中被视为航空器,以及在外层空间中被视为航天器,包括由此而产生的一切法律后果;或对于航空航天器的飞行是否根据其目的地而决定适用航空法或空间法;对发射进入外层空间的物体实行的登记制度是否适用于航空航天物体。

  由于空间法适用客体的不明确导致各国空间立法对空间物体定义的不一致。很多国家在立法中未涉及空间物体的定义,但均通过列举形式界定,没有解释空间物体的本质特征与内涵,从而使得很难从理论上抽象概括出空间物体与其他物体的不同特性。

  例如,美国《国家空间计划》对航空和航天飞行器(aeronautical and space vehicles)进行界定。该法所称"航空和航天飞行器"是指航空器、导弹、人造卫星和其他载人或非载人的空间飞行器,以及相关的装置、设备、部件和零件。澳大利亚《1998 年空间活动法》对空间物体做出如下定义:空间物体由以下物体组成:a)发射工具;b)该运载工具将其送入或从外层空间返回的载荷(如果有的话)或该空间物体的任何部分;即使 c)该部分仅适用于送入或从外层空

---

① 参见 Report of the Committee on the Peace Uses of Outer Space, Para 117, A/50/20[R/OL]. (2005 - 06 - 26). http://www.unoosa.org/oosa/en/Reports/gadocs/coprepidx.html,最后访问:2017 年 3 月 1 日。

间返回的部分路线;或 d)该部分是由发射工具在发射后的某一载荷或某些载荷分离所形成的。南非 1993 年《空间事务法》规定"空间物体"指为了放置或操作的目的而发射到外层空间的任何物体。中国 2001 年颁布的《空间物体登记管理办法》第 2 条规定:"本办法所称空间物体是指进入外层空间的人造地球卫星、载人航天器、空间探测器、空间站运载工具及其部件,以及其他人造物体。"

虽然各国空间立法中具象的列举出空间物体的种类,但仍可通过对公认空间物体概念的描述抽象出其内涵与特征。

首先,空间物体具有人造属性,非自然天体。从各国对于空间物体的定义可以看出对于"人造"二字的强调,由此将空间物体与其他自然天体区分开来。

其次,空间物体具有超越地球轨道的属性,即空间物体是能够进入地球近地轨道或同步轨道乃至飞离地球的人造物体。该特性见于《登记公约》。公约第 2 条规定:发射国在发射一个外空物体进入或跃出地球轨道时,应登记该外空物体。由此可见外空物体的"进入"和"跃出"特性。

第三,空间物体运动时通常应具备完整的轨道特性。除航天飞机与载人飞船之外,空间站及人造卫星均通常保持相对完整的运动轨道特征。航天飞机与载人飞船在执行特定任务时可以变换轨道,但这种变轨也遵循一定频率,在变轨前后均需要在该轨道上平稳运行一定时间。

第四,空间物体应当按照《登记公约》的要求进行登记,其在外空的活动及责任划分应适用外层空间法的调整。主要体现为国际公约、联大决议、习惯法,各国国内外层空间立法也在一定程度上对空间物体具有法律效力。其中《登记公约》中的强制登记义务已经被空间大国在实践中予以确立及认可。

第五,空间物体所有人多样化,包含国家、地区、国际组织及私人所有。

最后,空间物体的目的性,即应服务于和平探索和利用外层空间以及其他天体的使命。联合国大会 1961 年通过的 1721 号决议及1963年通过的《各国在探索和利用外层空间活动的法律原则的宣言》,均确立了各国和平探索和利用外层空间的基本原则。此外,外层空间五大条约也将和平探索和利用外层空间(包含月球及其他天体)作为空间活动原则之一,充分说明在外层空间运行(包含多次跃出和进入地球轨道)的空间物体必须服务于和平探索和利用外层空间的使命,而不能用于军事及对和平威胁之目的。

综上,在充分考虑空间物体特性及内涵的前提下,作者试将空间物体定义为:以和平探索和利用外层空间为目的,由单一或若干发射国发射的可进入或跃出(包含返航能力)的具有相对平稳轨道系统参数,属于某一(些)国家、地区、国际组织或私人所有的,依照空间法律进行登记,并受国际空间法及国内法调整的人造物体(包括该人造物体的组成部分、载荷、部件及零件)。

现今,理论与实践界主要针对航空航天物体是否属于空间物体存在争议。从法律小组委员会1995对航空航天物体可能涉及的法律问题调查结果看,主要争论集中于载人航天器(主要是航天飞机)的界定归属问题。现今主要有四种观点:空间说、目的地说、空间说兼目的地说以及任务说。从实践中看,将在外层空间活动的航空航天物体视为空间物体是可以接受的。美国将航天飞机登记为空间物体支持了这一点。从法律体系及国际认同角度看,如果《登记公约》将航空航天物体登记写入特别补充条款,则可避免各国对航空航天物体登记法律体系的模糊。

(二)宇航员营救对象模糊不清

宇航员是人类派往外空的使者,因此各国对救助宇航员的必要性与紧迫性已经达成共识。国际条约中关于宇航员在外层空间遇到危险紧急降落时的营救问题在《营救协定》中有具体阐述。总体而言,对遇到紧急危险的宇航员救助不仅是国际道义的体现,而且国际社会已经达成一致。《营救协定》序言中呼吁全力营救发生意外、遇难或紧急降落的宇宙航行员,完全迅速地交还宇宙航行员和归还发射到外层空间的物体。条约希望构建国家对于宇航员营救的义务性精神,进一步使承担的义务具体化。但随着空间技术的不断发展,除飞船操作者外,载人航天器仍可能搭载其他人员。如科学研究工作者、空间服务提供商、空间工作者或太空旅行人员等。基于此,如何界定宇航员成为必须解决的问题。

现存五大外空条约对于进入太空的人员表述不尽相同。《外空条约》第5条称进入太空人员为"航天员",而在第8条涉及发射国管辖权时又表述为"所载人员",第9条又提到"在外层空间活动的人员"。《营救协定》第1条中将营救对象表述为"宇宙飞船人员"。由此可见不仅不同的国际条约对于宇航员的定义存在分歧,甚至在同一公约中对概念的理解也存在偏差。这种对营救对象的模糊表述可能在实际应用中造成营救混乱,不利于保护外层空间活动人员权利保护。举例而言,对于太空游客,其遨游太空的目的不是造福公众,而在于体验太空独特的空间环境,一般不会对国家利益起到直接作用。由此,太空游客不应属于《营救协定》中所规定的"宇宙飞船人员"。

1998年基于建立国际空间站签订的《政府间协定》将"机舱人员"定义为"合格的人员"。同时在"受保护的外空操作"标题下规定了所有参与外层空间活动的个人都受到保护。这种广泛的规定消除了不符合"机舱人员"定义而在外空活动人员的尴尬定义,从而有效地解决了如何定义宇航员的难题。《政府间协定》的这种定义涵盖了载人航天器驾驶员、实验人员,以及仅仅以游玩为目的前往太空的个人。

2004年美国《商业外空发射修正法案》明确定义了参与外空飞行的"机舱人员"和"外空飞行参与者"。"机舱人员"指被许可人或者权利受让人的任何雇员,或被许可人或者权利受让人的承包人或者转包人。机舱人员在该雇佣关系存续期间从事直接与发射、重返大气层或者载人发射运载器或返航运载器的其他操作相关的活动。"外空飞行参与者"指发射运载器或者返航运载器中不属于工作人员的个人。①

---

① 参见《商业外空发射修正法案》第2条第3款。

以上法案及协定中对宇航员做出了宽泛的定义,对未来指导国际空间法补充对宇航员的界定范围具有重要的指导和借鉴意义。

(三)载人航天器登记信息不够具体

载人航天器登记细则主要规定在《登记公约》中。公约第 4 条规定:包括载人航天器在内的空间物体在登记时应向联合国秘书长提供一般功能的 5 项情报。由于《登记公约》生效时各国空间技术还处于初级发展期,因此技术手段还比较单一,航天器仅使用常规动力,也没有装载常规武器及核武器等。

随着科技和航天工业的发展,核动力源开始用于载人航天领域。由于核动力驱动属于高精尖技术,因此掌握此项技术的发射国往往基于保护国家机密主张而拒绝登记。另外,陆海空已经不能满足于国家的战略需求。由于外层空间航天器的机动性强、可适用范围广、部署的秘密性,因此载人航天器装载武器也成为有空间能力国家(特别是空间大国)热衷的领域。

《登记公约》对航天器仅停留在一般功能的登记要求,对于何为"一般功能"没有做出明确的界定和解释。这就给缔约国很大的自主决定权。发射国往往会向联合国秘书长提供对自己有利的登记信息,而对于较为机密或有悖和平利用外层空间原则的信息进行隐瞒。因此,很难杜绝空间大国为本国战略目的考虑从而隐瞒载人航天器的军事目的或间谍信息。

因此,在国际社会认识到外空非军事化的重要性前提下,有必要补充《登记公约》第 4 条的内容,并对"一般功能"进行具体规定。这项规定应当作为一项强制性规定补充载入公约中,以反映国际社会对消除外空军事化的决心。但现实中,基于国家战略意义考虑,空间大国可能会较为抵制这种细则性规定,反而空间能力较弱的国家基于保护国家安全考虑会大力赞扬。然而,若空间大国拒绝批准这项特别条款,则可能使得特别条款步入《月球协定》的后尘,失去应有的意义。因此,细则的建立仍需国际社会不断的努力。当然最重要的是唤起世界各国对于外空非武器化的重视。

四、全球治理与载人航天国际合作

全球化进程将不同地区连为一体,使国家间相互联系日益增强。然而,自2008年国际金融危机爆发之后,有观点将经济全球化认为是世界经济动荡的始作俑者,甚至导致某些西方国家对待全球治理的立场发生重大转变,由此导致的逆全球化浪潮冲击日趋脆弱的全球治理体系。然而,全球治理虽面临诸多挑战,但共享和平与发展仍是世界的主题。一些国际问题,如环境、安全、贫困等问题单靠一国力量已无法面对,需要各国共同努力才能解决。

在载人航天方面,仅通过现行的国际空间法律规则是远远不够的,必须依靠全球治理开展载人航天国际合作。"和平号"空间站和国际空间站的成功表明:加大开放力度、推进国际合作,是载人航天科学持续发展的"强心剂"。然而,应当看到,国际合作根本目的是本国利益的最大化。由此,因为政治、经济和军事情势的变化,导致国际合作同时伴随着激烈的国家间竞争。甚至被国际空间合作奉为圭臬的欧空局内也不可避免地蕴含着各国的利益纠缠。

现今,中国已经成为世界上第三个掌握宇航员外空出仓活动技术的国家,载人航天空间技术已达到一定高度。因此,应努力发挥负责任大国作用,以实际行动为载人航天的健康可持续发展和和平探索外层空间注入新的动力,对形成更加公正合理的国际外层空间新秩序起到积极推动作用,以实现共赢共享。然而,中国国内空间立法严重滞后于航天技术的发展,这种矛盾随着载人航天的成功也会日益凸显。为进一步促进载人航天产业的发展,中国应当在遵守国际法的基础上,加强空间立法(特别是载人航天立法)推进,使得国内法在国际公约、协定框架下适应中国本国空间活动实际。目前《航天法》已经纳入全国人大常委会的国家立法规划[①],相信其逐步构建和出台将构成中国空间战略实施的司法保障。

---

① 关于我国《航天法》立法规划的具体介绍,可以参见:人民网:我国有望2020年出台航天法,http://politics.people.com.cn/n/2014/1117/c70731-26041585.html 最后访问:2017年3月1日。

外空旅游的法律问题[*]

于焕[**] 陈晔[***]

摘要: 作为外空商业活动的新兴领域,外空旅游的飞速发展与法律的极度不健全形成了鲜明的对比。法律的缺失虽然在目前为止影响不大,但是随着外空旅游事业的继续发展,诸多问题会暴露出来。最为显著的是对外空游客的定位问题,对外空游客的准确定位关系到现有国际制度能否适用。而在所有与外空游客相关的法律问题中,游客保险是一个值得关注的问题,世界主要空间大国如美国、俄罗斯以及我国的近邻日本都有详尽的关于外空发射保险的立法,这对于外空旅游事业的发展具有重要的推动作用。我国空间立法尚属空白,这导致了私人空间参与缺失,也直接限制了外空旅游事业的发展。故而,借鉴其他国家先进的立法经验制定我国的国内空间立法对外空旅游事业而言具有重要的推动作用。

关键词: 外层空间;外空旅游;外空游客;游客保险

---

[*] 本文写作过程中受到原哈尔滨工业大学、现国家法官学院赵海峰教授指导,在此表示感谢。

[**] 于焕(1987—),女,德国吕讷堡罗伊法纳大学博士生,哈尔滨工业大学法学院2012届国际法硕士研究生。研究方向:国际法、航空航天法。E-mail:yuhuanpenny@hotmail.com。

[***] 陈晔(1968—),女,江苏名仁律师事务所执行主任律师,合伙人。

如果说1957年10月4日苏联第一颗人造卫星的发射成功①以及1969年7月20日阿姆斯特朗登月成功②仅仅能代表美苏争霸期间太空较量互有胜负的话,那么1993年完成设计开始实施的国际空间站计划③则是美俄两个超级空间大国暂时抛开政治利益的较为成功的合作典范。之后数十年的发展证明,单纯地以政治、军事目的考量外层空间的价值是人类社会狭隘的表现,正如1967年《外空条约》所提及的那样,外层空间包括月球和其他天体的开发和利用应该符合全人类的共同利益④。在市场经济日益发达的今天,这种共同利益越来越多地体现在外层空间商业利用的进程之中,在被学者们笼统的划分为"卫星通信""卫星导航""发射服务""国际空间站"的商业空间活动框架下⑤,"外空旅游"可以笼统地归入到"发射服务"中去,同时又与"国际空间站"有千丝万缕的联系。从某种角度说,"外空旅游"是最能直接地体现所谓的"全人类共同利益"的。因为只有这项外空开发的活动,可以将普通人送入外层空间,帮助那些有经济能力承担这项活动的人们实现飞天梦想。而中国人的这个梦想则始于西汉汉文帝时期,不过那时候飞天实现的可能性极为渺茫,自那之后几千年也只有神话中的"嫦娥"一人成功。当然,随着外空旅游作为商业运作的日益发达,相应的法律框架也必须加以完善,相应的问题如外空旅游的形式、从

---

① 1957年10月4日 苏联发射人类第一颗人造地球卫星,人民网,资料来源:http://www.people.com.cn/GB/historic/1004/3271.html. 最后访问:2017年7月20日。

② Moon Exploration, see: http://science.nationalgeographic.com/science/space/space-exploration/moon-explora (accessed 20 July 2017).

③ International Space Station, see: http://www.nasa.gov/mission_pages/station/main/#.UrTys43dihY (accessed 20 July 2017).

④ 《外空条约》第1条。

⑤ 关于空间商业化框架的初步划分,可以参见:Karl-Heinz Boeckstiegel(eds), Project 2001—Legal Framework for the Commercial Use of Outer Space, Carl Heymanns Verlag KG. 2002.

地球到空间旅馆、空间站的法律适用问题、外空游客的条件、法律地位、保险、损害责任、赔偿等都需要详尽的法律规制,而作为已经掌握载人航天技术且正在大力建设本国空间站的中国,在制定国内空间立法的过程中考虑外空旅游问题则具有特殊意义。

一、外空旅游的商业潜力及法律困境

通过上述简介,似乎有一个问题必须回答,即外空旅游项目开发的意义为何?如果只是为了实现人类飞向太空的梦想,那么花费甚巨的空间发射活动很可能成为这个梦想昂贵的点缀。这种先入为主的想法似乎源于中国空间发射本身的特点,中国已经成功数次将中国国籍的宇航员送入太空,且光荣地成为世界上第三个掌握载人航天技术的国家。但值得注意的是,中国载人空间发射的宇航员身份并非游客,而实施载人发射的主体是国家,并非私人公司或实体,这与本文所讨论的空间旅游有本质差别。

截至 2017 年 7 月,已经有 7 位被国际社会认可为太空游客的人实现了遨游太空的梦想。由英国理查德·布莱森爵士创立的私人太空旅游公司 - 维珍银河 - 计划提供亚轨道私人太空飞行服务,并已经与超过 200 名的潜在外空游客签署了太空旅行合同,售价约为 10 万美元。美国的新墨西哥州、俄克拉荷马州、德克萨斯州、威斯康星州和佛罗里达州都已经安装了支持太空旅游的基础设施。英国最近也公布了八个潜在的空间港口[①]。

总的看来,游客想要体会外空旅游的第一要件就是有足够的资金支持。美国宇航局的一份报告预测:到 2030 年,全球空间旅游者将达到每年 500 万人次。空间旅游的市场会增长到每年 600 亿美元以上,远远大于卫星市场的规模,以至于有人将太空产业与

---

① Is space tourism travelling faster than space law? Online at: http://theconversation.com/is - space - tourism - travelling - faster - than - space - law - 43586 (accessed 20 July 2017).

信息产业相提并论,称之为21世纪经济发展的新动力①。当然,外空旅游的商业价值远远不仅于此。一般而言,每次外空旅游的游客都会受到全世界媒体的极大关注,而赞助商们当然也不会放过这绝佳的广告时间。故而,对于那些私人商业空间活动较为发达的国家和地区(例如美国、欧空局)而言,外空旅游已经不仅仅是一个简单的噱头了,其推动的商业利益远远比很多"看得见"的实业要大得多。这些似乎还是我国这个市场经济并不十分发达,私人企业参与并不多见的空间大国所难以想象的。但是完善的立法仍然是有必要的,因为这一方面可以推动我国空间商业化活动的发展;另一方面也可以在吸取其他国家和地区立法教训的基础上避免我国遇到相同问题时犯同样的错误。

当然,值得注意的是,虽然外空旅游事业开展得如火如荼,并且随着技术的不断进步,成本的不断降低,这一事业很可能在不远的将来得到更好、更大规模的发展,但从法律角度讲,给这项已经得到普遍认识的活动下一个定义似乎都有难度。如果一定要给外空旅游下一个定义的话,可以做如下总结:所谓外空旅游是指从事商业发射的主体(这个主题可以是私人主体,也可以是国家主体,抑或混合性质的主体)将外空游客送入太空或其他指定目标并收取费用的商业行为。然而这个定义中有诸多不确定因素,首先,外空游客的定义无法明确,目前为止,这只是一个对于有限的群体的简单称呼,还没有被赋予任何法律含义;其二,外空游客的目的地到底可以分为几个种类是值得思考的,这牵涉科学知识,但对于法律的制定也有很大影响;其三,从事发射服务的主体究竟将如何分类也是值得思考的。在这一产业并不十分发达的今天,这些疑问尚不足以影响整个外空旅游事业的发展,但一旦参与者增多,出现损害、竞争等诸多问题之后,这些潜在的问题将可能极大地阻碍这项商业活动的开展。故而,本文试图在已有的实践和立法的基础

---

① 张亮:《论外层空间商业活动对国际法的挑战》,湖南师范大学出版社,2007年版。

上对重要问题做简单探讨。

二、空间旅游的形式及法律适用

因为科学技术的发展,以及外空本身的特殊性,空间旅游的形式较为多样,而不同形式的空间旅游是否可以适用相同的法律,也是值得思考的。

(一)空间旅游的形式

如果进行笼统的划分,外空旅游可以分为"不出舱"的旅游和"出舱"的外空旅游。其中"不出舱"的外空旅游又可以划分为"亚轨道旅游"和"轨道旅游"。总的来说,所谓的"不出舱"外空旅游指的是在空间运载器达到预定轨道之后,欣赏浩瀚宇宙的旅游方式。而"亚轨道"旅游和"轨道"旅游则是依据飞行的轨道高度而划分的。详言之,所谓亚轨道飞行,是指飞行器进入太空后,离开地球表面的大气层,开始进入太空的边缘,在距离地面大约100千米处,由于速度和动力赶不上真正的宇宙飞船,不能围绕地球轨道飞行的一种飞行状态。亚轨道飞行的时间短暂,游客乘坐飞船做近似于直上直下的抛物线飞行,冲出100千米高的大气层后便很快返回。"在那里可以感受到几分钟的失重,目视长达4 827公里的地球弧线表面,看地球蓝到发亮的奇异景象"①。而所谓轨道飞行则是指乘坐航天器在离地面200~400千米高的轨道上环绕地球飞行的状态,每90分钟即运行一周。在那里每隔45分钟就可欣赏一次日出或日落的美景,能看到闪电、风暴、极光、火山爆发等奇特的自然现象。"在地球的背阳面仰望天空时,银河显得格外明亮,星星数量陡增,且星光恒定,让人赏心悦目",它是真正意义上的外层空间旅游②。

所谓的"出舱"外空旅游则是指以地球为出发点,目的地为"国

---

① 亚轨道飞行,普通人最好的通天之道,新浪网,http://news.sina.com.cn/c/2005-10-16/00178018075.shtml 最后访问:2017年7月20日。

② 阎忻:《外层空间旅游法律问题探析》,中国政法大学硕士学位论文,2010年3月,第4页。

际空间站"或者计划中的"外空旅馆"以及其他天体的外空旅行。一般而言,这种旅行要通过"轨道飞行"的方式将游客送入指定目标,由于要脱离乘坐的发射器进入相应目标,所以可以被笼统地概括为"出舱"型的外空旅游。至今为止,仅有到国际空间站的外空旅游是已经实现的"出舱"型的外空旅游,而飞往月球或者其他天体的旅游,以及飞往外空旅馆的旅游,目前为止还局限在人类的想象之中(但美国宇宙开发初创企业太空探索技术公司(Space X)于2017年2月27日宣布,将在2018年内实现两名普通人环绕月球轨道的载人飞行。如果实现,人类到达月球周边将成为20世纪60~70年代阿波罗计划以来第一次,对Space X提出的最终目标——火星探测和移居计划的实现将起到推动作用。)[1]当然,在可预见的将来,随着科学技术的不断发达以及成本的不断降低,这些方式的旅游都是可以预期的。

外层空间旅游还包括大气层边缘旅游和零重力体验旅游等。大气层边缘旅游是指用高性能喷气式飞机将游客送到离地面25千米高空的活动[2]。在此高度上人们可以观看到地球表面的曲度,还可以观赏到没有大气层遮盖的星空。当然,这种旅游飞行的形式是否可以界定为外空旅游还是值得讨论的,尤其是考虑到法律适用问题时,对于这种飞行的界定是十分有必要的。

总的来说,从近期的技术发展状况看,亚轨道空间旅行将会在可预计的将来得到飞速发展,轨道旅行和国际空间站旅行由于成本过高,大规模开展还需要技术的进步,而天体旅行则还处在设想之中。

---

[1] 小川义也,《Space X接下首张私人太空游订单》,日本经济新闻(中文版:日经中文网),资料来源:http://cn.nikkei.com/industry/scienceatechnology/23944-2017-02-28-11-36-25.html 最后访问:2017年7月20日。

[2] 阎忻:《外层空间旅游法律问题探析》,中国政法大学硕士学位论文,2010年3月,第4页。

(二)不同空间旅游类型的法律适用

事实上,至今为止,国际社会还没有出台专门针对空间旅游进行规制的法律文件,更遑论针对不同类型的空间旅游进行规制的法律、法规了。但是总的看来,如下几个国际条约和政府间协定可以适用于外层空间的旅游问题。

1.《外空条约》

1967年通过的《外空条约》是国际社会正式通过的第一部规制开发和利用外层空间的条约,与其他四个条约相比,其缔约方最多,且其中诸多条款已经具有了国际习惯法的性质。故而,即便是没有针对外空旅游的直接规定,《外空条约》所确立的基本原则也可以适用于空间旅游的活动中去。具体而言,《外空条约》第6条规定:各缔约国对其(不论是政府部门,还是非政府的团体组织)在外层空间(包括月球和其他天体)所从事的活动,要承担国际责任,并应负责保证本国活动的实施,符合本条约的规定。非政府团体在外层空间(包括月球和其他天体)的活动,应由有关的缔约国批准,并连续加以监督。保证国际组织遵照本条约之规定在外层空间(包括月球和其他天体)进行活动的责任,应由该国际组织及参加该国际组织的本条约缔约国共同承担。这一条的规定其实是之后《登记公约》和《责任公约》的重要来源。适用于外空旅游活动过程中同样有意义。因为从事外空旅游活动的多为私人商业机构,其发射行为造成的危害责任应当由国家承担,国家采取相应措施对私人实体发射行为进行监管也是必然结果。关于这一问题会在之后的《登记公约》与《责任公约》的介绍中加以阐述,此不赘述。

《外空条约》第八条规定:"凡登记把实体射入外层空间的缔约国对留置于外层空间或天体的该实体及其所载人员,应仍保持管辖及控制权。"这一条主要规定了登记国对于其发射实体及所载人员的管辖权,这对于外空游客,尤其是空间站游客具有较为重要的影响。

除此之外,《外空条约》第五条明确规定了"宇航员"是人类的使节,各国对于遇到困难的宇航员有协助营救的义务,这一条的规定是后来出台的《营救协定》的法律基础。但是对于游客身份究竟如何认定，现阶段还处在不确定状态，换言之，《营救协定》能否适用于外空游客还有待进一步研究探讨。

2.《营救协定》《责任公约》与《登记公约》

如上所述，《营救协定》究竟能否适用于外空游客还存在争议，但是其关于对宇航员进行协助的相关规定可以被国际社会借鉴，用于外空游客的情形，当然可能还需要一些详尽的法律制度设计。

《责任公约》主要规定了发射国对其国内私人实体所从事的发射活动所造成的损害有赔偿责任。这一制度设计旨在保障受害者得到最大限度的赔偿，具体到外空旅游的问题上，《责任公约》的规定对于确立空间游客受到的损害责任、空间旅游运载工具造成的损害责任及游客造成的损害责任等具有极为重要的借鉴意义[①]。

《登记公约》要求发射国对本国发射的空间物体进行国内的和国际的登记，由于发射国对本国的私人空间发射活动具有管辖和监督的权利，所以一般而言，空间活动较为发达的国家会制定本国的空间立法，针对私人空间参与者规定许可证制度，非政府组织需要在满足一定条件下才能拿到发射空间物体的许可证，在发射成功之后，向空间主管部门进行国内登记也是一项义务。我国的《空间物体登记管理办法》以及《民用航天发射项目许可证管理暂行办法》便是这方面的立法。

3.《空间站政府间协定》

签订于 1998 年的《空间站政府间协定》的主要目的是规制空间站项目各个参与国的权利与义务，以保障在国际空间站的活动以及国家间的合作顺利进行。除此之外，作为项目的主要推动者 NASA 还分别与其他参与方签订了谅解备忘录，这些备忘录用来规定各个参与方的责任和角色等诸多细节问题。另外，一些具体的权利、义务问题，刑事管辖权、反性骚扰以及对于谅解备忘录的具

[①] 李寿平：《试论空间旅游的若干法律问题》，载《北京航空航天大学学报（社会科学版）》，2010 年第 2 期，第 42 页。

体执行问题都有详细的规定。

作为外空旅游较为成熟的一种模式,空间站旅游的游客将会受到《空间站政府间协定》规定的诸多条款的约束。

4. 外空游客法律适用存在的问题

由于至今为止并没有一个权威的国际机构对空间旅游的类型进行界定,导致空间游客在现有的法律框架下就有可能存在法律适用不清晰的问题。主要的问题出现在航空法与空间法的适用问题上。如果将大气层边缘旅游和零重力体验旅游算作外空旅游,那么这种乘坐喷气飞机进行的边缘型的旅游应该如何适用法律是值得探讨的。甚至包括"亚轨道旅行"应该如何适用法律也是应该探讨的。并且这又涉及空气空间与外层空间的分界问题,值得详细探讨。

三、外空游客

外空旅游的参与方可以笼统地划分为服务提供方与外空游客,服务提供方的法律规制基本上在国际条约和国内法中总结出一个相对完整的体系。但是作为外空旅游参与的主体,对外空游客进行规制、定位的法律还处于空白阶段。可以说,对外空游客进行详尽的研究和法律规制,基本上可以为外空旅游事业的发展提供一个完善的法律框架。故而,对于外空游客的法律问题的研究极其重要。

(一)外空游客的条件

总的来说,作为一项比较特殊的旅游,空间旅游对于身体生理及健康上的要求比较独特。任何外空旅游活动参与者都应该具有适应空间运载器的失重环境及外层空间独特的环境的能力。这是对外空飞行的基本要求,也是对游客生命和健康的考虑。

除此之外,外空游客还要有充足的外空旅费,如上文介绍的,这笔花销并非一般收入者所能承受的。

当然,对于外空游客的相关记录的考察也有必要,可以参考出国签证审查方式。毕竟外空旅行涉及诸多重大的问题,甚至可能涉及空间的军事利用,空间知识产权的保护等,对于游客的个人素养进行一定程度的检查,会起到良好的预防作用。并且这种检查在诸多国家的出境签证过程中已经可以被接受,移植到空间旅游问题上难度不大。

(二)外空游客的法律地位

外空游客的法律规制滞后于外空旅游活动,这导致外空游客的地位至今没有定论。从现有的国际社会法律框架看,与外空游客身份最为接近的是《营救协定》中所规定的"宇航员",在外空旅游的整个过程中,外空游客所经历的风险与宇航员类似。但是对于《营救协定》是否可以适用于外空游客还存在不同的意见。

一种观点认为,私人(包括个人和法人)不是国际法赋予的义务主体,也不是国际法义务的受益者,因此,商业性的外空旅游的外空游客和机组人员都不应该被视为"人类的使者",换言之,《营救协定》中所规定的营救义务不应该适用于外空游客[1]。针对私人是否是国际法主体的问题,随着国际法的不断发展,答案似乎已经十分明显。李寿平教授以人权公约的发展为例,说明私人已经是国际法权利和义务的主体了。但是,针对《营救协定》是否可以适用于外空游客,还是一个存在争议的问题。单从《营救协定》的条文推知,这一条约所规定的营救制度并没办法适用于"外空游客",依据《维也纳条约法公约》条约的解释方法,无论对《营救协定》如何扩大解释,也无法将外空游客定义为"人类的使者"。所以,诸多卓越的空间法研究者也一致认为,宇航员不应包括一般宇宙游客[2];还有学者认为,尽管将宇宙游客排除在宇航员的范围并非立法者本意,但是单从概念看,宇航员的范围应该不包括外空游客[3]。

---

[1] Diederisks Verschoor, Search and Rescue in Space Law, in Proceedings of 19th Colloquium on Law of Outer Space, 1979.

[2] 转引自:李寿平:《试论空间旅游的若干法律问题》,载《北京航空航天大学学报(社会科学版)》,2010年第2期,第43页。

[3] Bin Chen, Studies in International Space Law, Oxford University Press, 1997, pp. 281–282.

事实上,早在1979年外空委法律小组委员会的会议中,法国代表团就坚持提出:"营救制度仅适用于实验性或科技性飞行,并不适用商业性飞行。当商业性飞行发展起来之后,就应该出台新的协议"①。结合上文介绍的学者们的建议,可以做如下总结,在《营救协定》制定和通过的时期,并没有办法预测私人参与活动的极大发展,更无法预测外空旅游活动发展到今天的规模。从《营救协定》制定时秉承的精神看,对于外空宇航员的协助义务是各国空间合作的精神体现,更多地体现的是人道主义精神。并且,在出现需要营救的情形,也无法刻意地去区分需要被营救者的身份。换言之,外空游客既不是宇航员,也不是宇宙飞船人员,在任何意义上,都不应该属于"人类在外层空间的使者"②。因此,在适用《营救协定》时存在着障碍。但是基于人道主义的考虑,应当将营救协定的相关原则也适用于外空游客③。所谓的外空游客的身份的确定在现阶段并不是十分重要的问题。重要的是针对外空旅游活动的单独明确规定,现在大致有两个解决方案:一是制定一个与《营救协定》有类似规定的新协定;二是将现有的《营救协定》扩大适用于外空游客④。当然本文建议将外空游客的身份与宇航员进行区别,制定专门的具有商业化性质的帮助、营救规则,这样不但符合外空旅游活动本身的特点,同时也避免了对《营救协定》的修改和重新解释,因为外层空间五个基本条约几乎已经成为国际习惯法规则,

---

① IAC-07-E6.2.

② 赵云:《外层空间法中的热点问题评议》,载《北京航空航天大学学报(社会科学版)》,2010年第1期,第46页。

③ David Tan, Towards a new regime for the protection of outer space as the "province of all mankind", Yale Journal of International Law, 2000, 25, p. 158.

④ Lain L. Mazione, Multinational investment in the space station: an outer apace model for international cooperation? American university International Law Review, 2002, 18, p. 521.

对之进行修改或者解释并非易事。当然,通过专门规制外空旅游的条约也存在困难,所以需要在规制形式的选择问题、条款设计等诸多问题上加以详尽的探讨和思考。

(三) 外空游客的保险及损害赔偿

在外空旅游过程中可能出现的责任大体可以分为三种,其中外空旅游的服务提供者对于游客造成的伤害是最为值得注意的。这涉及服务提供者和服务接受者之间的权利义务以及赔偿责任问题。但是由于外空旅游的特殊性质,对于责任的认定还需要加以详细讨论。

依据《外空条约》的规定,发射国对其行为,无论该行为是由政府实体还是非政府实体进行的,都要承担国际责任。而《责任公约》同时规定,发射国对其或者其私人实体发射的空间物体对外空航空器或者所载人员造成的伤害应该承担损害赔偿责任。总的来说,为了使在外空活动中受害者的权利得到最大程度的保障,发射国对本国私人实体发射的空间物体造成的损害承担赔偿责任。换言之,即便是外空旅游活动应该归类于空间商业活动中去,发射国对造成的损害也承担赔偿责任。并且,对于发射国的范围,相关的国际条约规定的也极为宽泛。当然,正如学者注意到的,《责任公约》中所规定的损害赔偿责任仅限于对其他国家的飞行器和所载人员造成的损害[1]。当然,通过对条约的全面理解,这并无法排除空间商业服务提供者所在的发射国对外空游客损害的赔偿责任。

随着私人空间发射的日益发达,外空旅游事业的不断发展,出现商业发射损害赔偿的概率也随之增加。因此,一般国家对本国私人实体申请空间发射许可证的限定条件也通常包括外空保险,至今为止,由于商业空间活动的发展,外空保险制度的发展已经较为完善,具体而言,外空保险的种类可以分为:

(1) 发射前保险是航天器(主要是卫星)与火箭在制造、试验、

---

[1] 李寿平:《试论空间旅游的若干法律问题》,载《北京航空航天大学学报(社会科学版)》,2010年第2期,第44页。

运输及发射前准备期间,因火灾、爆炸、破坏等偶发事故造成的损失保险。责任期从航天器及火箭开始制造时起,到火箭点火时止。

(2)发射保险是指从火箭点火时起,到航天器进入预定轨道期间因故障导致损失的保险。

(3)在轨保险也称为卫星寿命险,它是指卫星进入预定轨道开始正常工作后的一定时期内,卫星出现异常,不能满足预定的工作要求或不能达到预定的工作寿命而引起的损失的保险。

(4)第三者责任保险是指对航天器发射准备期间或发射时造成的他人身体伤害和财产损失的保险。典型情况就是由于卫星发射失败、卫星和火箭碎片的坠落、轨道上卫星的坠落或与其他卫星碰撞造成第三者所受的损失[1]。而在外空旅游活动中,对游客的保险可以归结为上述的外空保险的第(4)类,即第三者责任保险之中。外空保险制度的设计有利于减轻私人主体的赔偿责任,增强其参与外空发射活动的积极性,目前外空保险的市场已经存在,大概有 30 个保险提供者为政府和商业卫星运营者提供发射保险[2],对于宇航员提供的商业保险也并不少见,至今为止有限的外空游客购买的普通商业保险也基本上得到认可。但是形成系统的外空保险制度抑或外空游客保险制度还需要一定的时间。在现阶段,外空游客保险的必要性应该得到普遍认可,至于其完善程度,会随着外空发射市场规模逐渐扩大而不断变化。

(四)外空游客的刑事责任

外空游客的刑事责任问题在目前看来是一个仍处在设想之中的责任。在多数的外空旅游类型中,这类责任还较为鲜见。比较值得注意的是出舱旅游中的空间站旅游。作为一个在外层空间长期存在的站所,空间站是外空旅游最为常见的(也是目前为止唯一

---

[1] 尹玉海等著:《航天发射活动若干法律问题研究》,中国民主法制出版社,2008 年,第 9—12 页。

[2] 王真真:《外空旅游责任制度研究》,载于《中国航天》,2012 年第 12 期,第 55 页。

一个)目的地。《加拿大政府、欧洲航天局成员政府、日本政府、俄罗斯政府和美国政府签署的关于民用国际空间站合作的政府间协定》(下简称《空间站协定》)之中,也有对空间站工作人员的刑事责任的规定。

确定国际空间站刑事责任问题的一个重要前提是确定管辖权问题,根据《外空条约》第8条和《登记公约》第2条,每个伙伴保留对其依据上述第1款登记组成部分和属本国国民的空间站人员的管辖和控制①。根据该原则,协议第22条特别规定了国际空间站上的刑事管辖权。国际空间站上的刑事管辖最主要原则就是属人管辖原则。该条第1款规定:"加拿大、欧洲合作国家、日本、俄罗斯及美国可在空间站的任何组件对具有各自国家国籍的人员行使刑事管辖权"②。由于欧洲空间局(简称欧空局)是由欧洲多个国家建立的,欧洲合作国家授予欧空局代表自己行使在国际空间站的权利。该条款还规定一方国民的行为影响到另一合作方国民的生命和安全,或发生在另一方的组件上或对该组件造成损害,那么该行为人的国籍国应与另一合作方协商。如果行为人的国籍国在合理的时间内同意另一合作方行使管辖权或没有提供保证对行为人采取任何诉讼行为,另一合作方就可以对该行为人行使刑事管辖权③。

《空间站协定》只是适用于国际空间站的合作各方的国民,对于非合作方的国民在国际空间站则适用《外空条约》第8条规定的管辖原则。也就是说,到国际空间站的游客如果是国际空间站合作方的国民就适用《政府间协定》管辖,非合作方国民则适用《外空条约》规定,即国际空间站所属部分的发射登记国,对于该部分所载人员,当其在外层空间时,应保有管辖权和控制权。无论是哪一

---

① 1998年《关于国际空间站合作的政府间协定》第5条,第2款。
② 1998年《关于国际空间站合作的政府间协定》第22条第1款。
③ 阎忻:《外层空间旅游法律问题探析》,中国政法大学硕士学位论文,2010年3月,第19页。

个国籍的人,只要在根据《登记公约》登记在《空间站协定》成员方名下的国际空间站的相应部分,就应受到该国的管辖。同时也产生了问题,即不管是合作方国籍的游客,还是非合作方国籍的游客,他们在欧空局的组成部分的管辖权就变得非常难以确定了[①]。故而,针对欧空局对外空游客的管辖权问题需要首先在国际空间站政府间协定框架内进行确定,如果这样的协调取得成功,之后其他的空间游客刑事责任问题也就可以效仿确认了。

四、主要空间国家对于外空旅游的法律规制

事实上,制定国内空间法并非国际条约赋予各成员方的义务[②],一般而言,制定国内空间法规的动力源于《外空条约》第7条关于"各缔约国应对其在外空以及月球及其他天体从事的活动负国际责任,无论这种行为是由政府部门还是非政府团体进行"的规定。换言之,各国空间立法的主要内容是对私人空间发射的监督,并不会直接涉及外空旅游的内容,同外空旅游相关的内容仅为对私人商业空间发射的支持程度以及外空保险,也就是涉及责任承担问题。

(一)美国

美国是最早进行商业空间发射的国家,也是积极支持推进私人商业空间发射的国家。《商业空间发射法案》是专门针对商业空间发射行为的规定,其中有详尽的关于外空保险的规定。详言之,空间发射许可证持有人应当取得责任保险或证明其经济能力,保险和责任能力应足以补偿因发射活动而死亡或遭受人身伤害、财

---

① 同上。
② Armel Kerrest, Status of the Implementation of National Space Legislation and the Results of the Project 2001 Plus Working Group, in Stephan Hobe, Bernhard Schmidt－Tedd, Kai－Uwe Schrogl (edit), 'Project 2001 Plus'－Global and European Challenges for Air and Space Law at the edge of the 21st Century, Heymanns verlag, 2006, p. 51.

产损害或损失的第三方或是导致财产遭受损害或损失时的美国政府可能提出的最大损失额。其中要求为第三方购买的保险为不低于5亿美元。

(二)俄罗斯

作为外空时代开启者的俄罗斯,其空间立法对于私人商业空间参与的支持比较晚,但其《俄罗斯联邦空间活动法》也对私人实体从事的空间活动做了详尽规定,关于外空保险,其规定大致可以做如下概括:第五章第25条的规定不仅强制性规定利用空间技术或者通过订购实施空间技术的开发与利用的组织和公民,必须为航天员和空间基础设施的维护人员的生命和健康投保,同时也必须对第三人的生命、健康和财产损害的责任强制投保;而且还规定了非强制性保险,即建议实施空间活动的组织和公民自愿对参与空间活动时所受的风险投保[1]。

(三)日本

作为中国的近邻,日本空间活动的发展迅速,并且,随着2008年《空间基本法》的通过,日本也逐步走向了发展国内空间工业,鼓励非政府实体积极参与空间活动的道路。2008年的空间活动法案为非政府实体参与空间活动提供了极为便利的条件。于2016年末正式出台的《空间活动法》也对私人空间发射的步骤进行了详细规定,外空保险是其重要的内容之一[2]。其对日本空间商业化的影

---

[1] 于纯海译:《俄罗斯联邦空间活动法》,载赵海峰主编,《空间法评论》第一卷,哈尔滨工业大学出版社,2006年,第283页。

[2] 关于日本《空间活动法》的具体内容,可以参见:Setsuko Aoki, Japanese Space Activities Act in the Making, in Zeitschrift fuer Luft – und Weltraumrecht, 61. Jahrgang 2012. Doug Messier, New Japanese Space Law Bolsters Private Sector, http://www.parabolicarc.com/2017/03/06/japanese – space – law – bolsters – private – sector/ Sayuri Umeda, Japan: Two Outer Space – Related Laws Enacted, http://www.loc.gov/law/foreign – news/article/japan – two – outer – space – related – laws – enacted/ (accessed 20 July 2017).

响以及空间旅游事业的推动作用不可小觑。

总的来说,虽然外空旅游并非各国空间立法的内容,但是上述立法的列举对我国立法仍具有重要的启示意义。

五、中国外空旅游立法及结论

2014年11月17日,中国国家航天局秘书长田玉龙在北京召开的2014年联合国空间法研讨会上透露,中华人民共和国航天立法工作已列入国家立法工作计划中,预计将在2020年前出台①。2016年12月27日国务院新闻办公室发表的《2016中国的航天》白皮书中,再次强调加快推进以航天法立法为核心的法制航天建设,为航天强国建设提供有力法制保障②。总体来说,中国空间立法的出台指日可待。近年来,学者们对中国空间立法问题一直有着诸多讨论,而对于未来空间立法的内容,学者们也都有诸多设想③。针对外空旅游,也有研究者提出了相关的立法设计④。本文认为,在未来的国内空间立法中,并没有必要专门针对外空旅游进行相应的制度设计,因为外空旅游涉及的仅仅是商业空间发射以及对外空游客的保护。针对商业空间发射问题,在国内立法中设计相应的许可证制度、责任制度以及保险制度即可,而相关细节问题的规定则可以参考美国、俄罗斯以及日本的空间立法。综合比对之后,结合我国国情进行相应设计。而对于外空游客的法律定

---

① 张素:《中国将在2020年前出台航天法,保航天事业可持续发展》,中国新闻网,http://www.chinanews.com/fz/2014/11-17/6784511.shtml 最后访问:2017年7月20日。

② 参见:《2016中国的航天》白皮书,载于:http://www.scio.gov.cn/ztk/dtzt/34102/35723/35727/Document/.1537102/1537102.htm 最后访问:2017年7月20日。

③ 参见:赵海峰:《关于中国空间立法的若干思考》,载《黑龙江社会科学》,2007年第5期,第150-151页,还有其他诸多作者的论述。

④ 陈立韵:《外空游客的权利与责任制度研究》,深圳大学2016年硕士论文,第44-46页。

位问题,则需要在国际社会上达成共识,并非某国法律规定所能决定的。当然,作为基本原则,对于私人商业空间参与的鼓励是极为重要的。从现在我国外空活动的实践看,任重而道远。

哈尔滨工业大学人文社科与法学学院成功举办亚太空间合作组织(APSCO)"第四届国际空间法律政策论坛"

来源:哈尔滨工业大学人文社科与法学学院网站

2017年7月10日,由亚太空间合作组织(APSCO)与我校人文社科与法学学院联合主办的"第四届国际空间法律政策论坛"国际会议在哈尔滨松北香格里拉酒店隆重开幕。论坛由亚太空间合作组织对外关系与法律事务部部长马哈默德·纳西尔和我校人文社科与法学学院院长赵宏瑞教授共同主持(CO – CHAIRS)。

在开幕式上,联合国外空司主任海德曼·尼克拉斯,合作支持单位加拿大麦吉尔大学代表艾哈迈德·坦维尔,我校副校长任南琪院士,亚太空间合作组织主席巴哈让米·穆赫辛,代表东道国的中国国家航天局国际合作司徐岩松处长,亚太空间合作组织秘书长李新军教授等出席开幕式并致辞。

论坛邀请了各个国际组织成员官员、嘉宾、代表,国内外国际空间法专家学者共计70余人参加。本次论坛以"卫星利用与空间法发展"为主题,为期两天。论坛共分为五个环节,各自的主题分别是:国际外层空间法律政策概览、国际空间政策法律中的卫星应用与发展、卫星数据分享的法律框架与政策问题、各国航天立法与政策制定的进展、国际航天法律政策制定与新一代培养环境发展。来自美、加、日、意、土、泰、伊、孟、秘鲁等国的专家学者进行了主题演讲和讨论。我院赵宏瑞教授发表"LEGISLATIVE VALUE & DIFFICULTIES IN SATELLITE APPLICATION"（卫星应用的立法价值与难点）的英文主题演讲。最后，亚太空间合作组织对外关系与法律事务部部长马哈默德·纳西尔对本次论坛取得的成果做了总结，并与我校人文社科与法学学院法律系副主任孙冬鹤，共同宣布论坛成功闭幕。

  本次论坛为亚太空间合作组织与哈工大的首次合作，哈工大首次为该国际组织成员国组织、讲授了国际空间法的培训项目。任南琪校长在讲话中强调，亚太空间合作组织推动了成员之间空间科学技术的多边合作，通过法律交流、技术研发、成果应用、人才培训等办法，在成员之间开展互助，提高了成员空间能力，促进了人类和平利用外层空间。他希望哈工大以此为契机、与亚太空间合作组织建立长久的友谊与合作。论坛的成功召开，为以后双方开展多角度深入合作奠定了基础。在论坛间隙，我校还组织嘉宾参观了哈工大航天馆、哈尔滨铁路博物馆，按国际惯例举办了欢迎晚宴。

哈尔滨工业大学人文社科与法学学院举办亚太空间合作组织国际培训

来源:哈尔滨工业大学人文社科与法学学院网站

按照联合国亚太空间合作组织与哈尔滨工业大学的合作备忘录,2017年7月4日上午9时,由亚太空间合作组织和哈尔滨工业大学共同组织的"空间法与政策"国际培训课程,在哈工大活动中心216正式开班。

出席开班仪式的有亚太空间合作组织秘书长李新军和教育培训数据管理部部长 Mohammad Ebrahimi。我校人文社科与法学学院院长赵宏瑞出席开班仪式并致欢迎辞。此次培训为期5天,学员一半来自亚太空间合作组织成员,一半来自我校人文社科与法学学院,总计30人。所有培训课程采用全英文教学。

此次培训,是哈工大与亚太空间合作组织首次开展的培训项目,受到了我校和我院领导的高度重视。该培训项目的成功举办,是我校人文社科与法学学院国际化项目建设的具体实践。

专家通过"一带一路"空间信息走廊建设工程方案

来源:中国证券网 时间:2015年7月31日

中国证券网讯(记者 严洲)7月31日从国家科工局获悉,日前,国防科工局重大专项工程中心组织召开"一带一路"空间信息走廊建设与应用工程(一期)实施方案(2015—2017年)专家评审会。经专家组认真审议,一致同意该方案通过评审。

与会专家认为,该项目是实施"一带一路"战略的重大基础设施和应用工程,有助于促进"一带一路"沿线国家实现空间信息互联互通。同时,对于推进我国航天装备和高新技术产业国际化发展也具有重要意义。

国防科工局总工程师田玉龙出席此次会议。田玉龙要求,一要统筹空间信息走廊工程、金砖五国虚拟卫星星座和亚太空间合作组织多任务小卫星星座三项任务,做好中国航天国际合作总体布局;二要统筹国内卫星资源调度、信息平台建设和应用服务等工作,系统描绘空间信息走廊工程架构和组成、"一带一路"地面站网布局和空间数据云服务网格等内容。

资料显示,"一带一路"空间信息走廊建设与应用工程是为配合国家"一带一路"战略实施,提升卫星天地一体化应用能力,实现"一带一路"沿线国家的互联互通而论证的立体空间信息系统。

据此前的报道,2015年2月15日,国家推进"一带一路"建设工作领导小组办公室下发《关于印发推进"一带一路"建设工作领导小组第一次全体会议审议通过的有关文件的通知》(第1号)(下简称"一带一路"1号文件)。"一带一路"空间信息走廊应用和建设工程项目纳入三年(2015—2017年)滚动计划项目中2015年力争新开工项目之一,由科工局牵头,联合发改委、工信部和外交部开展《"一带一路"空间信息走廊建设与应用工程实施方案》论证工作。

据了解,空间信息走廊工程未来将实现三大目标:

一是天观地测,运筹帷幄。针对"一带一路"建设的需要,结合APSCO(亚太空间合作组织)多任务小卫星星座的建设,满足我国和"一带一路"沿线相关国家空间遥感应用需求。

二是西进东拓,经略子午。在国家民用基础设施规划建设、天地一体化网络工程规划的基础上,在我国东、西方向建设两个重要的静止轨道宽带通信节点,保障我国在"一带一路"战略通信干路传输和遥感信息的境外传输;通过建设覆盖"一带一路"区域的移动通信能力和手段,建设覆盖全球的DCSS(数据采集小卫星星座),形成天地联通、经纬纵横的信息互联互通能力,形成覆盖"一带一路"不间断的信息服务能力。

三是借力北斗,精耕细作。在"一带一路"遥感信息获取能力和通信传输能力的基础上,国家目前正在推广北斗国际化,同时结合高精度、导航定位、信息融合应用,建设服务国家战略安全、产业推广、企业保驾护航的应用服务系统。

重要文件

(一) 国内空间政策、法规

2016 中国的航天(中、英文)

中华人民共和国国务院新闻办公室
(2016 年 12 月)

目录

前言
一、发展宗旨、愿景与原则
二、2011 年以来的主要进展
三、未来五年的主要任务
四、发展政策与措施
五、国际交流与合作
结束语

前言

航天是当今世界最具挑战性和广泛带动性的高科技领域之

一,航天活动深刻改变了人类对宇宙的认知,为人类社会进步提供了重要动力。当前,越来越多的国家,包括广大发展中国家将发展航天作为重要战略选择,世界航天活动呈现蓬勃发展的景象。

中国政府把发展航天事业作为国家整体发展战略的重要组成部分,始终坚持为和平目的探索和利用外层空间。中国航天事业自 1956 年创建以来,已走过 60 年光辉历程,创造了以"两弹一星"、载人航天、月球探测为代表的辉煌成就,走出了一条自力更生、自主创新的发展道路,积淀了深厚博大的航天精神。为传承航天精神、激发创新热情,中国政府决定,自 2016 年起,将每年 4 月 24 日设立为"中国航天日"。

"探索浩瀚宇宙,发展航天事业,建设航天强国,是我们不懈追求的航天梦。"未来五年及今后一个时期,中国将坚持创新、协调、绿色、开放、共享的发展理念,推动空间科学、空间技术、空间应用全面发展,为服务国家发展大局和增进人类福祉做出更大贡献。

为进一步增进国际社会对中国航天事业的了解,特发表《2016中国的航天》白皮书,介绍 2011 年以来中国航天活动的主要进展、未来五年的主要任务以及国际交流与合作等情况。

一、发展宗旨、愿景与原则

(一)发展宗旨

探索外层空间,扩展对地球和宇宙的认识;和平利用外层空间,促进人类文明和社会进步,造福全人类;满足经济建设、科技发展、国家安全和社会进步等方面的需求,提高全民科学文化素质,维护国家权益,增强综合国力。

(二)发展愿景

全面建成航天强国,具备自主可控的创新发展能力、聚焦前沿的科学探索研究能力、强大持续的经济社会发展服务能力、有效可靠的国家安全保障能力、科学高效的现代治理能力、互利共赢的国际交流与合作能力,拥有先进开放的航天科技工业体系、稳定可靠的空间基础设施、开拓创新的人才队伍、深厚博大的航天精神,为实现中华民族伟大复兴的中国梦提供强大支撑,为人类文明进步做出积极贡献。

(三)发展原则

中国发展航天事业服从和服务于国家整体发展战略,坚持创新发展、协调发展、和平发展、开放发展的原则。

——创新发展。把自主创新摆在航天事业发展全局的核心位置,实施航天重大科技工程,加强科学探索和技术创新,深化体制机制改革,激发创新创造活力,推动航天事业跨越发展。

——协调发展。合理配置各类资源,鼓励和引导社会力量有序参与航天发展,科学统筹部署各项航天活动,推动空间科学、空间技术、空间应用全面发展,提升航天整体发展质量和效益。

——和平发展。始终坚持和平利用外层空间,反对外空武器化和外空军备竞赛,合理开发和利用空间资源,切实保护空间环境,维护一个和平、清洁的外层空间,使航天活动造福全人类。

——开放发展。坚持独立自主与开放合作相结合,在平等互利、和平利用、包容发展基础上,积极开展航天国际交流与合作,致力于推进人类航天事业的共同进步和长期可持续发展。

二、2011年以来的主要进展

2011年以来,中国航天事业持续快速发展,自主创新能力显著增强,进入空间能力大幅提升,空间基础设施不断完善,载人航天、月球探测、北斗卫星导航系统、高分辨率对地观测系统等重大工程建设顺利推进,空间科学、空间技术、空间应用取得丰硕成果。

(一)航天运输系统

2011年以来,截至2016年11月,长征系列运载火箭共完成86次发射任务,将100多个航天器成功送入预定轨道,发射成功率达到97.67%,运载火箭的可靠性和高密度发射能力持续增强。中国最大运载能力新一代运载火箭"长征五号"成功首飞,实现中国液体运载火箭直径从3.35米到5米的跨越,大幅提升了"长征"系列运载火箭运载能力,低轨运载能力达到25吨级,高轨运载能力达到14吨级,成为中国运载火箭升级换代的重要标志。120吨级液氧煤油发动机完成研制,应用该型发动机的"长征六号""长征七号"新型运载火箭实现首飞,"长征十一号"固体运载火箭成功发射,运载火箭型谱进一步完善。

(二)人造地球卫星

1. 对地观测卫星。"风云""海洋""资源""高分""遥感""天绘"等卫星系列和"环境与灾害监测预报小卫星星座"进一步完善。"风云"系列气象卫星已形成极轨卫星上、下午星组网观测,静止卫星"多星在轨、统筹运行、互为备份、适时加密"的业务格局。"海洋二号"卫星实现对海面高度、海浪和海面风场等海洋动力参数的全天时、全天候、高精度综合观测。"资源一号"02C 星成功发射、"资源三号"01、02 立体测绘卫星实现双星组网和业务化运行。高分辨率对地观测系统建设全面推进,"高分二号"卫星实现亚米级光学遥感探测,"高分三号"合成孔径雷达卫星分辨率达到 1 米,"高分四号"卫星是中国首颗地球同步轨道高分辨率对地观测卫星。"环境与灾害监测预报小卫星星座"C 星投入运行。采用星箭一体化设计的"快舟一号""快舟二号"成功发射,提升了空间应急响应能力。"吉林一号"高分辨率商业遥感卫星成功发射并投入商业运营。

2. 通信广播卫星。全面推进固定通信、移动通信、数据中继卫星系统建设。"亚太""中星"等系列通信卫星成功发射,固定业务卫星通信保障体系基本建成,覆盖中国国土及全球重点地区。首颗移动通信卫星"天通一号"成功发射。建成由三颗"天链一号"卫星组成的第一代数据中继卫星系统。星地激光链路高速通信试验取得圆满成功。"东方红五号"超大型通信卫星平台研制进展顺利。

3. 导航卫星。北斗二号系统全面建成,完成 14 颗北斗导航卫星发射组网,正式向亚太地区用户提供定位、测速、授时、广域差分和短报文通信服务。北斗全球系统建设正在顺利推进。

4. 新技术试验卫星。成功发射"实践九号"系列卫星等技术试验卫星,为新技术验证提供了重要手段。

（三）载人航天

2012年6月和2013年6月，"神舟九号"和"神舟十号"载人飞船先后成功发射，与"天宫一号"目标飞行器分别实施自动和手控交会对接，标志着中国全面突破了空间交会对接技术，载人天地往返运输系统首次应用性飞行取得圆满成功。2016年9月和10月，"天宫二号"空间实验室和"神舟十一号"载人飞船先后成功发射，形成组合体并稳定运行，开展了较大规模的空间科学实验与技术试验，突破掌握了航天员中期驻留、地面长时间任务支持和保障等技术。目前，中国已突破掌握载人天地往返、空间出舱、空间交会对接、组合体运行、航天员中期驻留等载人航天领域重大技术。

（四）深空探测

2012年12月，"嫦娥二号"月球探测器成功实施图塔蒂斯小行星飞越探测。2013年12月，"嫦娥三号"月球探测器首次实现中国航天器在地外天体软着陆，完成月球表面巡视探测。2014年11月，月球探测工程三期再入返回飞行试验圆满成功，标志着中国完全掌握航天器以接近第二宇宙速度再入返回的关键技术。

通过月球探测工程任务的实施，获取了高分辨率全月球影像图和虹湾区域高清晰影像，开展了月球形貌、月球结构构造、月面物质成分、月表环境和近月空间环境等研究以及月基天文观测等。

（五）航天发射场

2016年6月，文昌航天发射场首次执行航天发射任务，标志着中国自主设计建造、绿色生态环保、技术创新跨越的新一代航天发射场正式投入使用。开展酒泉、太原、西昌三个发射场适应性改造，基本形成沿海内陆相结合、高低纬度相结合、各种射向范围相结合的航天发射场布局，能够满足载人飞船、空间站核心舱、深空探测器以及各类卫星的发射需求。

（六）航天测控

"天链一号"数据中继卫星系列实现全球组网运行，"远望七号"航天远洋测量船成功首航，深空测控站建成使用，中国航天测控布局不断优化，形成陆海天基一体、功能多样、规模适度的航天测控网,航天器飞行控制综合能力不断提升,圆满完成"神舟"系列飞船、"天宫一号"目标飞行器、"嫦娥"系列月球探测器以及地球轨道卫星等为代表的各项航天测控任务。

(七)空间应用

1. 对地观测卫星应用。对地观测卫星地面系统和应用体系不断完善,应用领域深化拓展,应用水平日益提升,应用效益持续提高。陆地、海洋、大气卫星数据地面接收站基本实现统筹建设与运行,形成高低轨道相结合、国内外合理布局的卫星数据地面接收能力;统筹建设地面数据处理系统、共性应用支撑平台、多层次网络相结合的数据分发体系,数据处理、存档、分发、服务和定量化应用能力大幅提升。行业应用系统建设全面推进,基本建成18个行业和两个区域应用示范系统,设立26个省级数据与应用中心。建立高分辨率对地观测系统应用综合信息服务共享平台,对地观测卫星数据已广泛应用于行业、区域、公众服务等领域,为经济社会发展提供重要支撑。

2. 通信广播卫星应用。通信卫星测控站、信关站、上行站、标校场等地面设施不断完善,建成一定规模、能够满足相关业务需要的卫星通信网和卫星广播电视传输网,卫星通信服务能力进一步增强,在广播电视、远程教育、远程医疗等领域发挥重大作用,卫星应急通信为防汛抗旱、抢险救灾、重大突发事件处置提供重要支撑。

3. 导航卫星应用。北斗系统服务精度和可靠性大幅提高,构建形成自主可控、完整成熟的北斗产业链以及北斗产业保障、应用推进和创新三大体系,广泛应用于交通运输、海洋渔业、水文监测、气象预报、测绘地理信息、森林防火、通信时统、电力调度、救灾减灾、应急搜救等领域,逐步渗透人类社会生产和人们生活的方方面面,为全球经济和社会发展注入新的活力。

4. 航天技术成果转化应用。"互联网+卫星应用"新业态孕育发展,为大众生活提供更加优质便利的服务。通过航天技术成果的二次开发和转化应用,为国民经济相关行业提供优质产品和服务,支撑和带动新材料、智能制造、电子信息等相关领域发展。

(八)空间科学

1. 空间科学卫星。成功发射暗物质粒子探测、"实践十号"、量子科学实验等空间科学卫星,为前沿科学研究提供重要手段。

2. 空间环境下的科学实验。利用空间科学卫星、"嫦娥"探测器、"神舟"系列飞船和"天宫一号"目标飞行器等,开展一系列空间科学实验研究,深化了空间微重力和强辐射条件下生物生长、材料制备等机理的认识,取得了一批有影响力的研究成果。

3. 空间环境探测与预报。利用空间科学卫星、"神舟"系列飞船等,积累空间环境主要参数及其效应数据,为航天器安全运行提供空间环境监测与预报服务。

(九)空间碎片

空间碎片监测、预警、减缓及防护技术体系逐步完善,标准规范体系不断健全。空间碎片监测预警实现业务化运行,为在轨航天器安全运行提供了有力保障;防护设计技术取得突破,开展航天器空间碎片防护工程应用;全面实施"长征"系列运载火箭末级钝化,对废弃航天器采取有效离轨处置措施,切实保护空间环境。

三、未来五年的主要任务

未来五年,中国将加快航天强国建设步伐,持续提升航天工业基础能力,加强关键技术攻关和前沿技术研究,继续实施载人航天、月球探测、北斗卫星导航系统、高分辨率对地观测系统、新一代运载火箭等重大工程,启动实施一批新的重大科技项目和重大工程,基本建成空间基础设施体系,拓展空间应用深度和广度,深入开展空间科学研究,推动空间科学、空间技术、空间应用全面发展。

(一)航天运输系统

研制发射无毒无污染中型运载火箭,完善新一代运载火箭型谱,进一步提升可靠性。

开展重型运载火箭关键技术攻关和方案深化论证,突破重型运载火箭总体,大推力液氧煤油发动机、氢氧发动机等关键技术,启动重型运载火箭工程实施。

开展低成本运载火箭、新型上面级、天地往返可重复使用运输系统等技术研究。

(二)空间基础设施

提升卫星系统水平和基础产品能力,构建形成卫星遥感、卫星通信广播、卫星导航定位三大系统,建设天地一体化信息网络,基本建成空间基础设施体系,形成连续稳定的业务服务能力,促进卫星及应用产业发展。

1. 卫星遥感系统。按照一星多用、多星组网、多网协同的发展思路,发展陆地观测、海洋观测、大气观测3个系列,研制发射高分辨率多模式光学观测、L波段差分干涉合成孔径雷达、陆地生态碳监测、大气环境激光探测、海洋盐度探测、新一代海洋水色观测等卫星,逐步形成高、中、低空间分辨率合理配置、多种观测手段优化组合的综合高效全球观测和数据获取能力。统筹建设和完善遥感卫星接收站网、定标与真实性检验场、数据中心、共享网络平台和共性应用支撑平台,形成卫星遥感数据全球接收服务能力。

2. 卫星通信广播系统。面向行业及市场应用,以商业模式为主,保障公益需求,发展固定通信广播、移动通信广播、数据中继卫星,建设由高轨宽带、低轨移动卫星等天基系统和关口站等地基系统组成的天地一体化信息网络,同步建设测控站、信关站、上行站、标校场等地面设施,形成宽带通信、固定通信、电视直播、移动通信、移动多媒体广播业务服务能力,逐步建成覆盖全球、与地面通信网络融合的卫星通信广播系统。

3. 卫星导航系统。持续提升北斗二号系统服务性能。继续开展北斗全球系统建设,计划于2018年面向"一带一路"沿线及周边国家提供基本服务;2020年前后,完成35颗卫星发射组网,为全球用户提供服务;持续统筹推进北斗地基、星基增强系统建设,为各类用户提供更高精度、更为可靠的服务。

(三)载人航天

发射"天舟一号"货运飞船,与在轨运行的"天宫二号"空间实验室进行交会对接,突破和掌握货物运输和补给等关键技术,为空间站建造和运营积累经验。

完成空间站各舱段主要研制工作,开展空间站在轨组装建造和运营。

开展关键技术攻关和相关技术试验验证,提升载人航天能力,为载人探索开发地月空间奠定基础。

(四)深空探测

继续实施月球探测工程,突破探测器地外天体自动采样返回技术。2017年年底,发射"嫦娥五号"月球探测器,实现区域软着陆及采样返回,全面实现月球探测工程"三步走"战略目标。2018年前后,发射"嫦娥四号"月球探测器,实现人类探测器在月球背面首次软着陆,开展原位和巡视探测,以及地月L2点中继通信。通过月球探测工程的实施,开展月表形貌探测和地质勘察,对月球样品进行实验室研究;开展月球背面着陆区地质特征探测与研究,以及低频射电天文观测与研究,深化对月球成因和演化的认知。

实施中国首次火星探测任务,突破火星环绕、着陆、巡视探测等关键技术。2020年发射首颗火星探测器,实施环绕和巡视联合探测。开展火星采样返回、小行星探测、木星系及行星穿越探测等的方案深化论证和关键技术攻关,适时启动工程实施,研究太阳系起源与演化、地外生命信息探寻等重大科学问题。

(五)航天新技术试验

开展新技术试验验证,为航天发展提供技术支撑。

研制发射"实践十三号""实践十七号""实践十八号"、全球二氧化碳监测等技术试验卫星,开展新型电推进、激光通信、新一代通信卫星公用平台等关键技术试验验证。启动空间飞行器在轨服务与维护系统建设,利用多种资源,开展新原理、新技术、新产品在轨试验验证。

(六)航天发射场

完善现有航天发射场系统,统筹开展地面设施设备可靠性增长、适应性改造和信息化建设,增强发射场任务互补和备份能力,初步具备开展多样化发射任务的能力。探索推进开放共享的航天发射场建设,形成分工合理、优势互补、有机衔接、安全可靠的新型航天发射体系,持续提升发射场综合能力和效益,满足各类发射任务需求。

(七)航天测控

完善现有航天测控系统,建设运行第二代中继卫星系统,提高航天器测定轨精度,提升在轨航天器测控管理能力,加强测控资源综合运用,提升航天测控资源运行使用效益,构建安全可靠、响应迅速、接入灵活、运行高效、服务广泛的天地一体化航天测控体系。探索发展商业航天测控系统,创新服务模式,加强国际合作和测控联网,构建开放共享的航天测控服务新格局。

(八)空间应用

健全空间应用服务体系,面向行业、区域和公众服务,大力拓展空间信息综合应用,加强科技成果转化和市场推广,提高空间应用规模化、业务化、产业化水平,服务国家安全、国民经济和社会发展。

1. 行业应用。围绕全球测绘地理信息资源获取、资源开发与环境保护、海洋开发管理与权益维护、防灾减灾与应急反应、全球气候变化治理、粮食安全、社会管理与公共服务等需求,强化空间基础设施综合应用,提供及时、准确、稳定的空间信息服务,提升业务化服务能力。

2. 区域应用。面向区域城市规划、建设、运行管理和社会服务需求,开展新型城镇化布局、"智慧城市""智慧交通"等卫星综合应用,服务东、中、西、东北地区协调发展、京津冀协同发展、长江经济带建设,以及其他区域经济社会发展。加强与国家精准扶贫、精准脱贫工作的衔接,针对"老少边穷"地区和海岛等开展空间信息服务。

3. 公众服务。面向智慧旅游、广播电视、远程教育、远程医疗、文化传播等大众信息消费与服务领域,开发卫星应用智能终端、可穿戴电子设备等,加强空间信息融合应用,大力推进空间应用产业化发展,培育新的经济增长点。

(九)空间科学

面向重大科技前沿,遴选并启动实施一批新的空间科学卫星项目,建立可持续发展的空间科学卫星系列,加强基础应用研究,在空间科学前沿领域取得重大发现和突破,深化人类对宇宙的认知。

1. 空间天文与空间物理。利用暗物质粒子探测卫星,探测宇宙高能电子及高能伽马射线,探寻暗物质存在的证据。发射硬X射线调制望远镜,研究致密天体和黑洞强引力场中物质动力学和高能辐射过程。综合利用相关资源,开展太阳风与磁层大尺度结构和相互作用模式、磁层亚暴变化过程响应等研究。

2. 空间环境下的科学实验。利用"实践十号"返回式科学实验卫星、"嫦娥"探测器、"神舟"系列飞船、"天宫二号"空间实验室、"天舟一号"货运飞船等平台,开展空间环境下的生物、生命、医学、材料等方面的科学实验和研究。

3. 量子科学空间实验。利用量子科学实验卫星,开展空间尺度上的量子密钥传输、量子纠缠分发及量子隐形传态等量子科学实验和研究。

4. 基础理论及科学应用研究。开展日地空间环境、空间天气、太阳活动及其对空间天气影响等领域基础研究。开展空间科学交叉学科研究。发展基于X射线属性特征、高能电子和伽马射线能量与空间分布、空间物理环境、地外天体、地球电磁场及电离层等科学探测数据综合分析技术,促进空间科学成果转化。

(十)空间环境

完善空间碎片、近地小天体和空间天气相关标准规范体系。建立完善空间碎片基础数据库和共享数据模型,统筹推进空间碎片监测设施、预警应急平台、网络服务系统建设,强化资源综合利用。进一步加强航天器防护能力。完善空间环境监测系统,构建预警预报平台,提升空间环境监测及灾害预警能力。论证建设近地小天体监测设施,提升近地小天体监测和编目能力。

四、发展政策与措施

中国政府积极制定实施发展航天事业的政策与措施,提供有力政策保障,营造良好发展环境,推动航天事业持续健康快速发展。

中国国家航天局是中华人民共和国负责民用航天管理及国际空间合作的政府机构,履行政府相应的管理职责。

(一)科学部署各项航天活动

优先安排空间基础设施建设及应用,积极支持空间探索和空间科学研究,持续提升进入和利用空间能力,不断增强空间安全保障能力。

(二)大幅提升航天创新能力

实施一批航天重大工程和重大科技项目,推动航天科技跨越发展,带动国家科技整体跃升。

明确各类创新主体功能定位,建立政产学研用一体的航天协同创新体系,构建航天技术创新联盟和产业创新联盟,围绕产业链打造创新链。

推动建设航天领域研究基地(平台),超前部署战略性、基础性、前瞻性科学研究和技术攻关,大幅提升原始创新能力,打造国家科技创新高地。

加强航天技术二次开发,推动航天科技成果转化应用,辐射带动国民经济发展。

(三)全面推动航天工业能力转型升级

构建基于系统集成商、专业承包商、市场供应商和公共服务机构,根植于国民经济、融合开放的航天科研生产组织体系。

实施强基工程,突破关键材料、核心零部件、先进工艺等基础瓶颈,强化标准、计量等体系建设。

加快推进工业化与信息化的深度融合,实现航天工业能力向数字化、网络化、智能化转型。

(四)加快发展卫星应用产业

完善卫星应用产业发展政策,健全国家标准与质量体系,建立健全卫星数据共享等配套机制,完善卫星数据和资源共享平台,实现卫星数据和资源共享共用,形成卫星应用产业发展的良好环境,提升卫星应用整体效益。

培育卫星应用产业集群和应用市场,完善卫星应用产业链。加强卫星融合应用技术开发,推动卫星应用与互联网、大数据、物联网等新兴产业融合发展,打造新产品、新技术、新业态,培育新的经济增长点,助力"大众创业、万众创新"。

(五)着力加强法律法规体系建设

加快推进以航天法立法为核心的法制航天建设,研究制定空间数据与应用管理条例、宇航产品与技术出口管理条例等法规,完善航天发射项目许可管理、空间物体登记管理、科研生产许可管理等法规,依法指导和规范各类航天活动,为航天强国建设提供有力法制保障。

加强国际空间法研究,积极参与外空国际规则制定。

(六)健全完善航天多元化投入体系

进一步明确政府投资范围,优化政府投资安排方式,规范政府投资管理,保持政府对航天活动经费支持的持续稳定。

进一步完善准入和退出机制,建立航天投资项目清单管理制度,鼓励引导民间资本和社会力量有序参与航天科研生产、空间基础设施建设、空间信息产品服务、卫星运营等航天活动,大力发展商业航天。

推动政府与社会资本合作,完善政府购买航天产品与服务机制。

(七)加快建设高水平航天人才队伍

完善人才培养、评价、流动、激励等机制,依托重大工程和重大项目,加强战略科学家、科技领军人才、企业家人才和高技能人才队伍建设,培养国际合作专业人才,形成一支结构合理、素质优良的航天人才队伍。

(八)大力开展航天科普教育

积极组织开展"中国航天日"系列活动,并充分利用"世界空间周""全国科技活动周"等平台,大力开展航天科普教育,普及航天知识,宣传航天文化,弘扬航天精神,激发全民尤其是青少年崇尚科学、探索未知、敢于创新的热情,吸引更多的优秀人才投身航天事业。

五、国际交流与合作

中国政府认为,和平探索、开发和利用外层空间及其天体是世界各国都享有的平等权利。世界各国开展外空活动,应有助于各国经济发展和社会进步,应有助于人类的和平与安全、生存与发展。

国际空间合作应遵循联合国《关于各国探索和利用包括月球和其他天体在内外层空间活动的原则条约》及《关于开展探索和利用外层空间的国际合作,促进所有国家的福利和利益,并特别要考虑到发展中国家的需要的宣言》中提出的基本原则。中国主张在平等互利、和平利用、包容发展的基础上,加强国际空间交流与合作。

(一)基本政策

中国政府在开展国际空间交流与合作中,采取以下基本政策:

——支持在联合国系统内开展和平利用外层空间的各项活动。

——支持政府间、非政府间空间组织为促进航天事业发展所开展的各项活动。

——加强基于共同目标、服务"一带一路"建设的双边和多边合作。

——支持亚太空间合作组织在区域性空间合作中发挥重要作用,重视在金砖国家合作机制、上海合作组织框架下开展空间合作。

——鼓励和支持国内科研机构、工业企业、高等院校和社会团体,在国家有关政策和法规的指导下,开展多层次、多形式的国际空间交流与合作。

(二) 2011 年以来的主要活动

2011 年以来,中国与 29 个国家、空间机构和国际组织签署 43 项空间合作协定或谅解备忘录,参与联合国及相关国际组织开展的有关活动,推进国际空间商业合作,取得丰硕成果。

1. 双边合作

——中国与俄罗斯在总理定期会晤委员会航天合作分委会机制下,签署《2013—2017 年中俄航天合作大纲》,积极推动在深空探测、载人航天、对地观测、卫星导航、电子元器件等领域合作。

——中国与欧洲空间局在中欧航天合作联合委员会机制下,签署《2015—2020 年中欧航天合作大纲》,明确在深空探测、空间科学、对地观测、测控服务、空间碎片、教育培训等领域开展合作,启动实施"太阳风与磁层相互作用全景式成像卫星"。圆满完成"龙计划"第三期科技合作。

——中国与巴西在中巴高层协调与合作委员会航天分委会机制下,持续开展中巴地球资源卫星合作,成功发射中巴地球资源 04 星,签署中巴地球资源 04A 星联合研制补充协定以及遥感卫星数据与应用合作协定,保持中巴地球资源卫星数据的连续性。在南非、新加坡升级改造中巴地球资源卫星数据接收站,扩大该卫星数据在区域和全球范围的应用,积极推进中巴空间天气联合实验室建设。

——中国与法国在中法航天合作联委会机制下,持续推进中法天文、中法海洋等卫星工程合作项目,签署关于空间与气候变化的合作意向书,推动空间技术应用于全球气候变化治理。

——中国与意大利成立中意航天合作联合委员会,稳步推进中意电磁监测试验卫星工程研制。

——中国与英国持续推进中英空间科学技术联合实验室建设,加强航天科技人才交流,启动中英遥感应用合作研究。

——中国与德国推动两国航天企业间对话,加强两国在航天高端制造领域的合作。

——中国与荷兰签署空间合作谅解备忘录,推动农业、水资源、大气环境等领域遥感应用合作,明确在"嫦娥四号"任务实施中搭载荷方有效载荷。

——中国与美国在中美战略与经济对话框架下,开展民用航天对话,明确在空间碎片、空间天气和应对全球气候变化等领域加强合作。

——中国与阿尔及利亚、阿根廷、比利时、印度、印度尼西亚、哈萨克斯坦等国签署航天合作协定,建立双边航天合作机制,明确在空间技术、空间应用、空间科学、教育培训等领域加强交流与合作。

2. 多边合作

——中国积极参加联合国和平利用外层空间委员会及其科技小组委员会、法律小组委员会的各项活动,积极参与外空活动长期可持续性等国际空间规则磋商,签署《中国国家航天局与联合国对地观测数据和技术支持谅解备忘录》,积极推动中国对地观测卫星数据在联合国平台上的共享与合作。

——中国积极支持联合国灾害管理与应急响应天基信息平台北京办公室开展相关工作。联合国在北京设立空间科学与技术教育亚太区域中心(中国),促进国际空间领域的人才培养。

——中国在亚太空间组织合作框架下,积极参与推动亚太空间合作组织联合多任务小卫星星座项目,成功举办以"'一带一路'助力亚太地区空间能力建设"为主题的亚太空间合作组织发展战略高层论坛,并发表北京宣言。

——中国与巴西、俄罗斯、印度、南非等国航天机构共同发起并积极推动金砖国家遥感卫星星座合作。

——启动实施中国－东盟卫星信息海上应用中心、澜沧江－湄公河空间信息交流中心建设等项目。

——中国积极参与机构间空间碎片协调委员会、空间与重大灾害宪章、地球观测组织等政府间国际组织的各项活动。成功举办第31届空间与重大灾害宪章理事会、第32届机构间空间碎片协调委员会等国际会议。

——中国积极参与全球卫星导航系统国际委员会活动,成功举办第7届全球卫星导航系统国际委员会大会,积极推动北斗系统与其他卫星导航系统兼容与互操作,推广普及卫星导航技术,与多个国家和地区开展卫星导航应用合作。

——中国积极参与国际宇航联合会、国际空间研究委员会、国际宇航科学院、国际空间法学会等非政府间国际组织和学术机构的各项活动,成功举办第64届国际宇航大会、2014年联合国/中国/亚太空间合作组织空间法研讨会、第36届国际地球科学与遥感大会等国际会议。在联合国空间应用项目框架下成功举办首届载人航天技术研讨会。

——中国积极参与全球防灾减灾国际事务协调,通过联合国灾害管理与应急反应天基信息平台、联合国亚洲及太平洋经济社会理事会、空间与重大灾害宪章等机制,为国际重大灾害救援工作提供了卫星数据支持和技术服务。

3. 商业活动

中国积极鼓励和支持企业参与空间领域国际商业活动,完成尼日利亚通信卫星、委内瑞拉遥感卫星一号、玻利维亚通信卫星、老挝一号通信卫星、白俄罗斯一号通信卫星等卫星出口和在轨交付,为土耳其蓝突厥2号地球观测卫星提供商业发射服务,成功搭载发射厄瓜多尔、阿根廷、波兰、卢森堡等国的小卫星,积极开展空间信息商业服务。

(三)未来五年重点合作领域

未来五年,中国将以更加积极开放的姿态,在以下重点领域广泛开展国际空间交流与合作:

——"一带一路"空间信息走廊建设,包括对地观测、通信广播、导航定位等卫星研制,地面和应用系统建设,应用产品开发等。

——金砖国家遥感卫星星座建设。

——亚太空间合作组织联合多任务小卫星星座和大学生小卫星项目建设。

——月球、火星等深空探测工程与技术合作。

——载人航天空间实验室、空间站建设及应用。
——空间科学卫星、遥感卫星、有效载荷等工程研制。
——数据接收站、通信关口站等地面基础设施建设。
——对地观测、通信广播、导航定位等卫星应用。
——空间科学探索研究。
——航天发射及搭载服务。
——航天测控支持。
——空间碎片监测、预警、减缓及防护。
——空间天气领域合作。
——卫星整星、卫星及运载火箭分系统、零部件、电子元器件、地面设施设备等产品进出口和技术合作。
——空间法律、空间政策、航天标准研究。
——航天领域人员交流与培训等。

结束语

当今世界,越来越多的国家高度重视并积极参与航天事业发展,航天技术已广泛应用于人们日常生活的方方面面,对人类社会生产生活方式产生重大而深远的影响。

和平探索和利用外层空间是人类不懈的追求。站在新的历史起点上,中国将加快推动航天事业发展,积极开展国际空间交流与合作,使航天活动成果在更广范围、更深层次、更高水平上服务和增进人类福祉,同各国一道,不断把人类和平与发展的崇高事业推向前进。

China's Space Activities in 2016

The State Council Information Office of the
People's Republic of China
December 2016

Contents
Preamble
I. Purposes, Vision and Principles of Development
II. Major Developments Since 2011
III. Major Tasks for the Next Five Years
IV. Policies and Measures for Development
V. International Exchanges and Cooperation
Conclusion

Preamble

Space activities make up one of the most challenging hi – tech fields which exert enormous impact on other fields. Space activities have greatly improved man's knowledge of space, and provide an important driving force for social progress. Currently, more and more countries, including developing ones, are making the development of space activities an important strategic choice. Thus space activities around the world are flourishing.

The Chinese government takes the space industry as an important part of the nation's overall development strategy, and adheres to the principle of exploration and utilization of outer space for peaceful purposes. Over the past 60 years of remarkable development since its space industry was established in 1956, China has made great achievements in this sphere, including the development of atomic and hydrogen bombs, missiles, man – made satellites, manned spaceflight and lunar probe. It has opened up a path of self – reliance and independent innovation, and has created the spirit of China's space industry. To carry forward this spirit and stimulate enthusiasm for innovation, the Chinese government set April 24 as China's Space Day in 2016.

"To explore the vast cosmos, develop the space industry and build China into a space power is a dream we pursue unremittingly." In the next five years and beyond China will uphold the concepts of innovative, balanced, green, open and shared development, and promote the comprehensive development of space science, space technology and space applications, so as to contribute more to both serving national development and improving the well – being of mankind.

To enable the world community to better understand China's space industry, we are publishing this white paper to offer a brief introduction to the major achievements China has made in this field since 2011, its main tasks in the next five years, and its international exchanges and cooperation efforts.

I. Purposes, Vision and Principles of Development

1. Purposes

To explore outer space and enhance understanding of the earth and the cosmos; to utilize outer space for peaceful purposes, promote human civilization and social progress, and benefit the whole of mankind; to meet the demands of economic, scientific and technological development, national security and social progress; and to improve the scientific and cultural levels of the Chinese people, protect China's national rights and interests, and build up its overall strength.

2. Vision

To build China into a space power in all respects, with the capabilities to make innovations independently, to make scientific discovery and research at the cutting edge, to promote strong and sustained economic and social development, to effectively and reliably guarantee national security, to exercise sound and efficient governance, and to carry out mutually beneficial international exchanges and cooperation; to have an advanced and open space science and technology industry, stable and reliable space infrastructure, pioneering and innovative professionals, and a rich and profound space spirit; to provide strong support for the realization of the Chinese Dream of the renewal of the Chinese nation, and make positive contributions to human civilization and progress.

3. Principles

China's space industry is subject to and serves the national overall development strategy, and adheres to the principles of innovative, coordinated, peaceful and open development.

—Innovative development. China takes independent innovation as the core of the development of its space industry. It implements major space science and technology projects, strengthens scientific exploration and technological innovation, deepens institutional reforms, and stimulates innovation and creativity, working to promote rapid development of the space industry.

—Coordinated development. China rationally allocates various resources, encourages and guides social forces to take an orderly part in space development. All space activities are coordinated under an overall plan of the state to promote the comprehensive development of space science, space technology and space applications, and to improve the quality and efficiency of overall space development.

—Peaceful development. China always adheres to the principle of the use of outer space for peaceful purposes, and opposes the weaponization of or an arms race in outer space. The country develops and utilizes space resources in a prudent manner, takes effective measures to protect the space environment to ensure a peaceful and clean outer space and guarantee that its space activities benefit the whole of mankind.

—Open development. China persists in combining independence and self-reliance with opening to the outside world and international cooperation. It actively engages in international exchanges and cooperation on the basis of equality and mutual benefit, peaceful utilization, and inclusive development, striving to promote progress of space industry for mankind as a whole and its long-term sustainable development.

II. Major Developments Since 2011

Since 2011 China's space industry has witnessed rapid progress manifested by markedly enhanced capacity in independent innovation and access to outer space, constant improvement in space infrastructure, smooth implementation of major projects such as manned spaceflight, lunar exploration, the Beidou Navigation System and high-resolution earth observation system, and substantial achievements in space science, technology and applications.

1. Space transportation system

From 2011 to November 2016 the Long March carrier rocket series completed 86 launch missions, sending over 100 spacecraft into target orbit with a success rate of 97.67 percent, indication of increasing effectiveness and high-density launching capability of carrier rockets. The Long March 5 (CZ-5), China's newest generation of carrier rockets with a maximum carrying capacity, made its maiden flight, and increased the diameter of liquid fuel rocket from 3.35 m to 5 m, with a maximum payload capacity of about 25 tons to low earth orbit and about 14 tons to geostationary transfer orbit, significantly improving the carrying capacity of the Long March rocket family and becoming a symbol of the upgrading of China's carrier rockets. The development of the 120-ton liquid oxygen and kerosene engine was test fired, which powered Long March 6 and Long March 7 on their maiden flights. The Long March 11, a solid-fuel carrier rocket, also made a successful maiden launch, further enriching the Long March rocket family.

2. **Man-made satellites**

(1) Earth observation satellites. The function of the Fengyun (Wind and Cloud), Haiyang (Ocean), Ziyuan (Resources), Gaofen (High Resolution), Yaogan (Remote-Sensing) and Tianhui (Space Mapping) satellite series and constellation of small satellites for environment and disaster monitoring and forecasting has been improved. The Fengyun polar orbit meteorological satellite has succeeded in networking observation by morning and afternoon satellites, while its geostationary earth orbit (GEO) meteorological satellite has formed a business mode of "multi-satellites in orbit, coordinated operation, mutual backup and real-time encryption." The Haiyang-2 satellite is capable of all-weather, full-time and high-accuracy observation of marine dynamic parameters such as sea height, sea wave and sea surface wind. The Ziyuan-1 02C satellite was launched, the Ziyuan-3 01 and 02 stereo mapping satellites have achieved double star networking and operating. The China High-resolution Earth Observation System

program has been fully implemented; the Gaofen – 2 is capable of sub – meter optical remote – sensing observation, the Gaofen – 3 has a Synthetic Aperture Radar (SAR) imaging instrument that is accurate to one meter and the Gaofen – 4 is China's first geosynchronous orbit high – resolution earth observation satellite. Satellite C of the environment and disaster monitoring and forecasting small satellite constellation has been put into use. The successful launching of the Kuaizhou – 1 and Kuaizhou – 2, which adopted integrated design of the satellite and the launch vehicle, has improved China's emergency response capability in space. The Jilin – 1, a high – resolution remote – sensing satellite for commercial use has been launched and put into service.

(2) Communications and broadcasting satellites. China has comprehensively advanced the construction of fixed, mobile and data relay satellite systems. The successful launch of communications satellites such as Yatai and Zhongxing represented the completion of a fixed communications satellite support system whose communications services cover all of China's territory as well as major areas of the world. The Tiantong – 1, China's first mobile communications satellite, has been successfully launched. The first – generation data relay satellite system composed of three Tianlian – 1 satellites has been completed, and high – speed communication test of satellite – ground laser link has been crowned with success. In addition, the development of the DFH – 5 super communications satellite platform is going smoothly.

(3) Navigation and positioning satellites. The Beidou Navigation Satellite System (Beidou – 2) has been completed, with the networking of 14 Beidou navigation satellites, officially offering positioning, velocity measurement, timing, wide area difference and short – message communication service to customers in the Asia – Pacific region. Beidou's global satellite navigation system is undergoing smooth construction.

(4) New technological test satellites. China has launched the Shijian -9 satellite series for technological experiments, providing an important way to test new technologies.

3. Manned spaceflight

In June 2012 and June 2013, the Shenzhou -9 and Shenzhou -10 manned spacecraft were launched to dock with the target spacecraft Tiangong -1. They used manual and automatic operations respectively, symbolizing breakthroughs for China in spacecraft rendezvous and docking technology and full success in its first operation of a manned space transportation system. In September and October 2016 the Tiangong -2 space laboratory and Shenzhou -11 manned spacecraft were launched and formed an assembly that operates steadily, with the mission of carrying out science and technology experiments in space, indicating that China has mastered technologies concerning astronauts' mid - term stay in orbit, and long - term ground mission support. Currently, China has mastered major space technologies such as manned space transportation, space extravehicular activity, space docking, operating in assembly and astronauts' mid - term stay in orbit.

4. Deep space exploration

In December 2012 the Chang'e -2 lunar probe made a successful observation trip over asteroid 4179 (Toutatis). In December 2013 the Chang'e -3 realized the first soft landing on the surface of an extraterrestrial body by a Chinese spacecraft and completed patrol and exploration on the surface of the moon. In November 2014 China achieved success in the reentry and return flight test of the third - phase lunar exploration engineering, indicating that China has mastered the key technology of spacecraft reentry and return flight in a speed close to second cosmic velocity.

The Lunar Exploration Program helped mankind to acquire a high

– resolution map of the moon and a high – definition image of Sinus Iridum, and conducted research of lunar surface morphology, lunar structure, elemental composition of the lunar surface, lunar surface environment, lunar space environment and moon – based astronomical observation.

5. Space launch sites

In June 2016 the Wenchang Launch Site held its first launch, marking a new – generation launch site designed and built by China. The site is environmentally friendly and made breakthroughs in innovation. Renovations have also been accomplished in the Jiuquan, Taiyuan and Xichang launch sites, forming a launch site network covering both coastal and inland areas, high and low altitudes, and various trajectories to satisfy the launch needs of manned spaceships, space laboratory core modules, deep space probes and all kinds of satellites.

6. Space Telemetry, Tracking and Command (TT&C)

The Tianlian – 1 data relay satellite series have achieved global networking and operating. The Yuanwang – 7, a spacecraft tracking ship has made its maiden voyage. Deep space TT&C stations have been built and put into use. China is constantly improving its space telemetry, tracking and command setups, and established a multi – functioning TT&C network featuring space, marine and ground integration with a proper scale. The flight control ability of spacecraft has been gradually improved, completing the TT&C missions of the Shenzhou spacecraft series, Tiangong – 1 target spacecraft, Chang'e lunar probe series and earth orbit satellites.

7. Space applications

(1) Application of earth observation satellites. The ground system and applications of earth observation satellites are improving, the fields and levels in which these satellites are used are expanding and the ap-

plication benefits are growing. The ground stations receiving data from land, ocean and meteorological observation satellites are operating based on comprehensive planning, a satellite data ground network with the capacity of receiving data from high – and low – orbit satellites and reasonable arrangement at home and abroad. China has also established, based on comprehensive planning, a ground data processing system for earth observation satellites, common application supporting platform, and multi – level network data distribution system, greatly increasing its ability in data processing, archiving, distribution, services provision and quantitative applications. Industrial application system building is in full swing, having completed 18 industrial and two regional application demonstration systems, and set up 26 provincial – level data and application centers. An integrated information service sharing platform for a high – resolution earth observation system has been built. Earth observation satellite data is now widely used in industrial, regional and public services for economic and social development.

(2) Application of communications and broadcasting satellites. The ground facilities such as TT&C station, gateway station, uplink station and calibration field of communications satellites have been improved. A satellite communications network and satellite radio and TV network of adequate scale to meet the needs of certain services have been built, further improving the communications service ability. These applications play an important role in radio and television services, distance education and telemedicine. The emergency satellite communications system has provided important support for the fight against flood and drought, for rescue and relief work, and for handling major emergencies.

(3) Application of navigation and positioning satellites. The Beidou Navigation Satellite System has significantly improved its accuracy

and reliability, bringing into play an independent, controllable, complete and mature Beidou industrial chain and the three systems of Beidou industrial guarantee, application promotion and innovation. The Beidou Navigation System is widely used in transportation, maritime fisheries, hydrological monitoring, weather forecasting, surveying and mapping, forest fire prevention, time synchronization of communication, power dispatching, disaster reduction and relief and emergency rescue, influencing all aspects of people's life and production, and injecting new vitality into global economic and social development.

(4) Transformation and application of space technology. A new business model featuring the Internet plus satellite applications is coming into being, providing more convenient and high-quality services to the public. Secondary development, transformation and applications of space technology make possible the provision of high-quality products and services to relevant industries, and help to support and propel the development of new materials, intelligent manufacturing and electronic information, among others.

8. Space science

(1) Space science satellites. China has successfully launched the Dark Matter Particle Explorer, Shijian – 10 and Quantum Science Experiment Satellite, offering important means for frontier scientific research.

(2) Space environment scientific experiments. China has carried out a series of space science experiments using space science satellites, Chang'e lunar probe, Shenzhou spacecraft series and Tiangong – 1 target aircraft, deepening the understanding of the mechanism of biological growth and materials preparation under the conditions of space microgravity and intense radiation, and achieving some influential research findings.

(3) Space environment detection and forecast. China has identi-

fied the space environment's major parameters and effects using space science satellites and the Shenzhou spacecraft series to provide space environmental monitoring and forecasting services for the safe operation of spacecraft.

9. **Space debris**

China has improved the monitoring and mitigation of and early warning and protection against space debris. It has also enhanced standards and regulations in this regard. The monitoring of and early warning against space debris have been put into regular operation, ensuring the safe operation of spacecraft in orbit. China has also made breakthroughs in protection design technologies, applying them to the protection projects of spacecraft against space debris. In addition, all Long March carrier rockets have upper stage passivation, and discarded spacecraft are moved out of orbit to protect the space environment.

III. Major Tasks for the Next Five Years

In the next five years China plans to expedite the development of its space endeavors by continuing to enhance the basic capacities of its space industry, strengthen research into key and cutting – edge technologies, and implement manned spaceflight, lunar exploration, the Beidou Navigation Satellite System, high – resolution earth observation system, new – generation launch vehicles and other important projects. Furthermore, the country is to launch new key scientific and technological programs and major projects, complete, by and large, its space infrastructure system, expand its space applications in breadth and depth, and further conduct research into space science, promoting the integrated development of space science, technology and applications.

1. **Space transport system**

We will develop and launch medium – lift launch vehicles which are non – toxic and pollution – free, improve the new – generation launch vehicle family, and enhance their reliability.

Endeavors will be made to research key technologies and further study the plans for developing heavy – lift launch vehicles. Breakthroughs are expected in key technologies for the overall system, high – thrust liquid oxygen and kerosene engines, and oxygen and hydrogen engines of such launch vehicles. Thereafter the heavy – lift launch vehicle project will be activated.

China will conduct research into the technologies for low – cost launch vehicles, new upper stage and the reusable space transportation system between the earth and low – earth orbit.

2. Space infrastructure

China is to improve its satellite systems and their basic related items, develop the three major satellite systems of remote – sensing, communications and broadcasting, and navigation and positioning, and build a space – ground integrated information network. In this way, a space infrastructure system capable of providing steady and sustained services will take shape, boosting the satellite and related applications industrial sector.

(1) Satellite remote – sensing system. In accordance with the policy guideline for developing multi – functional satellites, and creating networks of satellites and integrating them, we will focus on three series of satellites for observing the land, ocean and atmosphere, respectively. China is to develop and launch satellites capable of high – resolution multi – mode optical observation, L – band differential interferometric synthetic aperture radar imaging, carbon monitoring of the territorial ecosystem, atmospheric Lidar detection, ocean salinity detection and new – type ocean color observation. We will take steps to build our capabilities of highly efficient, comprehensive global observation and data acquisition with a rational allocation of low – , medium – and

high-spatial resolution technologies, and an optimized combination of multiple observation methods. China will make overall construction and improvement on remote-sensing satellite receiving station networks, calibration and validation fields, data centers, data-sharing platforms and common application supporting platforms to provide remote-sensing satellite data receiving services across the world.

(2) Satellite communications and broadcasting system. This system is oriented toward industrial and market applications, and mainly operates through business models while meeting public welfare needs. China will develop both fixed and mobile communications and broadcasting as well as data relay satellites, build a space-ground integrated information network consisting of space-based systems such as high-earth-orbit broadband satellite systems and low-earth-orbit mobile satellite systems, and ground-based systems such as satellite-access stations. TT&C stations, gateway stations, uplink stations, calibration fields and other satellite ground facilities are to be built synchronously. These efforts are expected to bring about a comprehensive system capable of providing broadband communications, fixed communications, direct-broadcast television, mobile communications and mobile multimedia broadcast services. A global satellite communications and broadcasting system integrated with the ground communications network will be established step by step.

(3) Satellite navigation system. China is to continuously enhance the service capacities of the Beidou-2. With sustained efforts in building the Beidou global system, we plan to start providing basic services to countries along the Silk Road Economic Belt and 21st-century Maritime Silk Road in 2018, form a network consisting of 35 satellites for global services by 2020, and provide all clients with more accurate and more reliable services through advancing the ground-based and satellite-based augmentation systems in an integrated way.

3. Manned spaceflight

China plans to launch the Tianzhou – 1 cargo spacecraft to dock with the earth – orbiting Tiangong – 2 space laboratory, and research and master key technologies for cargo transport and replenishment to accumulate experience in building and operating a space station.

We aim to complete the main research and development work on the space station modules, and start assembly and operation of the space station.

We strive to acquire key technologies and conduct experiments on such technologies to raise our manned spaceflight capacity, laying a foundation for exploring and developing cislunar space.

4. Deep – space exploration

China will continue its lunar exploration project, and strive to attain the automated extraterrestrial sampling and returning technology by space explorers. We plan to fulfill the three strategic steps of "orbiting, landing and returning" for the lunar exploration project by launching the Chang'e – 5 lunar probe by the end of 2017 and realizing regional soft landing, sampling and return. We will launch the Chang'e – 4 lunar probe around 2018 to achieve mankind's first soft landing on the far side of the moon, and conduct in situ and roving detection and relay communications at earth – moon L2 point. Through the lunar exploration project, topographic and geological surveys will be implemented and laboratory research conducted on lunar samples; geological survey and research as well as low – frequency radio astronomy observation and research will be carried out targeting the landing area on the far side of the moon for a better understanding of the formation and evolution of the moon.

China intends to execute its first Mars exploration operation, and grasp key technologies for orbiting, landing and roving exploration. It plans to launch the first Mars probe by 2020 to carry out orbiting and roving exploration. It will conduct further studies and key technological research on the bringing back of samples from Mars, asteroid exploration, exploration of the Jupiter system and planet fly – by exploration. When conditions allow, related projects will be implemented to conduct research into major scientific questions such as the origin and evolution of the solar system, and search for extraterrestrial life.

5. Experiments on new space technologies

China is to perform experiments on new space technologies to provide solid technological support for its space industry.

China will develop and launch technology experiment satellites, including the Shijian – 13, Shijian – 17 and Shijian – 18, and a global carbon dioxide monitoring satellite, and conduct experiments on key technologies for new electric propulsion, laser communications and common platforms of new – generation communications satellites. It plans to build in – orbit servicing and maintenance systems for spacecraft and make in – orbit experiments on new theories, technologies and products by tapping various resources.

6. Space launch sites

China will improve its existing space launch sites by raising the reliability and IT application level and conducting adaptive improvements to ground facilities and equipment, and increasing the complementarity of mission enforcement and backup capacities of space launch sites, equipping them with basic capacities to carry out various launch missions. It will explore and advance the building of space launch sites that are open to cooperation and sharing, form a new space launch system featuring rational division of work, mutual complementarity, smooth coordination, security and reliability. The integrated capacities and functions of space launch sites will be enhanced and exploited to meet various needs.

7. Space TT&C

China will enhance its existing space TT&C systems. It aims to build and operate a second – generation relay satellite system, raise the accuracy of the orbit determination process for spacecraft, improve its TT&C capabilities in managing in – orbit spacecraft, and strengthen integrated and efficient utilization of TT&C resources, to build a space – ground integrated TT&C network featuring security, reliability, quick response, flexible access, efficient operation and diverse services. It plans to explore the development of commercial TT&C systems, seek new service modes, and intensify international cooperation and networking in the field of TT&C, forming a new TT&C service pattern marked by openness and sharing.

8. Space applications

China will improve its space application service system oriented toward industries, regions and the public, expand integrated application of space information, and improve the application and marketing of scientific and technological results. Consequently, the scale, operational standards and industrialization level of space applications will be raised to serve national security and national economic and social development.

(1) Industrial applications. In view of the need for global land surveying and geographic information acquisition, resource development and environmental protection, maritime development and management, and the protection of related rights and interests, natural disaster prevention and reduction and emergency response, global climate change control, food security, social management and public services, China plans to consolidate the integrated application of space infrastructure, and enhance its ability to provide timely, accurate and steady services.

(2) Regional applications. In view of the need for regional urban planning, construction, operation management and social services, China will develop comprehensive satellite applications, such as new urbanization layout, and smart towns and smart transport applications, to serve the coordinated development of the eastern, central, western, northeastern parts of the country, collaborated development of Beijing, Tianjin and Hebei, building of the Yangtze River Economic Belt, and economic and social development of other regions in China. In addition, China will intensify its services oriented toward the nationally targeted poverty alleviation and eradication, and operate space information services targeting old revolutionary base areas, ethnic minorities regions, frontier areas, poverty – stricken areas and islands in the sea.

(3) Public services. Aiming at public information consumption and services, including smart tourism, broadcasting and TV, distance learning, telemedicine, and cultural communication, China is determined to develop smart terminals of satellite applications and wearable electronics, improve space information fusion applications, and advance the industrialization of space applications, fostering new growth points for the national economy.

9. Space science

Targeting major frontier areas of space science and technology, China will implement a series of new space science satellite programs, establish a series of space science satellites featuring sustainable development, and reinforce basic application research. Major discoveries and breakthroughs are expected in the frontier areas of space science to further mankind's knowledge of the universe.

(1) Space astronomy and space physics. China will seek evidence of the existence of dark matter by using dark matter particle exploration satellites to detect high – energy electrons and high – energy gamma rays in the universe. It plans to launch a hard X – ray modula-

tion telescope to study the matter dynamics and high – energy radiation processes in the strong gravitational field of compact celestial bodies and black holes. Relevant resources will be brought into play for research into large – scale structure and interaction models of solar wind and the magnetosphere, and response to magnetospheric substorm change process.

(2) Scientific experiments in space. The Shijian – 10 recoverable satellite, Chang'e probes, Shenzhou spacecraft, Tiangong – 2 space laboratory and Tianzhou – 1 cargo spacecraft are to be used to implement scientific experiments and research in biology, life sciences, medicine and materials in the space environment.

(3) Quantum experiments in space. Quantum experiment satellites are to be used to conduct experiments and research in the fields of quantum key transmission, quantum entanglement distribution, and quantum teleportation.

(4) Basic and applied research. China will carry out basic research into sun – earth space environment, space climate, and solar activity and its impact on space climate, and implement space – related interdisciplinary research as well. Comprehensive techniques will be developed for analyzing data from space observations on the properties of X – rays, the energy spectrum and spatial distribution of high – energy electrons and high – energy gamma rays, space physics, extraterrestrial celestial bodies, and the earth's electromagnetic field and ionosphere, to promote the application of space research findings.

10. Space environment

China will improve the standardization system for space debris, near – earth objects and space climate. It will enhance the space debris basic database and data – sharing model, and advance the development of space debris monitoring facilities, the early warning and emergency response platform and the online service system, through reinforcing integrated utilization of resources. The protection systems of spacecraft will be further strengthened. Furthermore, efforts will be made to improve the space environment monitoring system and to build a disaster early warning and prediction platform to raise our preventative capability. It will conduct studies on the building of facilities for monitoring near-earth objects, and put the plan into operation to elevate our capability to monitor and catalog such objects.

IV. Policies and Measures for Development

The Chinese government has formulated policies and measures to support the space industry and create favorable conditions for its sustainable, sound and rapid development.

The China National Space Administration is the government agency in charge of China's civil space activities and international space cooperation, and performs corresponding functions of administration.

1. Space activities rationally arranged

Priority is given to the construction and application of space infrastructure, alongside support for space exploration and space science research, in China's ongoing efforts to expand its capacity to enter and utilize space and enhance guarantee for space security.

2. Space innovation greatly enhanced

A number of major projects and scientific and technological programs have been implemented to promote significant progress of space science and technology, and enhance the overall level of China's science and technology.

The roles of various players are clearly defined in the formation of a framework of innovation featuring the coordinated efforts of the government, enterprises, universities, research institutions and consumers, and the creation of technical and industrial innovation partnerships, so as to shape a chain of innovation to match the overall industrial chain.

Efforts are being made to build a space research base and plan in advance strategic, fundamental and forward—looking research projects to tackle key technical problems, so as to substantially increase China's capacity for original innovation and create a state – of – art platform in this field.

The customization development of space technologies has been enhanced to put research findings into industrial production and lead national economic development.

3. Space industry capacity transformed and upgraded

Efforts are constantly being made to build an integrated and open system comprising system integrators, specialized contractors, market suppliers and public service providers, based on the national economy and covering all links from scientific research to production.

A project to reinforce space science infrastructure has got off the ground with the goal of removing the basic bottlenecks and obstacles concerning key materials, core spare parts and advanced technology, and improving such systems as standards and measurements.

Information technology has been further applied to make space industry capacity more digitalized, Internet – and artificial intelligence – based.

4. Satellite application industry accelerated

Industrial policies related to satellite application, and national standards and quality systems have been improved. Supportive mechanisms for satellite data sharing have been established and improved, and platforms for sharing satellite data and resources upgraded to create a satisfactory environment for the satellite application industry and boost the overall performance of satellite application.

Industrial clusters and markets for satellite application are being cultivated to improve the industrial chain. Development for integration application of satellite technologies is being encouraged to promote the integrated development of satellite application with the Internet, big data, Internet of Things and other emerging industries, so as to create new products, new technologies, new modes of business and new points of growth, and give impetus to the mass entrepreneurship and innovation.

5. Relevant legislative work strengthened

Efforts have been made to accelerate the formation of a legal system centering on the legislation of a national law to govern the space industry, including studying and formulating regulations on space data and their application management, the management of the export of astronautic products and technologies. The regulations in force on permits for space launch projects, registration of space – related items, and permits for scientific and technological research and production have been improved to guide and regulate various space – related activities in accordance with the law, which provides legal guarantee for building China's space industry.

China has undertaken studies of international space law, and actively participated in the formulation of international rules regarding outer space.

6. System of diverse funding improved

The scope of government investment is being clearly specified, the way in which such investment is arranged is optimized and investment management is regulated, and sustainable and steady government financial support for space activities is guaranteed.

The mechanism for market access and withdrawal has been improved. A list of investment projects in the space industry has been introduced for better management in this regard. Non-governmental capital and other social sectors are encouraged to participate in space-related activities, including scientific research and production, space infrastructure, space information products and services, and use of satellites to increase the level of commercialization of the space industry.

The government has increased its cooperation with private investors, and the mechanism for government procurement of astronautic products and services has been improved.

7. Training of professionals for the space industry strengthened

The mechanisms related to the training, assessment, flow of and incentives for professional personnel are being improved in an effort to form a well-structured contingent of highly qualified personnel in the course of construction of important projects and major programs, which consists of strategic scientists, leading researchers and technicians, entrepreneurs and high-caliber professionals, as well as experts in international cooperation.

8. Knowledge about space science disseminated

Events have been organized around "China Space Day," "World Space Week" and "Science and Technology Week" to disseminate knowledge and culture about space, promote the "Spirit of the Manned Space Program," inspire the nation, especially its young people, to develop an interest in science, explore the unknown and make innovations, and attract more people into China's space industry.

V. International Exchanges and Cooperation

The Chinese government holds that all countries in the world have equal rights to peacefully explore, develop and utilize outer space and its celestial bodies, and that all countries' outer space activities should be beneficial to their economic development and social progress, and to the peace, security, survival and development of mankind.

International space cooperation should adhere to the fundamental principles stated in the Treaty on Principles Governing the Activities of States in the Exploration and Use of Outer Space, Including the Moon and Other Celestial Bodies, and the Declaration on International Cooperation in the Exploration and Use of Outer Space for the Benefit and in the Interests of All States, Taking into Particular Account the Needs of Developing Countries. China maintains that international exchanges and cooperation should be strengthened on the basis of equality and mutual benefit, peaceful utilization and inclusive development.

1. Fundamental policies

The Chinese government has adopted the following fundamental policies with regard to international space exchanges and cooperation:

—Supporting activities regarding the peaceful use of outer space within the framework of the United Nations;

—Supporting all inter – governmental and non – governmental space organizations' activities that promote development of the space industry;

—Strengthening bilateral and multilateral cooperation which is based on common goals and serves the Belt and Road Initiative;

—Supporting the Asia – Pacific Space Cooperation Organization to play an important role in regional space cooperation, and attaching importance to space cooperation under the BRICS cooperation mechanism and within the framework of the Shanghai Cooperation Organization.

—Encouraging and endorsing the efforts of domestic scientific research institutes, industrial enterprises, institutions of higher learning and social organizations to develop international space exchanges and cooperation in diverse forms and at various levels under the guidance of relevant state policies, laws and regulations.

2. Major events

Since 2011 China has signed 43 space cooperation agreements or memoranda of understanding with 29 countries, space agencies and international organizations. It has taken part in relevant activities sponsored by the United Nations and other relevant international organizations, and supported international commercial cooperation in space. These measures have yielded fruitful results.

(1) Bilateral cooperation

—China and Russia signed the Outline of China – Russia Space Cooperation from 2013 to 2017 through the mechanism of the Space Cooperation Sub – committee during the Prime Ministers' Meeting between Russia and China. The two countries have actively promoted cooperation in deep space exploration, manned spaceflight, earth observation, satellite navigation, space – related electronic parts and components, and other areas.

—China and the European Space Agency (ESA) signed the Outline of China – ESA Space Cooperation from 2015 to 2020 within the mechanism of the China – Europe Joint Commission on Space Cooperation. The two sides have declared their determination to cooperate in deep space exploration, space science, earth observation, TT&C services, space debris, and space – related education and training, and launched the panoramic imaging satellite for solar wind and magnetosphere interaction. The two sides have completed cooperation on the Dragon 3 cooperation program.

—China and Brazil, through the mechanism of the Space Cooperation Sub – committee of the Sino – Brazilian High – level Coordination Commission, have conducted constant cooperation in the China – Brazil Earth Resources Satellite (CBERS) program. They successfully launched CBERS – 4, signed the Supplementary Agreement of China and Brazil on the Joint Development of CBERS – 04A and Cooperation

Agreement of China and Brazil on Remote – Sensing Satellite Data and Application, maintaining CBERS data consistency. The two countries also updated CBERS data receiving stations in South Africa and Singapore, expanding CBERS data application regionally and globally. They have worked together to set up the China – Brazil Joint Laboratory for Space Weather.

—China and France, within the mechanism of the Sino – French Joint Commission on Space Cooperation, have engaged in bilateral cooperation on astronomic, ocean and other satellite programs. The two countries have signed a letter of intent on space and climate change, and worked to promote the application of space technology in global climate change governance.

—China and Italy set up the Sino – Italian Joint Commission on Space Cooperation, and have steadily carried forward research and development of the China – Italy Electromagnetic Monitoring Experiment Satellite Program.

—China and Britain have promoted construction of a joint laboratory on space science and technology, upgraded their exchanges in space science and technology personnel, and launched cooperative studies on remote – sensing applications.

—China and Germany have promoted dialogue between their space industry enterprises, and strengthened cooperation in high – end space manufacturing.

—China and the Netherlands signed a memorandum of understanding on space cooperation, promoting cooperation in remote – sensing applications in agriculture, water resources and atmospheric environment, and stating that Chang'e – 4 would carry a Dutch payload in its mission.

—China and the United States, within the framework of the China – U.S. Strategic and Economic Dialogue, carried out a civil space dialogue, stating that the two countries would strengthen cooperation in space debris, space weather, response to global climate change, and related areas.

—China signed space cooperation agreements and established bilateral space cooperation mechanisms with Algeria, Argentina, Belgium, India, Indonesia, Kazakhstan to strengthen exchanges and cooperation in such areas as space technology, space applications, and space science, education and training.

(2) Multilateral cooperation

—China takes an active part in activities organized by the United Nations Committee on the Peaceful Uses of Outer Space and its Scientific and Technical Sub – committee and Legal Sub – committee, and negotiations on international space rules such as the long – term sustainability of outer space activities. It signed the Memorandum of Understanding between the China National Space Administration and the United Nations on Earth Observation Data and Technical Support, actively promoting data sharing and cooperation between China's earth observation satellites on the UN platform.

—China supports the relevant work of the Beijing office of the United Nations Platform for Space – based Information for Disaster Management and Emergency Response. The UN set up the Regional Center for Space Science and Technology Education in Asia and the Pacific (China) in Beijing to promote personnel training in the international space arena.

—Within the framework of the Asia – Pacific Space Cooperation Organization (APSCO), China actively participated in the APSCO Joint Small Multi – mission Satellite Constellation Program. It also organized the APSCO Development Strategy Forum with the theme of "the Belt and Road Initiative for Facilitating Regional Capacity Building of the Asia – Pacific Countries," at which the Beijing Declaration was adopted.

——China and the space agencies of Brazil, Russia, India, and South Africa co-sponsored and actively promoted cooperation in the BRICS remote-sensing satellite constellation.

——China launched the China-ASEAN Satellite Information Maritime Application Center, and Lancang-Mekong River Spatial Information Exchange Center.

——China actively participated in activities organized by the Inter-Agency Space Debris Coordination Committee (IADC), International Charter on Space and Major Disasters, Group on Earth Observations, and other intergovernmental organizations. It hosted the 31st Council of the International Charter on Space and Major Disasters, the 32nd Meeting of the IADC and other international conferences.

——China actively participated in activities organized by the International Committee on Global Navigation Satellite Systems (ICG) and held the Seventh ICG Conference. It actively improved the compatibility and interoperability of the Beidou system with other satellite navigation systems, popularized satellite navigation technology, and cooperated with a number of countries and regions in satellite navigation applications.

——China actively participated in activities organized by the International Astronautical Federation, International Committee on Space Research, International Academy of Astronautics, International Institute of Space Law, and other non-governmental international space organizations and academic institutes. It held the 64th International Astronautical Congress, 2014 United Nations / China / APSCO Workshop on Space Law, 36th International Conference on Earth Science and Remote-Sensing, and related international conferences. It also held the First Seminar on Manned Spaceflight Technology within the framework of the United Nations Program on Space Applications.

—China actively participated in the international coordination of global disaster prevention and reduction, and provided satellite data support and technical services for major international disaster – relief efforts through the United Nations Platform for Space – based Information on Disaster Management and Emergency Response, United Nations Economic and Social Commission for Asia and the Pacific, International Charter on Space and Major Disasters, and related mechanisms.

(3) Commercial activities

China encourages and supports Chinese enterprises to participate in international commercial activities in the space field. It has exported satellites and made in – orbit delivery of Nigeria's communications satellite, Venezuela's remote – sensing satellite – 1, Bolivia's communications satellite, Laos' communications satellite – 1 and Belarus' communications satellite – 1. In addition, it provided commercial launch service for Turkey's Göktürk – 2 earth observation satellite, and when launching its own satellites took on small satellites for Ecuador, Argentina, Poland, Luxembourg and other countries. It has also provided business services concerning space information.

3. Key areas for future cooperation

In the next five years China will, with a more active and open attitude, conduct extensive international exchanges and cooperation concerning space in the following key areas:

—Construction of the Belt and Road Initiative Space Information Corridor, including earth observation, communications and broadcasting, navigation and positioning, and other types of satellite – related development; ground and application system construction; and application product development.

—Construction of the BRICS remote – sensing satellite constellation.

—Construction of the APSCO Joint Small Multi – mission Satellite

Constellation Program and University Small Satellite Project Development.

—The Moon, Mars and other deep space exploration programs and technical cooperation.

—Inclusion of a space laboratory and a space station in China's manned spaceflight program.

—Research and development of a space science satellite, a remote – sensing satellite, payloads, etc.

—Construction of ground infrastructure such as data receiving stations and communications gateway stations.

—Satellite applications, including earth observation, communications and broadcasting, navigation and positioning.

—Exploration and research on space science.

—Launching and carrying services.

—Space TT&C support.

—Space debris monitoring, early warning, mitigation and protection.

—Space weather cooperation.

—Import and export of and technical cooperation in the field of whole satellites, sub – systems, spare parts and electronic components of satellites and launch vehicles, ground facilities and equipment, and related items.

—Research on space law, policy and standards.

—Personnel exchanges and training in the space field.

Conclusion

In the present – day world, more and more countries are attaching importance to and taking an active part in developing space activities. Moreover, space technology is being widely applied in all aspects of our daily life, exerting a major and far – reaching influence on social production and lifestyle.

It is mankind's unremitting pursuit to peacefully explore and utilize outer space. Standing at a new historical starting line, China is determined to quicken the pace of developing its space industry, and actively carry out international space exchanges and cooperation, so that achievements in space activities will serve and improve the well-being of mankind in a wider scope, at a deeper level and with higher standards. China will promote the lofty cause of peace and development together with other countries.

《中国北斗卫星导航系统》白皮书

国务院新闻办公室 2016 年 6 月 16 日发布

目录

前言
一、发展目标与原则
二、持续建设和发展北斗系统
三、提供可靠安全的卫星导航服务
四、推动北斗系统应用与产业化发展
五、积极促进国际合作与交流
结束语

前言

北斗卫星导航系统(以下简称北斗系统)是中国着眼于国家安全和经济社会发展需要,自主建设、独立运行的卫星导航系统,是为全球用户提供全天候、全天时、高精度的定位、导航和授时服务的国家重要空间基础设施。

20世纪后期,中国开始探索适合国情的卫星导航系统发展道路,逐步形成了三步走发展战略:2000 年年底,建成北斗一号系统,向中国提供服务;2012 年年底,建成北斗二号系统,向亚太地区提供服务;计划在2020年前后,建成北斗全球系统,向全球提供服务。

随着北斗系统建设和服务能力的发展,相关产品已广泛应用于交通运输、海洋渔业、水文监测、气象预报、测绘地理信息、森林防火、通信时统、电力调度、救灾减灾、应急搜救等领域,逐步渗透到人类社会生产和人们生活的方方面面,为全球经济和社会发展注入新的活力。

卫星导航系统是全球性公共资源,多系统兼容与互操作已成为发展趋势。中国始终秉持和践行"中国的北斗,世界的北斗"的发展理念,服务"一带一路"建设发展,积极推进北斗系统国际合作。与其他卫星导航系统携手,与各个国家、地区和国际组织一起,共同推动全球卫星导航事业发展,让北斗系统更好地服务全球、造福人类。

一、发展目标与原则

中国高度重视北斗系统建设,将北斗系统列为国家科技重大专项,支撑国家创新发展战略。

(一)发展目标

建设世界一流的卫星导航系统,满足国家安全与经济社会发展需求,为全球用户提供连续、稳定、可靠的服务;发展北斗产业,服务经济社会发展和民生改善;深化国际合作,共享卫星导航发展成果,提高全球卫星导航系统的综合应用效益。

(二)发展原则

中国坚持"自主、开放、兼容、渐进"的原则建设和发展北斗系统。

——自主。坚持自主建设、发展和运行北斗系统,具备向全球用户独立提供卫星导航服务的能力。

——开放。免费提供公开的卫星导航服务,鼓励开展全方位、多层次、高水平的国际合作与交流。

——兼容。提倡与其他卫星导航系统开展兼容与互操作,鼓励国际合作与交流,致力于为用户提供更好的服务。

——渐进。分步骤推进北斗系统建设发展,持续提升北斗系统服务性能,不断推动卫星导航产业全面、协调和可持续发展。

二、持续建设和发展北斗系统

中国始终立足于国情国力,坚持自主创新、分步建设、不断完善北斗系统。

(一)实施"三步走"发展战略

——第一步,建设北斗一号系统(也称北斗卫星导航试验系统)。1994年,启动北斗一号系统工程建设;2000年,发射2颗地球静止轨道卫星,建成系统并投入使用,采用有源定位体制,为中国用户提供定位、授时、广域差分和短报文通信服务;2003年,发射第三颗地球静止轨道卫星,进一步增强系统性能。

——第二步,建设北斗二号系统。2004年,启动北斗二号系统工程建设;2012年年底,完成14颗卫星(5颗地球静止轨道卫星、5颗倾斜地球同步轨道卫星和4颗中圆地球轨道卫星)发射组网。北斗二号系统在兼容北斗一号技术体制基础上,增加无源定位体制,为亚太地区用户提供定位、测速、授时、广域差分和短报文通信服务。

——第三步,建设北斗全球系统。2009年,启动北斗全球系统建设,继承北斗有源服务和无源服务两种技术体制;计划2018年,面向"一带一路"沿线及周边国家提供基本服务;2020年前后,完成35颗卫星发射组网,为全球用户提供服务。

(二)北斗系统的基本组成

北斗系统由空间段、地面段和用户段三部分组成。

——空间段。北斗系统空间段由若干地球静止轨道卫星、倾斜地球同步轨道卫星和中圆地球轨道卫星三种轨道卫星组成混合导航星座。

——地面段。北斗系统地面段包括主控站、时间同步/注入站和监测站等若干地面站。

——用户段。北斗系统用户段包括北斗兼容其他卫星导航系统的芯片、模块、天线等基础产品,以及终端产品、应用系统与应用服务等。

(三)北斗系统的发展特色

北斗系统的建设实践,实现了在区域快速形成服务能力、逐步扩展为全球服务的发展路径,丰富了世界卫星导航事业的发展模式。

北斗系统具有以下特点:一是北斗系统空间段采用三种轨道卫星组成的混合星座,与其他卫星导航系统相比高轨卫星更多,抗遮挡能力强,尤其低纬度地区性能特点更为明显。二是北斗系统提供多个频点的导航信号,能够通过多频信号组合使用等方式提高服务精度。三是北斗系统创新融合了导航与通信能力,具有实时导航、快速定位、精确授时、位置报告和短报文通信服务五大功能。

(四)持续提升北斗系统性能

为满足日益增长的用户需求,北斗系统将加强卫星、原子钟、信号体制等方面的技术研发,探索发展新一代导航定位授时技术,持续提升服务性能。

——提供全球服务。发射新一代导航卫星,研制更高性能的星载原子钟,进一步提高卫星性能与寿命,构建稳定可靠的星间链路;增发更多的导航信号,加强与其他卫星导航系统的兼容与互操作,为全球用户提供更好的服务。

——增强服务能力。大力建设地面试验验证系统,实现星地设备全覆盖测试验证;持续建设完善星基和地基增强系统,大幅提高系统服务精度和可靠性;优化位置报告及短报文通信技术体制,扩大用户容量,拓展服务区域。

——保持时空基准。北斗系统时间基准(北斗时),溯源于协调世界时,时差信息在导航电文中发播;推动与其他卫星导航系统开展时差监测,提高兼容与互操作。发展基于北斗系统的全球位置标识体系,推动北斗系统坐标框架与其他卫星导航系统的互操作,并不断精化参考框架。

三、提供可靠安全的卫星导航服务

中国承诺采取多项措施保障系统安全稳定运行,为用户免费提供连续、稳定、可靠的公开服务。

(一)保障北斗系统安全稳定运行

——完善运行管理机制。完善北斗系统空间段、地面段、用户段的多方联动的常态化机制,不断提高大型星座系统的运行管理保障能力。

——建立监测评估网络。建设全球连续监测评估系统,积极开展国际合作,广泛利用国际资源,对北斗系统星座状态、信号精度、信号质量和系统服务性能等进行全方位的监测和评估,为用户应用提供参考。

——采取冗余备份手段。采用卫星在轨、地面备份策略,避免和降低卫星突发在轨故障对系统服务性能的影响;采用地面设施的冗余备份设计,着力消除薄弱环节,增强系统可靠性。

(二)提供免费的公开服务

目前,正在运行的北斗二号系统发播 B1I 和 B2I 公开服务信号,免费向亚太地区提供公开服务。服务区为南北纬 55 度、东经 55 度到 180 度区域,定位精度优于 10 米,测速精度优于 0.2 米/秒,授时精度优于 50 纳秒。

(三)及时发布系统信息

——发布北斗系统公开服务信号文件,为全球研发北斗应用产品提供输入。目前,已发布 B1I、B2I 信号接口控制文件,定义了北斗二号系统卫星与用户终端之间的接口关系,规范了信号结构、基本特性、测距码、导航电文等内容;已发布公开服务性能规范,定义了北斗二号系统服务覆盖范围、精度、连续性、可用性等性能指标。后续,将结合北斗系统建设发展持续更新和发布。

——建立多渠道信息发布机制。适时召开新闻发布会,权威发布北斗系统发展重要信息;通过北斗官方网站(网址 www.beidou.gov.cn),及时更新系统建设、运行、应用、国际合作等方面最新动态;在采取可能影响用户服务的计划之前,向国际社会提前发布通告。

（四）保护卫星导航频谱使用

——依法保护卫星导航频谱。根据国家无线电频谱保护法律法规，保护北斗系统频谱使用，保障北斗系统运行和用户使用安全。

——坚决抵制有害干扰。严禁生产、销售或使用卫星导航非法干扰设备，依法查处任何影响系统运行和服务的恶意干扰行为。

四、推动北斗系统应用与产业化发展

中国积极培育北斗系统的应用开发，打造由基础产品、应用终端、应用系统和运营服务构成的北斗产业链，持续加强北斗产业保障、推进和创新体系，不断改善产业环境，扩大应用规模，实现融合发展，提升卫星导航产业的经济和社会效益。

（一）构建产业保障体系

——出台有关产业政策。中国已制定了卫星导航产业发展规划，对卫星导航产业中长期发展进行了总体部署，鼓励国家部门与地方政府出台支持北斗应用与产业化发展的有关政策。

——营造公平的市场环境。努力建立竞争有序的导航产业发展环境，提高资源配置效益和效率；鼓励并支持国内外科研机构、企业、高等院校和社会团体等组织，积极开展北斗应用开发，充分释放市场活力。

——加强标准化建设。2014年，成立了全国北斗卫星导航标准化技术委员会，建立并完善北斗卫星导航标准体系，推动标准验证与实施，着力推进基础、共性、急需标准的制（修）订，全面提升卫星导航标准化发展的整体质量效益。

——构建产品质量体系。着力建立健全卫星导航产品质量保障公共服务平台，积极推进涉及安全领域的北斗基础产品及重点领域应用产品的第三方质量检测、定型及认证，规范卫星导航应用服务和运营，培育北斗品牌。逐步建立卫星导航产品检测和认证机构，强化产品采信力度，促进北斗导航产品核心竞争力的全面提升，推动北斗导航应用与国际接轨。

——建设位置数据综合服务体系。基于北斗增强系统,鼓励采取商业模式,形成门类齐全、互联互通的位置服务基础平台,为地区、行业和大众共享应用提供支撑服务。

(二)构建产业应用推进体系

——推行国家关键领域应用。在涉及国家安全和国民经济发展的关键领域,着力推进北斗系统及兼容其他卫星导航系统的技术与产品的应用,为国民经济稳定安全运行提供重要保障。

——推进行业/区域应用。推动卫星导航与国民经济各行业的深度融合,开展北斗行业示范,形成行业综合应用解决方案,促进交通运输、国土资源、防灾减灾、农林水利、测绘勘探、应急救援等行业转型升级。鼓励结合"京津冀协同发展""长江经济带"以及智慧城市发展等国家区域发展战略需求,开展北斗区域示范,推进北斗系统市场化、规模化应用,促进北斗产业和区域经济社会发展。

——引导大众应用。面向智能手机、车载终端、穿戴式设备等大众市场,实现北斗产品小型化、低功耗、高集成,重点推动北斗兼容其他卫星导航系统的定位功能成为车载导航、智能导航的标准配置,促进在社会服务、旅游出行、弱势群体关爱、智慧城市等方面的多元化应用。

(三)构建产业创新体系

——加强基础产品研发。突破核心关键技术,开发北斗兼容其他卫星导航系统的芯片、模块、天线等基础产品,培育自主的北斗产业链。

——鼓励创新体系建设。鼓励支持卫星导航应用技术重点实验室、工程(技术)研究中心、企业技术中心等创新载体的建设和发展,加强工程实验平台和成果转化平台能力建设,扶持企业发展,加大知识产权保护力度,形成以企业为主体、产学研用相结合的技术创新体系。

——促进产业融合发展。鼓励北斗与互联网+、大数据、云计算等融合发展,支持卫星导航与移动通信、无线局域网、伪卫星、超宽带、自组织网络等信号的融合定位及创新应用,推进卫星导航与物联网、地理信息、卫星遥感/通信、移动互联网等新兴产业融合发展,推动大众创业、万众创新,大力提升产业创新能力。

五、积极促进国际合作与交流

中国将持续推动北斗系统国际化发展,积极务实开展国际合作与交流,服务"一带一路"建设,促进全球卫星导航事业发展,让北斗系统更好地服务全球、造福人类。

(一)加强与其他卫星导航系统的兼容共用

积极推动北斗系统与其他卫星导航系统在系统建设、应用等各领域开展全方位合作与交流,加强兼容与互操作,实现资源共享、优势互补、技术进步,共同提高卫星导航系统服务水平,为用户提供更加优质多样、安全可靠的服务。

(二)按照国际规则合法使用频率轨位资源

频率轨位资源是有限的、宝贵的自然资源,是卫星导航系统发展的重要基础。中国按照国际电信联盟规则,通过友好协商开展北斗系统频率轨位协调,积极参与国际电信联盟规则的研究制定及有关活动,并与有关国家合作拓展卫星导航频率资源。2000年以来,先后与20余个国家、地区和国际组织,300余个卫星网络进行了有效协调。

(三)持续推动北斗系统进入国际标准

进入国际标准是北斗系统融入国际体系的重要标志。中国高度重视并持续推动北斗系统进入国际标准化组织、行业和专业应用等国际组织。目前,积极推动北斗系统进入国际民用航空组织、国际海事组织、移动通信国际标准组织等,并鼓励企业、科研院所和高校参与卫星导航终端和应用标准的制定。2014年11月,北斗系统获得国际海事组织认可。

(四)积极参与国际卫星导航领域多边事务

北斗系统作为全球卫星导航系统核心系统之一,中国积极参与卫星导航国际事务,参加联合国全球卫星导航系统国际委员会(ICG)以及有关国际组织活动,促进学术交流与合作,贡献北斗力量,推动卫星导航应用。中国高度重视并积极参加联合国工作,2012年成功主办ICG第七届大会,发起国际监测与评估、应用演示与用户体验活动等倡议,促成各卫星导航系统联合发布服务世界的共同宣言;每年举办中国卫星导航学术年会,为世界卫星导航技术与应用发展发挥积极作用。

(五)大力推动卫星导航国际化应用

——加强宣传普及。持续开展"北斗行"系列宣传推广活动,推动建立北斗中心,让用户更好地了解北斗、感知北斗,已与多个国家合作建立北斗中心。成立北斗国际交流培训中心,搭建卫星导航教育培训演示平台,持续开展学历教育、暑期学校、短期培训班和研讨会等国际教育培训活动。

——推动实施国际化工程。鼓励开展国际卫星导航应用的政策、市场、法律、金融等领域的研究和咨询服务,提升国际化综合服务能力。服务"一带一路"建设,与全球有意愿的国家一起,共同建设卫星导航增强系统,提供高精度卫星导航、定位、授时服务,提升北斗系统海外服务性能,促进导航技术的国际化应用。通过构建高精度卫星导航、定位、授时服务运营服务平台,开展交通运输、大众旅游、海上应用、减灾救灾、精密农业等领域应用示范,带动大规模应用推广。

结束语

卫星导航系统是人类发展的共同财富,是提供全天候精确时空信息的空间基础设施,推动了知识技术密集、成长潜力大、综合效益好的新兴产业集群发展,成为国家安全和经济社会发展的重要支撑,日益改变着人类生产生活方式。

中国将坚定不移地实施北斗系统建设,不断提升系统性能,履行服务承诺。坚持开放合作,加强推广普及,着力促进卫星导航在全球的广泛应用,让卫星导航更好地惠及民生福祉、服务人类发展进步。

China's BeiDou Navigation Satellite System

The State Council Information Office of the
People's Republic of China
June 2016

Contents

Preface
Ⅰ. Goals and Principles of Development
Ⅱ. Development of the BDS
Ⅲ. Reliable and Safe Satellite Navigation Services
Ⅳ. BDS Application and Industrial Development
Ⅴ. International Cooperation and Exchanges
Conclusion

Preface

The BeiDou Navigation Satellite System (hereinafter referred to as the BDS) has been independently constructed and operated by China with an eye to the needs of the country's national security and economic and social development. As a space infrastructure of national significance, the BDS provides all-time, all-weather and high-accuracy positioning, navigation and timing services to global users.

In the late 20th century, China started to explore a path to develop a navigation satellite system suitable for its national conditions, and gradually formulated a three-step strategy of development: to complete the construction of the BDS-1 and provide services to the whole country by the end of 2000; to complete the construction of the BDS-2 and provide services to the Asia-Pacific region by the end of 2012; and to complete the construction of the BDS and provide services worldwide around 2020.

Along with the development of the BDS project and service ability, related products have been widely applied in communication and transportation, marine fisheries, hydrological monitoring, weather forecasting, surveying, mapping and geographic information, forest fire prevention, time synchronization for communication systems, power dispatching, disaster mitigation and relief, emergency search and rescue, and other fields. These products are gradually penetrating every aspect of social production and people's life, injecting new vitality into the global economy and social development.

Navigation satellite systems are public resources shared by the whole globe, and multi-system compatibility and interoperability has become a trend. China applies the principle that "The BDS is developed by China, and dedicated to the world" to serve the development of the Silk Road Economic Belt and the 21st Century Maritime Silk Road ("Belt and Road Initiative" for short), and actively pushes forward international cooperation related to the BDS. As the BDS joins hands with other navigation satellite systems, China will work with all other countries, regions and international organizations to promote global satellite navigation development and make the BDS better serve the world and benefit mankind.

I. Goals and Principles of Development

China lays store by the construction of the BDS, ranking it one of its national key technical projects that supports its innovative development strategy.

(I) Goals of Development

Building a world – class navigation satellite system to meet the needs of the country's national security as well as economic and social development, and providing continuous, stable and reliable services for global users; developing BDS – related industries to support China's economic and social development, as well as improvement of people's living standards; and enhancing international cooperation to share the fruits of development in the field of satellite navigation, increasing the comprehensive application benefits of Global Navigation Satellite System (GNSS).

(II) Principles of Development

China upholds the principles of "independence, openness, compatibility and gradualness" in the BDS construction and development.

—By "independence," it means to uphold independent construction, development and operation of the BDS, and acquire the capability to independently provide satellite navigation services to global users.

—By "openness," it means to provide open satellite navigation services free of charge, and encourage all – scale, multilevel and high – quality international cooperation and exchange.

—By "compatibility," it means to enhance BDS compatibility and interoperability with other navigation satellite systems, and encourage international cooperation and exchanges, so as to provide better services to users.

—By "gradualness," it means to carry out the BDS project step by step, enhance BDS service performance, and boost the development of satellite navigation industry in a comprehensive, coordinated and sustainable manner.

II. Development of the BDS

Based on its national conditions, China has independently developed the BDS step by step with constant improvement.

(I) Three – Step Strategy of Development

—The first step is to construct the BDS – 1 (also known as BeiDou Navigation Satellite Demonstration System). The project was started in 1994, and the system was completed and put into operation in 2000 with the launching of two Geostationary Earth Orbit (GEO) satellites. With an active – positioning scheme, the system provided users in China with positioning, timing, wide – area differential and short message communication services. The third GEO satellite was launched in 2003, which further enhanced the system's performance.

—The second step is to construct the BDS – 2. The project was started in 2004, and by the end of 2012 a total of 14 satellites – 5 GEO satellites, 5 Inclined Geosynchronous Satellite Orbit (IGSO) satellites and 4 Medium Earth Orbit (MEO) satellites—had been launched to finish the space constellation deployment. Based on a technical scheme which was compatible with the BDS – 1, the BDS – 2 added the passive – positioning scheme, and provided users in the Asia – Pacific region with positioning, velocity measurement, timing, wide – area differential and short message communication services.

—The third step is to construct the BDS. The project was started in 2009 to inherit the technical schemes of both active and passive services. The goal is to provide basic services to the countries along the Belt and Road and in neighboring regions by 2018, and to complete the constellation deployment with the launching of 35 satellites by 2020 to provide services to global users.

(II) Main Composition of the BDS

The BDS is mainly comprised of three segments: space segment, ground segment and user segment.

—The space segment. The BDS space segment is a hybrid navigation constellation consisting of GEO, IGSO and MEO satellites.

—The ground segment. The BDS ground segment consists of various ground stations, including master control stations, time synchronization/uplink stations, and monitoring stations.

—The user segment. The BDS user segment consists of various kinds of BDS basic products, including chips, modules and antennae, as well as terminals, application systems and application services, which are compatible with other systems.

(III) Characteristics of the BDS

The BDS development follows a model of developing regional service capacities, then gradually extending the service globally. This practice has enriched the development models for navigation satellite systems worldwide.

The BDS possesses the following characteristics: First, its space segment is a hybrid constellation consisting of satellites in three kinds of orbits. In comparison with other navigation satellite systems, the BDS operates more satellites in high orbits to offer better anti-shielding capabilities, which is particularly observable in terms of performance in the low-latitude areas. Second, the BDS provides navigation signals of multiple frequencies, and is able to improve service accuracy by using combined multi-frequency signals. Third, the BDS integrates navigation and communication capabilities for the first time, and has five major functions - real-time navigation, rapid positioning, precise timing, location reporting and short message communication services.

(IV) Improvement of BDS Performance

To meet the increasing user demand, BDS technical research and development in the areas of satellites, atomic clocks and signals will be strengthened, and a new generation of navigation, positioning and timing technologies will be explored to improve service performance.

——Providing global services. China will launch new – generation navigation satellites, develop airborne atomic clocks with enhanced performance, further improve the performance and lifetime of satellites, and build more stable and reliable inter – satellite links. It will broadcast additional navigation signals, and enhance the compatibility and interoperability with other navigation satellite systems, so as to provide better services for global users.

——Strengthening service capabilities. China will establish a grounded test and validation bed to accomplish the full coverage of tests and validation for space and ground equipment; continue to build and improve satellite based and ground based augmentation systems to substantially enhance BDS service accuracy and reliability; optimize the technical system of location reporting and short message communication to expand user volume and service coverage.

——Maintaining spatio – temporal reference. The BDT is related to the Coordinated Universal Time, and the time bias information is broadcast in the navigation message. China will push forward the clock bias monitoring with other navigation satellite systems, and improve their compatibility and interoperability. It will develop a BDS – based worldwide location identification system, increase the interoperability between BDS coordinate frame and that of other navigation satellite systems, and constantly refine the reference frame.

III. Reliable and Safe Satellite Navigation Services

China is committed to ensuring the safe and reliable operation of the BDS by taking multiple measures, and to providing continuous, stable and reliable open services to users free of charge.

(Ⅰ) Ensuring Safe and Reliable BDS Operations

—Improving the management mechanism on operation. Perfecting a normalized multi - party response mechanism for BDS space segment, ground segment and user segment. Continuously enhancing the capability of assurance to manage the operation of large - scale constellations.

—Establishing a GNSS monitoring and assessment network. Constructing an international GNSS Monitoring and Assessment System, actively implementing international cooperation, extensively exploiting international resources, carrying out monitoring and assessment of the constellation status, signal accuracy, signal quality and service performance of the BDS at every scale, and providing references for users' applications.

—Taking a redundant and backup approach. Adopting a satellite backup strategy both in - orbit and on - ground to reduce and avoid the effects of emergent in - orbit satellite fault affecting service performance. Redundant and backup design is adopted to enable ground facilities to eliminate weak links, and to enhance BDS reliability.

(Ⅱ) Providing Open Services Free of Charge

Currently, B1I and B2I open service signals are being broadcast by the operating BDS - 2 to provide open services to the Asia - Pacific region free of charge. The services cover an area extending 55 degrees North - 55 degrees South and 55 degrees East - 180 degrees East, with positioning accuracy less than 10 meters, velocity measurement accuracy less than 0.2 meter per second, and timing accuracy less than 50 nanoseconds.

(Ⅲ) Disseminating BDS Information in a Timely Manner

—Publishing BDS documents related to open services and signals to provide inputs for global BDS product development efforts. The Interface Control Document of B1I and B2I signals has been published, which defines the interface specifications between the BDS – 2 satellites and user terminals. It specifies the signal structures, basic characteristics, ranging codes, NAV messages and other contents. The Open Service Performance Standard has been published, which defines the service coverage area, accuracy, continuity, availability, and other performance indexes of the BDS – 2. In the future, related documents will be updated and published in step with BDS construction and development.

—Establishing a multi – channel information dissemination mechanism. China holds news conferences when appropriate to disseminate important information about BDS development, and releases the latest news of the system in a timely manner through the official BDS website (www. beidou. gov. cn) from the aspects of system construction, operation, application, and international cooperation. It also issues notifications worldwide in advance before carrying out plans which might affect user services.

(Ⅳ) Protecting the Utilization of Radio – Navigation Satellite Frequency Spectrum

—Protecting the radio – navigation satellite frequency spectrum according to law. China protects the utilization of BDS frequency spectrum, and ensures the safety of BDS operation and BDS users pursuant to the national laws and regulations regarding the radio frequency spectrum.

—Firmly rejecting harmful interference. China prohibits the production, sale and use of illegal interference devices, investigates and punishes in accordance with the law any hostile interference actions which affect the system operations and services.

IV. BDS Application and Industrial Development

China strives to enhance BDS application development, in an effort to build a BDS industrial chain which comprises the basic products, application terminals, application systems and operational services, keeps strengthening BDS – related industrial supporting, promotion and innovation systems, continuously improves the industrial environment, expands the application scale for integrated development, and increases the economic and social benefits of the satellite navigation industry.

(Ⅰ) Establishing an Industrial Supporting System

—Industrial policies. China has formulated development plans for the satellite navigation industry, making overall arrangement for medium – and long – term satellite navigation industrial development, and encourages competent departments and local governments to enact relevant policies to support BDS application and industrial development.

—Equitable market environment. China is making efforts to build a development environment for the satellite navigation industry marked by orderly competition, and increase the efficiency and effectiveness of resource allocation. It encourages and supports domestic and overseas organizations, including scientific research institutions, enterprises, colleges, universities and social organizations, to actively develop BDS applications, and fully release market vitality.

—Standardization process. In 2014 the National Technical Committee on BeiDou Satellite Navigation of Standardization Administration of China was established, and the BeiDou Satellite Navigation Standard System was set up, which has been constantly improved. China promotes the standards verification and implementation, and expedites the formulation and revision of standards which are fundamental, generally applicable and in urgent need, so as to enhance the quality and benefits of the procedure – based development of satellite navigation.

—Product quality system. China is working to establish and improve a public service platform for satellite navigation product quality assurance. It also actively promotes third-party quality test, type approval and authentication efforts of BDS basic products used in the security sector and application products in key fields. It is regularizing satellite navigation application services and operations, and cultivating the BeiDou brand. It aims to gradually establish satellite navigation product test and authentication institutions, strengthen admissibility of third-party certification, promoting the upgrading of the core competitiveness of BDS products on all scales, and pushing forward BDS applications in line with international conventions.

—Comprehensive service system of location data. China welcomes commercial operation to be introduced to help build the basic platform of location service based on its BDS augmentation systems, which will have extensive coverage of application fields and interconnections, and provide support services to different regions and industries and to public customers.

(Ⅱ) Establishing an Industrial Application Promotion System

—Application in key sectors. Great efforts are being made to promote the application of BDS technologies and products, which are compatible with other systems, in the key sectors related to national security and economy, to provide important assurance for the steady and safe running of the national economy.

—Industrial and regional applications. China is pushing forward close integration between satellite navigation and each industry in the national economy, carrying out demonstrations of BDS industrial applications, formulating comprehensive application solutions for industries, and promoting transformation and enhancement in the areas of transportation, national land resources, disaster prevention and reduction, agriculture, forestry and water conservancy, surveying and exploration, and emergency response and rescue. It encourages BDS regional application demonstrations to meet the requirements of the state strategies on regional development, such as the "Coordinated Development for the Beijing – Tianjin – Hebei Region," the building of "Yangtze River Economic Zone" and the development of smart cities. It is also promoting commercial and large – scale BDS applications, and enhancing BDS – related industries, as well as regional economic and social development.

　　—Mass market application. The goal is to produce miniaturized, low power – consuming and highly – integrated BDS – related products, oriented to the mass market in the sectors of smart phones, vehicle – borne terminals and wearable devices. The focus is on pushing forward the adoption of satellite navigation and positioning functions based on the BDS and other compatible systems as a standard configuration in the fields of vehicle – borne and intelligent navigation, and promoting diversified applications in social services, transportation, caring for vulnerable groups, and smart cities.

　　(Ⅲ) Establishing an Industrial Innovative System

　　—Research and development of basic products. To make breakthroughs in key technologies, China is developing chips, modules, antennae and other basic products based on the BDS and other compatible systems, and fostering an independent BDS industrial chain.

　　—Establishment of an innovation system. China encourages and supports the construction and development of key laboratories for satellite navigation application technologies, research centers of engineering (technology), technology centers of enterprises, and other innovative bodies, enhances the capacity of engineering experiment platforms and achievement transformation platforms, supports relevant enterprises, and makes more efforts to protect intellectual property rights, so as to form a technology innovation system which relies on the enterprise as the main body and combines the efforts of universities, research institutes and application.

—Integrated industrial development. China encourages the integrated development of the BDS and Internet +, big data, and cloud computing, supports the integrated positioning and innovative utilization of satellite navigation together with mobile communications, WLAN, pseudo - satellites, ultra - wide band and Ad Hoc Network signals, promotes integrated development of satellite navigation and emerging industries such as the Internet of Things, geographic information, satellite remote sensing and communication, and mobile Internet, and encourages people to start their own businesses and make innovations, so as to vigorously upgrade the innovation capability of the industry.

V. International Cooperation and Exchanges

China will push forward the international development of the BDS, actively carry out international cooperation and exchanges in this field, so as to serve the Belt and Road Initiative, promote the development of global satellite navigation, and enable the BDS to serve the world and benefit mankind better.

(Ⅰ) Strengthening Compatibility and Joint Applications with Other Navigation Satellite Systems

China actively pushes forward the cooperation and exchanges between the BDS and other navigation satellite systems in the fields of system construction and application from all perspectives, strengthening compatibility and interoperability, achieving resource sharing, complementarity and technology advancement, improving the services of navigation satellite systems, and providing users with more qualified, diversified, safe and reliable services.

(Ⅱ) Utilizing Frequency and Orbital Slot Resources According to International Rules

As limited and valuable natural resources, frequencies and orbital slots provide a critical foundation for the development of navigation satellite systems. Adhering to the International Telecommunication Union (ITU) rules, China works to facilitate coordination of BDS frequencies and orbital slots through negotiations, actively participates in the research and formulation of ITU rules and other relevant activities, and expands radio – navigation frequency resources through cooperation with other nations. Since 2000 China has held effective coordination activities on more than 300 satellite networks with more than 20 countries, regions and international organizations.

(Ⅲ) Promoting the Ratification of the BDS by International Standards

The ratification of the BDS by international standards is a milestone for the integration of the BDS into international systems. China spares no effort to get the BDS ratified by the International Organization for Standardization and other international organizations in the industrial and professional application sectors. Currently, positive efforts are being made to advance the recognition of the BDS in the International Civil Aviation Organization, International Maritime Organization, Third – Generation Mobile Communication Standard Partnership Project, and other organizations. China advocates the involvement of enterprises, scientific research, colleges and universities in the formulation of satellite navigation terminals and application standards. In November 2014 the BDS gained recognition from the International Maritime Organization.

(Ⅳ) Participating in Multilateral Activities in the Field of International Satellite Navigation

The BDS is one of the major GNSS providers, and China actively participates in international satellite navigation affairs, attends the activities held by the International Committee on Global Navigation Satellite Systems (ICG) and other relevant international organizations, supports academic exchanges and cooperation in this area, and promotes satellite navigation applications with the contribution of the BDS. China actively takes part in relevant tasks within the orbit of the United Nations, successfully held the Seventh Meeting of the ICG in 2012, when the proposals for the international GNSS Monitoring and Assessment and the BDS/GNSS Application Demonstration and Experience Campaign were initiated, and the Joint Statement of Global Navigation Satellite Systems for serving the whole was issued. The China Satellite Navigation Conference is held annually, and plays a positive role in the development of satellite navigation technologies and applications worldwide.

(V) Promoting International Satellite Navigation Applications

—To intensify publicity and popularization in this field, China has implemented the "BDS Tour" series of events, pushed forward the establishment of BDS Centers to enable better understanding of the BDS. BDS Centers have been jointly set up in a number of nations. The BeiDou International Exchange and Training Center has been opened, and a demonstration platform for education and training in the field of satellite navigation has been set up. In addition, academic education, summer schools, short-term training courses and symposiums, and other international education and training activities have been regularly held.

—To advance and implement internationalization projects, China is promoting research and consultancy services regarding the policies, markets, laws and finance related to international satellite navigation applications, and improving comprehensive international service capabilities. In line with the Belt and Road Initiative, China will jointly build satellite navigation augmentation systems with relevant nations, provide highly accurate satellite navigation, positioning and timing services, improve the overseas BDS service performances, and promote international applications of navigation technologies. China will also carry out application demonstrations in the fields of transportation, tourism, maritime application, disaster reduction and relief, and agriculture, and boost application on a large scale, through establishing an operation and service platform for highly accurate satellite navigation, positioning and timing services.

Conclusion

Navigation satellite systems are the common wealth of the development of mankind, and also a space infrastructure which can provide all-time precise time and space information. They promote the development of emerging industrial clusters that are technology- and knowledge-intensive with huge growth potentials and sound comprehensive benefits, thus becoming critical support for national security, economic and social development, and increasingly improve the people's production and living activities.

China will continue its BDS construction, improve the system performance, and fulfill its service commitments. It will persist in opening up and cooperation, promote the popularization in this field, strive to advance satellite navigation applications worldwide, and make satellite navigation better benefit the wellbeing of the people and the progress of mankind.

国家民用空间基础设施中长期发展规划(2015—2025)

国家发展改革委、财政部、国防科工局
2015年10月26日

民用空间基础设施是指利用空间资源,主要为广大用户提供遥感、通信广播、导航定位以及其他产品与服务的天地一体化工程设施,由功能配套、持续稳定运行的空间系统、地面系统及其关联系统组成。民用空间基础设施既是信息化、智能化和现代化社会的战略性基础设施,也是推进科学发展、转变经济发展方式、实现创新驱动的重要手段和国家安全的重要支撑。加快建设自主开放、安全可靠、长期连续稳定运行的国家民用空间基础设施,对我国现代化建设具有重大战略意义。

为全面推进国家民用空间基础设施健康快速发展,实现空间资源规模化、业务化、产业化发展,根据《中华人民共和国国民经济和社会发展第十二个五年规划纲要》、《"十二五"国家战略性新兴产业发展规划》等国民经济和社会发展的重大需求和相关总体要求,制定本规划。

一、现状与形势

(一)全球空间基础设施加速升级换代

目前,全球空间基础设施已进入体系化发展和全球化服务的新阶段。卫星遥感向地球整体观测和多星组网观测发展,逐步形成立体、多维、高中低分辨率结合的全球综合观测能力;卫星通信广播各类业务趋于融合并向宽带多媒体方向发展,下一代移动通信卫星星座正在加紧部署;卫星导航从美国主导的单一GPS(全球定位系统)时代迈向美国、俄罗斯、中国、欧洲四大全球系统和日本、印度两大区域系统竞相发展的新时代。全球卫星及应用产业快速增长,进入21世纪以来年均增长率保持10%以上。发展和完善自主的空间基础设施,日益成为发达国家和地区追求空间领域领先、抢占经济科技竞争制高点、发展新兴产业、维护安全利益的战略选择。

(二)我国空间基础设施正处于转型发展关键期

经过五十多年的建设,我国空间基础设施发展已基本建成完整配套的航天工业体系,卫星研制与发射能力步入世界先进行列,资源、海洋、气象、环境减灾等遥感卫星已具备一定的业务化服务能力,固定通信广播等卫星通信基本保障体系已建成,北斗卫星导航系统已提供区域服务,卫星应用成为国家创新管理、保护资源环境、提升减灾能力、提供普遍信息服务以及培育新兴产业不可或缺的手段。同时,我国空间基础设施正处于转型发展关键期,技术能力从追赶世界先进技术为主向自主创新为主转变,服务模式从试验应用型为主向业务服务型为主转变,行业应用从主要依靠国外数据和手段向主要依靠自主数据转变,发展机制从政府投资为主向多元化、商业化发展转变。把握转型发展机遇,加快民用空间基础设施建设,是适应发展需要、促进转型升级、培育高端产业的重大战略举措。

(三)经济社会发展对空间基础设施建设需求迫切

随着我国经济社会快速发展和航天技术不断进步,各领域、各部门对构建自主开放的民用空间基础设施提出了更加广泛和更为迫切的需要。国土、海洋、测绘、环境保护、民政、气象、农业、林业、水利、地震、交通、统计、公安、能源、住房城乡建设等领域对卫星遥感应用提出了多样化、精细化、高时效性观测需求,广电、教育、文化、医疗、通信、交通、外交、应急救灾等领域对卫星通信广播电视应用提出了广覆盖、大容量、高安全的需求,公共安全、交通运输、防灾减灾、农林水利、气象、国土资源、环境保护、公安警务、测绘勘探、应急救援等领域,对卫星导航应用提出了更高精度、更多融合的创新服务需求。

(四)统筹建设我国民用空间基础设施刻不容缓

无论是支撑能源资源开发、粮食安全、海洋权益维护、应对全球气候变化等国家重大战略,服务国土资源、防灾减灾、环境保护、农林水利、交通运输等国民经济重要领域的广域精细化应用,还是满足文化、教育、医疗等民生领域的高品质普遍信息服务和信息消费的迫切需求,都高度依赖于持续稳定运行的空间基础设施发展。随着我国新型工业化、信息化、城镇化、农业现代化快速推进,加快统筹建设民用空间基础设施、满足国民经济和社会发展的重大需求、提升我国航天产业竞争新优势的要求日益紧迫。

二、指导思想与发展原则

(一)指导思想

全面贯彻落实党的十八大和十八届二中、三中、四中全会精神,按照党中央、国务院的决策部署,面向国民经济和社会发展的重大需求,把握世界新科技革命和产业革命的机遇,避免重复规划建设,以统筹超前规划为引领,以技术创新为支撑,以机制改革为动力,以满足需求、提升应用效能和促进产业发展为根本目的,以协调集约建设、体系化发展和高效服务为主线,继承与发展并重、公益与商业服务并举,制定完善政策法规、创新发展模式、夯实产业基础,加速构建具有国际先进水平的国家民用空间基础设施体系,为我国现代化建设和经济社会可持续发展提供强有力的支撑。

(二)发展原则

1. 服务应用,统筹发展

坚持服务用户、统筹需求和能力、建设和应用、技术和产业、当前和长远发展,建立一星多用、多星组网、多网协同、数据集成服务的相关机制,充分利用国内外资源,优先满足战略性和共性需求,合理满足先导性和专用需求,巩固加强骨干卫星业务系统,按需发展新型业务系统,大力推进业务化应用。

2. 创新驱动,自主发展

坚持自主创新,着力突破核心关键技术,注重发展新技术、新系统和新应用模式,发挥科技的支撑与引领作用,实现技术研发与业务应用的有效衔接,有序推进国家民用空间基础设施建设和升级换代,不断满足新需求,形成主导发展能力。

3. 天地协调,同步发展

坚持天地一体化发展,空间系统与地面系统同步规划、同步研发、同步建设、同步使用,优化卫星载荷配置与星座组网,合理布局地面系统站网与数据中心,加强应用支撑服务能力和业务应用能力建设,提升系统整体效能。

4. 政府引导,开放发展

坚持国家顶层规划和统筹管理,制定完善卫星制造及其应用国家标准、卫星数据共享、市场准入等政策法规,建立健全民用空间基础设施建设、运行、共享和产业化发展机制。发挥市场配置资源的决定性作用,形成政府引导、部门协同、社会参与、国际合作的多元化开放发展格局,积极推进商业化和国际化发展。

三、发展目标

分阶段逐步建成技术先进、自主可控、布局合理、全球覆盖,由卫星遥感、卫星通信广播、卫星导航定位三大系统构成的国家民用空间基础设施,满足行业和区域重大应用需求,支撑我国现代化建设、国家安全和民生改善的发展要求。

"十二五"期间或稍后,基本形成国家民用空间基础设施骨干框架,建立业务卫星发展模式和服务机制,制定数据共享政策。

"十三五"期间,构建形成卫星遥感、卫星通信广播、卫星导航定位三大系统,基本建成国家民用空间基础设施体系,提供连续稳定的业务服务。数据共享服务机制基本完善,标准规范体系基本配套,商业化发展模式基本形成,具备国际服务能力。

"十四五"期间,建成技术先进、全球覆盖、高效运行的国家民用空间基础设施体系,业务化、市场化、产业化发展达到国际先进水平。创新驱动、需求牵引、市场配置的持续发展机制不断完善，有力支撑经济社会发展，有效参与国际化发展。

四、构建卫星遥感、通信广播和导航定位三大系统

通过跨系列、跨星座卫星和数据资源组合应用、多中心协同服务的方式，提供多类型、高质量、稳定可靠、规模化的空间信息综合服务能力，支撑各行业的综合应用。

（一）卫星遥感系统

按照一星多用、多星组网、多网协同的发展思路，根据观测任务的技术特征和用户需求特征，重点发展陆地观测、海洋观测、大气观测三个系列，构建由七个星座及三类专题卫星组成的遥感卫星系统，逐步形成高、中、低空间分辨率合理配置、多种观测技术优化组合的综合高效全球观测和数据获取能力。统筹建设遥感卫星接收站网、数据中心、共享网络平台和共性应用支撑平台，形成卫星遥感数据全球接收与全球服务能力。

1. 空间系统建设

主要包括陆地观测卫星系列、海洋观测卫星系列、大气观测卫星系列。

（1）陆地观测卫星系列

面向国土资源、环境保护、防灾减灾、水利、农业、林业、统计、地震、测绘、交通、住房城乡建设、卫生等行业以及市场应用对中、高空间分辨率遥感数据的需求，兼顾海洋、大气观测需求，充分利用资源卫星、环境减灾小卫星星座以及高分辨率对地观测系统重大专项等技术基础，进一步完善光学观测、微波观测、地球物理场探测手段，建设高分辨率光学、中分辨率光学和合成孔径雷达（SAR）三个观测星座，发展地球物理场探测卫星，不断提高陆地观测卫星定量化应用水平。

高分辨率光学观测星座。围绕行业及市场应用对基础地理信息、土地利用、植被覆盖、矿产开发、精细农业、城镇建设、交通运输、水利设施、生态建设、环境保护、水土保持、灾害评估以及热点区域应急等高精度、高重访观测业务需求，发展极轨高分辨率光学卫星星座,实现全球范围内精细化观测的数据获取能力。

中分辨率光学观测星座。围绕资源调查、环境监测、防灾减灾、碳源碳汇调查、地质调查、水资源管理、农情监测等对大幅宽、快速覆盖和综合观测需求,建设高、低轨道合理配置的中分辨率光学卫星星座,实现全球范围天级快速动态观测以及全国范围小时级观测。

合成孔径雷达(SAR)观测星座。围绕行业及市场应用对自然灾害监测、资源监测、环境监测、农情监测、桥隧形变监测、地面沉降、基础地理信息、全球变化信息获取等全天候、全天时、多尺度观测,以及高精度形变观测业务需求,发挥SAR卫星在复杂气象条件下的观测优势,与光学观测手段相互配合,建设高低轨道合理配置、多种观测频段相结合的卫星星座,形成多频段、多模式综合观测能力。

地球物理场探测卫星。围绕地震、防灾减灾、国土、测绘、海洋等行业对地球物理环境变化监测需求,发展电磁监测与重力梯度测量等技术,形成地球物理场探测能力,服务地震预报研究、全球大地基准框架建立等应用。

(2)海洋观测卫星系列

服务我国海洋强国战略在海洋资源开发、环境保护、防灾减灾、权益维护、海域使用管理、海岛海岸带调查和极地大洋考察等方面的重大需求,兼顾陆地、大气观测需求,发展多种光学和微波观测技术,建设海洋水色、海洋动力卫星星座,发展海洋监视监测卫星,不断提高海洋观测卫星综合观测能力。

海洋水色卫星星座。围绕海洋资源开发、生态监测、污染控制以及大尺度变化监测等应用,对海水叶绿素、悬浮泥沙、可溶性有机物以及赤潮、绿潮等海洋水色环境要素的大幅宽、全球快速覆盖观测需求,发展高信噪比的可见光、红外多光谱和高光谱等观测技术,建设上、下午星组网的海洋水色卫星星座,提高观测时效性。

海洋动力卫星星座。围绕海洋防灾减灾、资源开发、环境保护、海洋渔业、海上交通运输等应用,对海面高度、海面风场、海浪、海水温度、海水盐度等海洋动力环境要素的高精度获取需求,发展微波辐射计、散射计、高度计等观测技术,建设海洋动力卫星星座。

海洋环境监测卫星。围绕海域环境监测、海域使用管理、海洋权益维护和防灾减灾等应用对全天时、全天候、近实时监测需求,发展高轨凝视光学和高轨 SAR 技术,并结合低轨 SAR 卫星星座能力,实现高、低轨光学和 SAR 联合观测。

(3)大气观测卫星系列

面向各行业及大众应用对气象预报、大气环境监测、气象灾害监测以及全球气候观测、全球气候变化应对等大气观测需求,兼顾海洋、陆地观测需求,发展完善大尺度的主被动光学、主被动微波等探测能力,建设天气观测、气候观测两个卫星星座,同时建设大气成分探测卫星,与世界气象组织的相关卫星数据融合共享,形成完整的大气系统观测能力。

天气观测卫星星座。围绕天气精确预报、气象灾害预报需求,发展高轨高时间分辨率观测能力,通过光学、微波卫星组网,实现国土及周边区域天气分钟级观测能力。

气候观测卫星星座。围绕气候变化、气象灾害、数值天气预报等常态化监测需求,发展全球覆盖、多手段综合观测能力,建设由上、下午星和晨昏星组成的气候观测卫星星座。

大气成分探测卫星。围绕大气颗粒物、污染气体和温室气体探测需求,发展高光谱、激光、偏振等观测技术。

2. 地面系统建设。

地面系统主要包括遥感卫星接收站网、数据中心、共性应用支撑平台、共享网络平台。按照高效组网、协同运行、集成服务的要求,利用地面系统现有资源,统筹建设接收站网等地面设施,积极拓展境外建站,实现多站协同运行,统筹陆地、海洋、气象卫星数据中心服务,综合满足各领域业务需求。

(1)接收站网

统筹相关需求,推进陆地、海洋、大气观测卫星数据协调接收,在充分利用已有资源基础上,新建国内和极地等静轨、极轨接收天线,以及海上移动接收设施,实现全球数据的多站协同、一体化接收。

(2)数据中心

充分利用已有基础,统筹建设遥感卫星任务管理以及数据处理、存储、分发服务的基础设施,实现陆地、海洋、气象卫星数据中心的相互支持、互为补充、互为备份,推进卫星、数据、计算资源的高效利用和共享。

(3)共性应用支撑平台

共性应用支撑平台包括定标与真实性检验场网、共性技术研发公共支撑平台。定标与真实性检验场网协调各类卫星与数据产品服务需求,开展建设与运行,实现资源和数据的共享共用。定标场网结合星上定标、数字定标、交叉定标等多种手段,满足各类载荷性能标定需求。真实性检验场网与各行业观测系统紧密结合,主要依靠精度高、数据长期稳定的观测站与试验场组建。共性技术研发公共支撑平台主要针对标准规范、数据处理、共享服务、检验评价、仿真验证、基础数据库等共性技术,建设架构开放、信息集成共享的技术研发支撑能力与共性技术试验系统,有效促进共性技术服务与共享。

(4)共享网络平台

建设共享网络平台,有效连接三大数据中心及各层次应用系统,及时发布卫星运行状态和用户观测需求,高效利用各类计算与数据资源,广泛共享应用产品及技术,为广大用户提供业务化服务支撑。

(二)卫星通信广播系统

面向行业及市场应用,以商业化模式为主,保障公益性发展需求,主要发展固定通信广播卫星和移动通信广播卫星,同步建设测控站、信关站、上行站、标校场等地面设施,形成宽带通信、固定通信、电视直播、移动通信、移动多媒体广播业务服务能力,逐步建成覆盖全球主要地区、与地面通信网络融合的卫星通信广播系统,服务宽带中国和全球化战略,推进国际传播能力建设。

1. 空间系统建设

发展固定通信广播和移动通信广播卫星系列。

(1) 固定通信广播卫星系列

建设固定通信、电视直播和宽带通信三类卫星,为国土、周边区域及全球重点地区提供固定通信广播服务。

固定通信卫星。围绕电信、广播电视、海洋、石油等行业需求,在现有在轨卫星基础上,加快发展固定通信卫星系统,保持固定通信业务能力持续提升。

电视直播卫星。为实现广播电视直播到户,在现有卫星基础上,稳步发展电视直播卫星系统。

宽带通信卫星。为实现远程教育、远程医疗、防灾减灾信息服务、农村农业信息化、国际化发展等双向通信业务,发展宽带通信卫星系统,具备卫星广播影视和数字发行服务能力。

(2) 移动通信广播卫星系列

建设移动通信、移动多媒体广播两类卫星,基本实现移动通信业务的全球覆盖及移动多媒体广播业务的国土覆盖。

移动通信卫星。按照先区域、后全球的安排,建设移动通信卫星系统。建设区域移动通信卫星系统,开展行业和个人的语音、信息服务。在此基础上,建设全球移动通信卫星系统,基本实现全球移动通信覆盖。

移动多媒体广播卫星。为实现电信、广播电视、交通运输、应急减灾等行业移动多媒体广播,发展移动多媒体广播卫星系统。

此外,研制数据采集卫星(DCSS)技术验证系统。

2. 地面系统建设

根据空间系统发展需要,依托现有站网资源,对现有各类地面设施进行必要的更新改造,同步建设测控站、信关站、上行站、标校场等地面设施,充分发挥卫星系统效能。

(三) 卫星导航定位系统

卫星导航空间系统和地面系统建设已纳入中国第二代卫星导

航系统国家科技重大专项统一规划和组织实施。到 2020 年,建成由 35 颗卫星组成的北斗全球卫星导航系统,形成优于 10 米定位精度、20 纳秒授时精度的全球服务能力。

根据《国家卫星导航产业中长期发展规划》所确定的发展目标和任务,结合中国第二代卫星导航系统国家科技重大专项,积极提高北斗系统地面应用服务能力。统筹部署北斗卫星导航地基增强系统,整合已有的多模连续运行参考站网资源,建设国家级多模连续运行参考站网,提升系统增强服务性能,具备我国及周边区域实时米级/分米级、专业厘米级、事后毫米级的定位服务能力。综合集成地理信息、遥感数据、建筑、交通、防灾减灾、水利、气象、环境、区域界线等基础信息,建立全国性、高精度的位置数据综合服务系统。建设辅助定位系统,实现重点区域和特定场所室内外无缝定位。

五、超前部署科研任务

面向未来,瞄准国际前沿技术,围绕制约发展的关键瓶颈,超前部署科研任务,与相关国家科技计划有效衔接,发展新技术、创新新体制、建设新系统,主要技术指标达到国际先进水平,不断提升自主创新能力,支撑国家民用空间基础设施升级换代,培育和引领新需求。

(一)遥感卫星科研任务

以应用需求为核心,优先开展遥感卫星数据处理技术和业务应用技术的研究与验证试验,提前定型卫星遥感数据基础产品与高级产品的处理算法,掌握长寿命、高稳定性、高定位精度、大承载量和强敏捷能力的卫星平台技术,突破高分辨率、高精度、高可靠性及综合探测等有效载荷技术,提升卫星性能和定量化应用水平。创新观测体制和技术,填补高轨微波观测、激光测量、重力测量、干涉测量、海洋盐度探测、高精度大气成分探测等技术空白。

(二)通信广播卫星科研任务

围绕固定通信广播、移动通信广播等方面的新业务以及卫星性能提升的需求,发展高功率、大容量、长寿命先进卫星平台技术,研制高功率、大天线、多波束、频率复用等先进有效载荷,全面提升卫星性能,填补宽带通信、移动多媒体广播等方面的技术空白,促进宽带通信、移动通信技术升级换代。开展激光通信、量子通信、卫星信息安全抗干扰等先进技术研究与验证。

(三) 天地一体化技术研究

开展天地一体化系统集成技术、地面系统关键技术以及共性应用技术攻关,加强体系设计、仿真、评估能力建设,实现天地一体化同步协调发展,提高空间基础设施应用效益。

六、积极推进重大应用

鼓励各用户部门根据自身业务需求和特定应用目标,组合利用不同星座、不同系列的卫星和数据资源,构建本领域卫星综合应用体系,实现多源信息的持续获取和综合应用。积极开展行业、区域、产业化、国际化及科技发展等多层面的遥感、通信、导航综合应用示范,加强跨领域资源共享与信息综合服务能力,加速与物联网、云计算、大数据及其他新技术、新应用的融合,促进卫星应用产业可持续发展,提升新型信息化技术应用水平。

(一) 资源、环境和生态保护综合应用

针对资源开发、粮食安全、环境安全、生态保护、气候变化、海洋战略和全球战略等重大需求,在国土、测绘、能源、交通、海洋、环境保护、气象、农业、减灾、统计、水利、林业等领域开展综合应用示范,为资源环境动态监测、预警、评估、治理等核心业务和重大国情国力普查与调查,提供及时、准确、稳定的空间信息服务,支撑宏观决策,保障资源、能源、粮食、海洋、生态等战略安全。

(二) 防灾减灾与应急反应综合应用

面向防灾减灾与应急需求,围绕重特大自然灾害监测预警、应急反应、综合评估和灾后重建等重大任务,结合民政、地震、气象、海洋、能源、交通运输、城市市政基础设施、水利、农业、统计、国土、林业、环境保护等领域需求,开展地震灾害频发区、西南多云多雨山区地质灾害、西北华北干旱和寒潮、森林草原灾害、洪涝灾害频发区、城市灾害、东南沿海台风暴雨、赤潮、巨浪等典型灾害区域综合应用示范；推动建立城乡区域自然灾害监测评估、应急指挥信息通信服务和综合防灾减灾空间信息服务平台，提供基于时空信息和位置服务的灾害快速响应、业务协同和应急管理决策信息服务。

（三）社会管理、公共服务及安全生产综合应用

面向经济社会中安全生产、稳定运行的重大需求，围绕社会精细化管理，特别是市政公用、交通、能源、通信、民政、农业、林业、水利等基础设施安全运行和公共卫生突发事件响应等，开展综合应用示范，拓展空间基础设施在重点目标动态监测、预警和精细化管理中的应用，支持社会管理水平的有效提升。

（四）新型城镇化与区域可持续发展、跨领域综合应用

针对住房城乡建设、能源、交通、民政、环境保护等部门的业务管理和社会服务需求，开展新型城镇化布局、"智慧城市""智慧能源""智慧交通"及"数字减灾"卫星综合应用；重点面向西部地区可持续发展和普遍服务需求，开展区域卫星综合应用；面向京津冀、长三角、珠三角等地区区域生态环境保护、城镇化、再生资源开发利用、教育与医疗资源共享等需求，开展跨区域、跨领域综合应用。

（五）大众信息消费和产业化综合应用

为推动我国空间信息大众化服务与消费以及产业化、商业化发展，面向大众对空间信息的多层次需求，充分利用卫星遥感、卫星通信广播、卫星导航技术和资源，创新商业模式，挖掘、培育和发展大众旅游、位置服务、通信、文化、医疗、教育、减灾、统计等信息消费应用服务。扩大中西部等地面通信基础设施薄弱地区的卫星通信广播服务，开展信息惠民综合应用。

（六）全球观测与地球系统科学综合应用

适应全球化发展需要，加强国际合作，充分利用相关国际合作机制，推动虚拟卫星星座应用和全球性探索计划，开展全球变化、防灾减灾、人与自然、地球物理、空间环境、碳循环等地球系统前沿领域先导性研究、监测和应用，提升自主创新能力和国际影响力，为人类可持续发展做出贡献。

（七）国际化服务与应用

服务我国"走出去"和"一带一路"战略，构建集卫星遥感、卫星通信广播、卫星导航与地理信息技术于一体的全球综合信息服务平台，为全球测绘、全球海洋观测、全球资产管理、粮食安全与主要农产品生产监测、环境监测、林业与矿产资源监测、水资源监测、物流管理、安全与应急管理等提供服务。通过广泛开展国际合作，构建北斗全球广域增强系统，提高系统服务性能，提升北斗国际竞争力。面向综合减灾、应急救援、资源管理、智能交通等国际化应用，合作开发空间基础设施应用产品和服务，大力拓展国际市场，积极支持在地球观测组织框架内，推动卫星遥感数据的国际共享与服务。

七、政策措施

（一）完善政策体系

研究制定规范国家民用空间基础设施管理、建设、运行、应用的相关政策和国家卫星遥感数据政策，建立和完善政府购买商业卫星遥感数据及服务的政策措施，逐步开放空间分辨率优于0.5米级的民用卫星遥感数据，促进卫星数据开放共享和高效利用。完善直播卫星电视产业化政策。制定应用北斗卫星导航系统及其兼容技术与产品的政策和标准。建立民用卫星频率和轨道资源统筹申请和储备机制。

（二）推动多元化投资和产业化应用

支持民间资本投资卫星研制和系统建设，增强发展活力。支持各类企业开展增值产品开发、运营服务和产业化应用推广，形成基本公共服务、多样化专业服务与大众消费服务互为补充的良性发展格局。

（三）加大财税金融政策支持

在整合现有政策资源、充分利用现有资金渠道的基础上，建立持续稳定的财政投入机制，支持业务卫星体系建设、科研卫星研制、共性关键技术研发以及重大共性应用支撑平台建设，支持和引导行业与区域的重大应用示范。鼓励金融机构创新金融支持方式,加大对空间基础设施建设和应用的信贷支持。完善和落实鼓励创新的税收支持政策。

(四)强化创新驱动

加快建立和完善技术创新体系,加强重点实验室、工程中心等创新平台建设,提高原始创新、集成创新和引进消化吸收再创新能力。加强天地一体化的卫星技术和应用模式创新,通过国家科技计划超前部署共性技术攻关,着力推动核心关键元器件、有效载荷、应用技术等重点领域和关键环节创新发展,鼓励开放竞争,提升自主发展能力,推动高水平技术和产品的快速应用,促进卫星与业务应用的深度融合,提高服务水平。加快建立和完善卫星研制、终端设备、数据产品和信息服务领域相关技术标准体系。

(五)鼓励国际化发展

研究制定国际化发展的具体措施,促进国内国外两种资源、两个市场的开发利用。加强国际协调工作,积极参与相关国际组织和重要国际规则及标准的制定。积极拓展国际合作渠道,加强技术研发、卫星研制、系统建设、数据应用等领域的国际合作。鼓励和支持构建国际合作综合服务平台,大力推动卫星、数据及其应用服务出口,提高国际化服务能力和应用效益。

八、组织实施

(一)明确责任分工

发展改革委、财政部、国防科工局会同有关部门和单位,研究落实民用空间基础设施规划各项任务的责任分工,建立各部门分工负责机制,组织协调规划实施中的重大问题,强化规划的约束作用,防止重复规划投资建设。发展改革委、财政部负责落实业务卫星经费渠道,保障业务卫星体系发展任务的落实。财政部、国防科工局组织优化和完善科研卫星投入机制,保障科研任务的落实。对以国家投资为主的遥感卫星,由发展改革委、国防科工局会同有关部门研究建立以主用户为代表的用户管理委员会负责制,充分吸纳相关用户需求,参与系统的论证、建设、运行管理和效益评估,推动应用卫星高效利用。有关应用部门负责将应用系统建设和运行纳入其业务发展规划,适度超前部署。

(二)落实投资主体

发展改革委、财政部、国防科工局要会同有关部门,根据规划任务的性质,研究落实相应的投资主体。科研、公益类卫星及地面系统建设运行以国家投资为主,公益与商业兼顾类项目实行国家与社会投资相结合,商业类项目以社会投资为主。加快落实实施主体和项目法人,鼓励并支持有资质的企业投资建设规划内的卫星,积极推进公益类卫星的企业化运营服务。

(三)加快工程建设

国防科工局会同有关部门,按照规划部署,做好与国家科技重大专项等相关规划的有效衔接,加快科研卫星立项和研制,加强效能评估,及时开展业务应用。发展改革委会同有关部门,抓紧推进"十二五""十三五"时期业务卫星建设任务,确保骨干业务系统连续运行,优先部署业务化需求旺盛、应用技术成熟且有业务化应用基础的应用卫星。发展改革委会同有关部门,加强天地一体化协调统筹,同步开展地面系统建设和典型应用示范,保障业务卫星及其应用协同发展。发展改革委、国防科工局会同有关部门,加快完成中国陆地观测卫星数据中心实体化,推动陆地、海洋、气象卫星数据中心的协同运行,促进资源共享。发展改革委会同有关部门,加快共性应用支撑平台统筹建设,积极促进各行业应用系统建设与发展。

(四)加强监督评估

发展改革委、财政部、国防科工局牵头研究建立国家民用空间基础设施监督评估和效能评价机制,定期开展跟踪分析、监督检查,适时开展规划执行及应用效益第三方评估,及时研究解决规划实施中出现的新情况、新问题,重大问题及时向国务院报告。在规划实施中期,由发展改革委、财政部、国防科工局组织对后续任务开展深化论证,根据技术进步、发展需要和空间资源状况,结合规划执行评估情况,进一步优化后续任务工作方案,调整落实建设任务。

民用卫星工程管理暂行办法

科工一司〔2016〕986号

第一章 总 则

第一条 为规范民用卫星工程管理,加强航天行业监管,落实国务院《国家民用空间基础设施中长期发展规划(2015—2025年)》要求,充分发挥卫星工程的投资和应用效益,制定本办法。

第二条 本办法适用于全部或部分使用中央财政资金,由国务院或国家有关部门批准立项的民用科研卫星、业务卫星等工程项目。

第三条 遵循科学公正、规范高效、权责清晰、注重实效原则,加强过程控制和里程碑考核,统一研制建设流程、质量监督管理和标准规范体系,实现空间和地面资源健康协调发展。

第四条 民用卫星工程一般由卫星系统、运载火箭系统、发射场系统、测控系统、地面系统、应用系统等六大系统组成,一般分为立项论证、方案、初样、正样、在轨测试交付与总结评价等阶段。技术成熟度较高的卫星工程,可简化相应研制流程。

第五条 民用卫星工程管理指从论证到卫星退役全过程有关活动的管理,主要包括综合论证、工程立项、总体设计、系统协调、研制生产、发射测控、在轨测试、交付运行、总结评价、离轨处置等。

第二章 工程组织管理

第六条 国防科工局会同国家有关综合部门、用户部门、研制建设部门和发射测控部门,建立民用卫星工程管理部门间协调机制。

国防科工局负责卫星工程组织管理和大总体协调,根据需要明确工程大总体支撑单位,具体承担实施方案优化、工程研制建设组织和跨部门、跨系统事项的组织协调。

第七条 用户部门负责卫星工程应用需求论证、应用系统建设运行、卫星业务应用组织管理等。地面建设单位负责地面系统建设和管理。发射测控部门负责卫星发射、测控和相关在轨长期管理等任务组织实施。星箭研制单位负责所承担工程任务的组织实施。

第八条 按照《国家国防科技工业局型号研制领导人员管理规定》,建立工程"两总"系统。民用卫星工程设工程总师,重大工程视需要设工程总指挥。工程总师负责工程总体设计、系统接口和天地一体化协调、重大技术问题决策等工作。工程各大系统设型号"两总",负责本系统各项工作组织实施。

第九条 建立国家民用卫星用户委员会,形成工作协调机制,负责卫星应用需求综合和跨部门协调,对卫星在轨应用及效益进行评估,加强卫星在轨使用需求统筹,提高资源综合利用效率。

第十条 民用卫星工程应按照国际电信联盟无线电规则及国内无线电管理相关规定,通过工业和信息化部向国际电信联盟申报卫星频率轨道资源。

在工程项目立项论证阶段,同步开展卫星频率和轨道资源可用性论证,分析拟使用资源的可行性,评估潜在风险,提出风险控制方案。频率轨道申请者负责频率轨道资源申报协调和运行维护,在申请发射许可前向工业和信息化部申请并获得卫星网络空间电台执照。

第十一条 民用航天发射项目实行许可证管理制度。卫星最终所有者或工程项目总承包方按照行政许可规定和《民用航天发射项目许可证管理暂行办法》,在预定发射月的9个月之前,向国防科工局提交发射项目许可申请,获得航天发射项目许可证后方可实施发射。搭载发射的民用、商用航天器也须办理发射许可。

第十二条 国家实行空间物体登记制度。在我国境内发射的所有空间物体,以及我国在境外发射的空间物体,由空间物体的最终所有者或实际使用、控制者按照《空间物体登记管理办法》进行国内登记。

第十三条 国防科工局监督管理民用航天器、运载器空间碎片减缓与安全防护工作,组织制定相关管理办法和标准。在工程研制、发射和在轨运行过程中,有关单位应按《空间碎片减缓与防护管理办法》要求,履行空间碎片减缓责任。

第十四条 国防科工局会同相关部门制定国家卫星遥感等数据政策及法规,加强卫星数据共享,提高卫星资源利用效率。

第十五条 国防科工局会同相关部门推进标准规范体系建设和标准规范制定发布。加强地面、应用、卫星数据等标准制定,开展国内、国际标准对接。研制建设单位在工程研制建设和运行中严格执行标准规范。

第十六条 具备条件的卫星工程推行合同制管理,鼓励卫星工程开展择优竞争,探索实行监理制。

第十七条 国防科工局(国家航天局)负责卫星工程对外交流与合作、国际公约和协定的谈判及履约等有关工作,代表中国政府签署政府间、部门间合作协议,牵头组织开展技术研发、工程研制、系统运行、应用推广等多种形式的国际合作。

第十八条 民用卫星工程保密工作按工程任务分工各负其责,工程组织实施和管理应严格遵守《中华人民共和国保守国家秘密法》及有关规章制度。新闻宣传由国防科工局归口管理,涉及工程关键指标、敏感事项等须事先报国防科工局审查。

第三章 工程项目实施

第十九条 依据航天发展五年规划、国家民用空间基础设施中长期发展规划,牵头主用户部门会同研制建设主管部门编报科研卫星工程需求与任务报告,牵头主用户部门协调其他用户部门编报业务卫星使用要求。

第二十条　国防科工局组织开展民用卫星工程体系效能优化设计,对具备立项条件的科研卫星工程,启动工程立项综合论证和研制保障条件论证,组织编制工程大总体方案,开展工程立项大总体协调,形成综合协调意见,作为工程立项审批的依据。

第二十一条　研制建设部门联合牵头主用户部门编报卫星工程项目建议书和工程实施大纲。国家民用空间基础设施科研、业务卫星工程立项由国防科工局、发展改革委会同财政部分别负责审批。其他民用卫星工程项目审批按相关办法执行。

第二十二条　科研卫星工程项目可行性研究报告由研制建设部门牵头,业务卫星工程项目可行性研究报告、初步设计由主用户部门牵头,会同工程各大系统有关单位编制,按程序报批。

第二十三条　工程大总体组织开展工程大系统间接口、重大事项协调,加强技术状态控制和管理,组织研制建设进展检查,会同各大系统编制工程研制建设总要求、卫星和运载火箭合练大纲、飞行(试验)大纲、在轨测试大纲、工程技术手册等大总体技术文件,经大总体协调和工程"两总"审查,国防科工局审定后印发实施。

第二十四条　工程大总体组织地面系统、应用系统与卫星工程其他大系统间的技术接口、产品标准、计划进度、数据接口等的协调,有条件的主要用户部门参与承担大总体协调相关工作。地面系统、应用系统按现有渠道申报,与工程研制建设同步或适度超前部署,实现天地一体化协调发展、协同运行。

第二十五条　研制建设单位按批复和工程大总体要求,组织开展工程各阶段研制建设工作,对所承担任务的技术、质量、进度、经费等负责,确保达到任务要求,会同用户部门组织转阶段审查,并将本阶段工作总结和下阶段工作计划报国防科工局备案。重大工程项目研制转阶段由国防科工局组织。

第二十六条　利用运载火箭富余运载能力开展卫星搭载发射,对于符合搭载条件的项目,在项目可行性研究报告阶段,由搭载发射申请单位提出并纳入工程论证,经工程大总体审查通过后,按民用航天工程搭载发射相关规定执行。

第二十七条 研制建设单位按照质量和可靠性管理规定开展工程项目组织实施,建立质量管理体系并保持有效运行,逐级落实责任,制定产品(质量)保证大纲,加强复核复审,加强关键件、重要件和外协、外购产品的质量管控,对所承担的工程任务和产品质量全过程负责。对影响工程成败、风险较大的关键环节和产品、技术等,应组织第三方开展独立评估或设计复核复算。

第二十八条 工程各大系统按进度要求组织开展工程研制建设,加强全任务周期内技术进度风险识别与管理控制,制定应对措施并定期评估。工程项目出现拖期的按批复和合同要求处理;拖期超过6个月的,研制建设单位出具书面报告,根据实际情况视情调整或通报。

第二十九条 卫星、运载火箭研制建设部门会同主用户部门于星箭出厂前一个月报送出厂请示。依据《卫星与运载火箭出厂审定程序》,国防科工局会同相关部门组织卫星、运载火箭出厂审定。

第三十条 发射测控部门负责发射场系统和测控系统任务准备、卫星发射、工程测控组织实施。

第三十一条 研制建设部门、用户部门严格执行重大质量问题和事故报告制度。工程研制、发射及卫星在轨运行中出现重大质量问题和应急事故,相关部门按预案妥善处置,同时须在12小时内报国防科工局。

第三十二条 研制建设单位严格执行航天质量问题"双五条"归零标准和要求,及时完成质量问题归零。在转阶段、出厂前等关键节点,对归零措施、待办事项、举一反三等落实情况进行逐项检查,确保工作闭环有效。

第三十三条 工程研制建设、运行应用、资金使用、项目调整等严格按国家规定执行。对工程目标、质量、进度、经费有影响的调整,经工程大总体组织审查、项目审批部门同意后方可实施。国防科工局会同有关部门对项目实施情况进行监督检查,通报检查结果,对违反规定的单位和个人依法依规处理。

第四章 工程总结评价

第三十四条 卫星发射入轨后,工程大总体、主用户部门会同相关部门和单位组织开展卫星在轨测试。卫星通过在轨测试后,国防科工局会同相关部门组织卫星交付使用。

第三十五条 为促进卫星应用水平和地面系统运行效率提升,在卫星交付使用后,用户部门组织开展工程指标满足度、卫星典型应用、地面系统运行服务等方面评价,形成报告并上报。

第三十六条 工程完成全部研制建设任务后,工程大总体组织开展工程研制建设总结,审核鉴定卫星技术状态和成熟度,开展工程效能、质量和可靠性评价。

第三十七条 工程项目在卫星交付使用、完成档案验收并经财务决算审计后,由研制建设部门提交验收申请,国防科工局、发展改革委会同财政部按程序对卫星工程组织验收。

第三十八条 卫星、地面、应用、测控系统协同配合,加强在轨卫星全寿命期技术支持保障,开展卫星状态监测,做好空间物体危险碰撞预警、规避和应急保障,实现卫星既定功能与任务。

第三十九条 遥感卫星运行管理按照相关管理办法和数据政策组织开展。通信卫星和商业卫星原则上按商业化模式运行保障。发生突发事件等紧急情况时,国防科工局会同相关部门统筹组织在轨卫星应急处置和管理。

第四十条 按照工程评价准则对卫星工程进行考核。建立健全工程项目信用记录评价机制,对于质量好、技术水平高、超过设计寿命并保持主要功能、性能有效的卫星工程项目,确定为精品工程,按有关规定予以奖励;对于未达到设计寿命提前失效的卫星工程项目,根据问题原因对责任单位予以通报,并按有关规定处理。

第四十一条 卫星丧失主要业务功能性能或丧失主动离轨能力前,由主用户部门牵头向国防科工局申请卫星退役。国防科工局按程序核准退役并会同有关部门统筹安排卫星拓展应用、离轨处置等工作。

第五章 附 则

第四十二条 商业卫星、国际合作卫星工程原则上参照本办法执行。

第四十三条 本办法由国防科工局、国家航天局负责解释。

第四十四条 本办法自印发之日起施行。2008年1月11日印发的《民用卫星工程研制管理暂行办法》(科工一司〔2008〕49号)同时废止。

高分辨率对地观测系统重大专项卫星遥感数据管理暂行办法

国家国防科技工业局高分观测专项办公室
2015 年 8 月

第一章 总则

第一条 为加强和规范国防科工局牵头组织实施的高分辨率对地观测系统重大专项(以下简称高分专项)的卫星遥感数据(以下简称高分数据)管理,大力推进高分数据在各领域的广泛应用,充分发挥高分数据对国家安全和经济社会发展的支撑服务作用,依据国务院批准的《高分辨率对地观测系统重大专项实施方案》(科工计〔2011〕1284 号)、《高分辨率对地观测系统重大专项实施管理暂行办法》(科工高分〔2012〕426 号)、《高分辨率对地观测系统重大专项工程实施保密管理暂行规定》(科工高分办〔2014〕32 号),以及其他有关法律法规和文件规定,制定本办法。

第二条 本办法适用于高分数据接收、处理、存档、分发和应用的全过程,适用于与其相关的各类组织和个人。

第三条 高分数据管理坚持以下原则:维护国家安全,推进公益服务;保障数据开放,强化资源共享;创新商业模式,促进数据应用;规范市场行为,营造众创空间;加强统筹协调,提高服务质量。

第四条 高分数据包括从卫星接收的原始数据和经过加工处理形成的各级各类产品,其所有权归国家所有。数据持有者、信息产品使用者依法享有数据使用权,并按本办法要求使用高分数据。

第五条 高分数据应优先满足国家应急和国家安全需求,保障高分专项应用示范、应用技术研发和公益性服务需求,并按市场机制原则,开展商业化应用。

在国内注册的企业单位、事业单位、社会团体、院校、政府部门和中国公民(以下简称用户)均可提出高分数据使用申请,并依法开展相关活动。

第二章 主要职责

第六条 国防科工局重大专项工程中心(国防科工局高分观测专项办公室、国家航天局对地观测与数据中心,简称专项中心)负责协调用户需求,统筹管理高分数据;组织制定高分卫星观测任务规划、计划;牵头组织拟制高分数据政策、标准规范、管理办法等规范性文件;实施高分数据的应用推广、产业化、国际合作等工作;建立高分综合信息服务共享平台以及相关元数据库,扩大产品信息获取渠道;牵头开展高分数据应急工作。

第七条 在专项中心组织协调下,相关行业主管部门负责组织本行业所属相关单位开展高分数据的应用工作。按照本办法要求,制定本行业的高分数据应用推广政策,提出高分数据需求,开展高分数据应用评价,构建高分数据高级产品生产、分发、应用、共享服务体系,形成相关数据产品、技术成果、软硬件产品清单以及相应的标准规范,加强本行业高分数据应用技术培训和应用推广,推动高分数据在本行业的业务化应用。同时,作为本行业用户代表,参与卫星观测任务规划、计划等协调工作,并定期将应用成果清单汇总至专项中心,动态更新高分综合信息服务共享平台的相关内容。

第八条 已设立高分辨率对地观测系统省级数据与应用中心的地方国防科技工业管理部门,负责按照本办法的要求,参照第七条行业管理职责,组织本地区开展高分数据分发、应用等工作;并按照专项中心有关要求,组织本地高分辨率对地观测系统省级数据与应用中心统一部署和运行相关高分数据管理与应用系统。同时,作为本地区用户代表,参与卫星观测任务规划、计划等协调工作;并组织形成本地区的高分数据应用年度报告,报送专项中心。

第九条　在专项中心组织下,中国资源卫星应用中心负责受理卫星观测需求、编制观测任务规划计划,生成观测任务指令和接收计划,开展0－2级产品处理、定标、分发以及存档管理等工作。中国科学院遥感与数字地球研究所牵头组织中国气象局国家卫星气象中心、国家海洋局国家卫星海洋应用中心,负责按任务计划接收高分数据。

第十条　为促进高分数据应用建立技术体系和产业体系,形成相应的应用推广支撑机构,培育龙头企业。其中,技术体系由高分专项应用技术中心和几何校正中心等组成;产业体系由产业推广中心、经授权的高分数据分发机构、公众服务与创客中心等组成。

第三章　数据分级分类

第十一条　高分数据分为由卫星地面站接收的原始数据和经过加工处理形成的各级产品。其中,0级产品为原始数据;1－2级产品为初级产品;3级及以上产品为高级产品。

[补充说明:对于遥感影像预处理类型和程度来说,采用统一的处理级别体系来描述其优点变得清晰。这种方法似乎已经发展到被普遍采用,尽管有许多不同情况存在。通常情况下,可使用下述定义来描述不同数据级别:

0级:传感器收集到的原始数据。0级数据并不是十分有用,除非你的兴趣点或研究内容是传感器本身。

1A级:均衡化辐射校正的数据产品。通过不同检测器的均衡功能对影响传感器的变化进行校正。包括了将DN值装换为辐射亮度值的绝对校正系数。

1B级:该步主要用于对一些传感器的几何畸变进行校正。对没有几何畸变的传感器来说,这一步是不需要的。同时,需要注意的是,1B级数据不可恢复为0级数据。

2A级:经过系统几何校正的数据。该级别数据名义上具有地理参考,但其精度并不高。

2B级:为了提高影像的空间位置精度,需要考虑到用户输入信息,借助具有准确位置信息的地面控制点来对影像进行位置校准。经过该处理的影像是具有原始空间分辨率且空间位置准确的数据产品(局部地形起伏较大的区域除外)。

3级:经正射校正的数据产品。对于具有大量地势起伏(比如:多山区域)的地区,要获取更准确的空间位置,需要进一步的校正来消除由于地形起伏、传感器倾斜等导致的几何误差。对同一传感器来说,其3级数据是同一尺度的,适用于大范围的栅格尺度,比如:镶嵌。

值得注意的是,由于各种原因,不同的系统具有不同的侧重点,被赋予不同的任务,因而具有不同的数据产品级别。比如,Landsat7采用校正至传感器单元的L1G级别作为其产品分发级别;DG公司则采用一种扩展系统来对产品级别进行分类,从"基础"级1B开始,到"标准"2A级,再到3F级(具有1:5000地图精度的正射校正影像)和Stereo OR2A(Ortho-ready Standard)级(立体像对,用户可以根据自己的需求和流程进行正射校正)。

中国资源卫星应用中心公布的卫星标准数据产品级别如下:

卫星标准数据产品根据处理程度不同,分为1A级、1C级、2级、2A级和2C级产品,各级产品主要说明如下:

1A级(预处理级辐射校正影像产品):经数据解析、均一化辐射校正、去噪、MTFC、CCD拼接、波段配准等处理的影像数据;并提供卫星直传姿轨数据生产的RPC文件。

1C级(高精度预处理级辐射校正影像产品):经数据解析、均一化辐射校正、去噪、MTFC、CCD拼接、波段配准等处理的影像数据;并提供整轨精化的姿轨数据生产的RPC文件。

2级(系统级几何校正影像产品):经相对辐射校正、系统级几何校正后的影像产品。

2A级(预处理级几何校正影像产品):1A级数据经几何校正、地图投影生成的影像产品。

2C级(高精度预处理级几何校正影像产品):1C级数据经几何校正、地图投影生成的影像产品。]

第十二条 高分数据初级产品可按照公开和涉密进行分类。

公开数据是可直接面向公众使用的数据。公开的高分光学数据初级产品空间分辨率不优于(大于等于)0.5米;公开的高分微波数据初级产品空间分辨率不优于(大于等于)1米。

涉密的高分光学数据初级产品空间分辨率优于0.5米;涉密的高分微波数据初级产品空间分辨率优于1米。按国家保密规定含有秘密信息和涉及敏感地区、敏感时段等的高分数据初级产品均按涉密管理。

第十三条 高分数据高级产品应依据国家有关行业数据分类的有关规定,确定公开和涉密的级别,并提供可公开发布的产品清单、服务清单和相应的标准规范清单。

第四章 数据申请和分发

第十四条 高分数据初级产品分发机构由中国资源卫星应用中心、经授权的各行业数据分发机构、经授权的各省(自治区、直辖市)高分辨率对地观测系统数据与应用机构,以及其他授权的企事业单位等四类机构组成。其中,中国资源卫星应用中心可分发0-2级产品;其他机构在各自授权领域内可分发1-2级产品。

第十五条 用户可以根据自身应用需要,原则上按各自领域向上述四类中相关的分发机构提出数据申请,并注册备案。经审查通过后,用户须与高分数据分发机构签署相关数据管理协议。高分数据分发机构应每半年汇总用户相关信息并提交专项中心。

第十六条 按照用户提出的数据需求和优先准则,专项中心组织行业与区域用户代表和高分专项地面系统运行单位统筹编制卫星观测年度规划;中国资源卫星应用中心负责月度计划和周计划拟定,并及时向用户反馈需求满足情况。在年度规划和月度计划、周计划拟制过程中,当用户需求与拟定计划出现冲突时,优先满足卫星主要用户提出的观测任务以及多用户需求集中的观测任务。

当周观测计划制定、应急任务和计划调整过程出现较大分歧时,提交专项中心进行统筹协调。

第十七条 高分数据分发原则上不向用户提供 0 级产品;确有必要的,由专项中心协调分发。

第五章 数据推广应用和成果管理

第十八条 高分专项鼓励和支持高分数据应用技术研究、应用开发、增值服务和产业化应用,强化建立市场化机制和商业化服务模式,推进高分数据资源应用的广度和深度。

第十九条 高分数据 1—2 级产品,用于高分专项应用示范任务的,在任务期间内,实行授权分发;用于公益性用途的,实行免费分发;用于非公益性用途的,实行收费分发。具体价格由高分数据初级产品分发机构参照国内外同类产品价格确定。

第二十条 高分专项投资形成的高分数据产品、相关服务及标准规范,由专项中心组织汇总、集成并形成相应清单,统一通过国家航天局高分综合信息服务共享平台发布,在专项内无偿使用和共享;无偿获得相关产品或成果的单位不得将其用于盈利目的。

同时,高分专项形成的产品或服务在专项外鼓励成果转化,营造市场化运行环境,加速产业化进程。

第二十一条 高分专项鼓励基于高分数据开展行业应用、区域应用和教育、科研应用。各行业数据分发机构按行政隶属或业务指导关系,可向地方对口业务部门逐级分发公益性用途的高分数据。

地方国防科技工业管理部门应对属地内高分数据应用推广提供相关保障并进行管理。

支持各类协会、学会等社会团体,组织开展高分数据质量评价、应用评价、数据与成果推广等工作。

第二十二条 高分数据产品以及相关应用成果,按照国家知识产权和国防科技工业知识产权相关法律法规进行管理。用户有义务报告数据使用情况和应用成果。各行业、区域、产业化示范应用单位和其他用户,每半年汇总高分数据获取情况和应用情况,向专项中心提交报告,并附相关产品清单、服务清单和标准规范清单。

中国资源卫星应用中心,各行业、各省(自治区、直辖市)数据分发机构,每半年汇总高分数据分发与应用情况,向专项中心提交报告,并附相关产品清单、服务清单和标准规范清单。

各类用户应当自觉保护获取的高分数据的知识产权。用户有义务在其应用成果和衍生产品中对使用的高分数据进行标注说明。免费获取高分数据的用户未经同意,不得向任何第三方转让高分数据。

第二十三条　专项中心按照高分专项产业化示范有关任务要求,积极扶持国内空间信息应用领域的龙头企业发展,并积极推动形成以政府采购为标志的商业运行环境。

第六章　国际合作与服务

第二十四条　遵循"平等友好、真诚合作、商业主导、互利互惠"的原则,开展高分数据及其相关地面系统、应用系统、应用服务以及卫星运行等国际合作与服务。

第二十五条　高分数据的国际合作与服务由国防科工局(国家航天局)归口管理。支持国内相关部门、单位或机构,根据相关国际协议,承担减灾应急、应对气候变化、生态环境监测等国际义务。

第二十六条　鼓励利用高分数据对外开展科研、教育、技术交流与合作;鼓励高分数据初级产品分发机构为开展科研、教育等公益性交流与合作的国内外用户视情免费提供少量试用数据。

第二十七条　根据我国政府、有关部门及国家航天局与有关国家签署的相关合作协议,在确保国家信息安全的前提下,经国防科工局(国家航天局)授权并明确经营范围和服务标准,支持国内相关企事业单位向开展国际业务的国内外用户销售高分数据、相关地面系统与应用系统,以及开展数据应用、卫星运行等商业化服务。

第二十八条　中国境内高分数据未经批准不得向境外任何组

织或个人提供。境外数据接收或使用应采取国别化政策,对涉及敏感地区、敏感时段的数据销售和商业服务应进行必要限制。境外区域实行属地分发,各国政府机构、企业、个人只能分发本国范围内的数据。

第七章 安全保密与罚则

第二十九条 申请使用涉密高分数据的用户应具备相应的保密资质或符合相关保密要求。

第三十条 所有使用涉密高分数据的用户,应严格执行《中华人民共和国保守国家秘密法》《高分辨率对地观测系统重大专项工程实施保密管理暂行规定》以及相关保密规定,对涉密数据进行保密管理。

第三十一条 出现下列情况之一的行为,专项中心有权对相关单位提出通报批评,情节严重的,可单方面对相关用户停止数据服务。对违反法律法规和有关规定的,依法追究其法律责任。

(一)以公益性应用名义申请数据用于非公益性用途的;

(二)以专项任务名义申请数据用于其他用途的;

(三)瞒报、谎报数据应用用途,恶意提交数据申请的;

(四)未经专项中心书面许可,将获得的高分数据初级产品向第三方分发提供的;

(五)未经批准,将获取的境内高分数据向境外分发提供的,或通过境内机构向境外传输的;

(六)违反数据保密管理和其他数据分发管理规定的行为。

第八章 附 则

第三十二条 其他民用遥感卫星和相关军转民遥感卫星数据可参照本办法执行。

第三十三条 本办法由国防科工局高分观测专项办公室负责解释。

第三十四条 本办法自发布之日起施行。此前高分专项相关规定与本办法不一致的,以本办法为准。

(二)国外空间立法

《美国外空商业发射竞争法》(中、英文)

第四部分——外空资源的探索与利用

于焕*译

401节:简称。

402节:对第51编的修改。

403节:对域外所有权的免责声明。

(c)关于美国法典第51编——除了明确指出之外,本法中涉及的修改或者废除是指对美国法典第51编中的某节或者其他条款的修改或废除。

401节:简称

这一部分可以被引用为《2015外空资源探索与利用法案》。

402节:对第51编的修改

(a)概况:对(第51编的)第五分编最终修改为补充如下内容:

第513章 外空资源的商业化探索与利用

---

* 于焕,女,德国吕讷堡罗伊法纳大学博士生。

节：

51301. 定义。

51302. 商业探索与商业获取。

51303. 小行星资源及外层空间资源权利。

51301. 定义

本章中：

(1) 小行星资源——"小行星资源"是指在单一小行星表面或其内部发现的外空资源。

(2) 外空资源——(a) 概括—外空资源是指在外层空间中原生的非生物资源。

(b) 包括——外空资源包括水资源和矿物资源。

(3) 美国公民——"美国公民"与50902节[①]中定义的美国公民含义相同。

51302. 商业探索和商业获取

(a) 概括——总统，通过适当的联邦机构，应当：

(1) 促进美国公民商业探索和商业获取外空资源；

(2) 消除政府阻碍，鼓励以不违反美国国际义务的方式，经济上可行的、安全的和稳定的对外空资源商业探索和商业获取的产业的发展；

(3) 促进美国公民在不违反美国国际义务的前提下，从事商业探索和商业获取外空资源的权利免受有害干扰，并由联邦授权和持续监督；

(b) 报告——本节颁布后180天内，总统应向国会提交美国公民商业开发和商业获取外空资源的报告，指明：

(1) 应履行美国国际义务的必要权限，包括联邦政府的授权和持续监督；

(2) 上述(1)中所涉联邦机构间的责任分配建议。

---

① 即《美国法典》第51编"国家和商业航天方案"第五分编"商业项目"第509节"商业航天发射活动"中的美国公民定义（译者注）。

51303. 小行星资源和外空资源权利

美国公民从事本章中规定的小行星资源或外空资源的商业获取,在不违背适用的法律,包括美国的国际义务的情况下,对获得的任何小行星资源或外空资源享有权利,包括占有、拥有、运输、使用和销售小行星资源或外空资源的权利。

(b) 章目录——第 51 编的章目录通过对第五分编增加如下条目而最终修改:

513. 外空资源商业探索和利用 ·························· 51301.

403 节:议会意识到,此法案的通过,并不意味着美国主张对任何天体的主权、专有权、管辖权或者所有权。

2015 年 11 月 25 日批准

U. S. Commercial Space Launch Competitiveness Act – Title IV – Space Resource Exploration and Utilization

Sec. 401. Short title.
Sec. 402. Title 51 amendment.
Sec. 403. Disclaimer of extraterritorial sovereignty.

(c) REFERENCES TO TITLE 51, UNITED STATES CODE. — Except as otherwise expressly provided, wherever in this Act an amendment or repeal is expressed in terms of an amendment to, or repeal of, a section or other provision, the reference shall be considered to be made to a section or other provision of title 51, United States Code.

SEC. 401. SHORT TITLE.

This title may be cited as the "Space Resource Exploration and Utilization Act of 2015".

SEC. 402. TITLE 51 AMENDMENT.

(a) IN GENERAL. —Subtitle V is amended by adding at the end the following:

"CHAPTER 513—SPACE RESOURCE COMMERCIAL EXPLORATION AND UTILIZATION

"Sec.

"51301. Definitions.

"51302. Commercial exploration and commercial recovery.

"51303. Asteroid resource and space resource rights.

" § 51301. Definitions

"In this chapter:

"(1) ASTEROID RESOURCE. —The term 'asteroid resource' means a space resource found on or within a single asteroid.

"(2) SPACE RESOURCE—

"(a) IN GENERAL. —The term 'space resource' means an abiotic resource in situ in outer space.

"(b) INCLUSIONS. —The term 'space resource' includes water and minerals.

"(3) UNITED STATES CITIZEN. —The term 'United States citizen' has the meaning given the term 'citizen of the United States' in section 50902.

" § 51302. Commercial exploration and commercial recovery

"(a) IN GENERAL. —The President, acting through appropriate Federal agencies, shall—

"(1) facilitate commercial exploration for and commercial recovery of space resources by United States citizens;

"(2) discourage government barriers to the development in the United States of economically viable, safe, and stable industries for commercial exploration for and commercial recovery of space resources in manners consistent with the international obligations of the United States; and

"(3) promote the right of United States citizens to engage in commercial exploration for and commercial recovery of space resources free from harmful interference, in accordance with the international obligations of the United States and subject to authorization and continuing supervision by the Federal Government.

"(b) REPORT. —Not later than 180 days after the date of enactment of this section, the President shall submit to Congress a report on commercial exploration for and commercial recovery of space resources by United States citizens that specifies—

"(1) the authorities necessary to meet the international obligations of the United States, including authorization and continuing supervision by the Federal Government; and

"(2) recommendations for the allocation of responsibilities among Federal agencies for the activities described in paragraph (1).

" § 51303. Asteroid resource and space resource rights

"A United States citizen engaged in commercial recovery of an asteroid resource or a space resource under this chapter shall be entitled to any asteroid resource or space resource obtained, including to possess, own, transport, use, and sell the asteroid resource or space resource obtained in accordance with applicable law, including the international obligations of the United States. ".

(b) TABLE OF CHAPTERS. —The table of chapters for title 51 is amended by adding at the end of the items for subtitle V the following:

"513. Space resource commercial exploration and utilization .... 51301".

SEC. 403. DISCLAIMER OF EXTRATERRITORIAL SOVEREIGNTY.

It is the sense of Congress that by the enactment of this Act, the United States does not thereby assert sovereignty or sovereign or exclusive rights or jurisdiction over, or the ownership of, any celestial body.

Approved November 25, 2015.

探索和利用外空资源法(卢森堡)*(中、英文)

于焕**译

第一条
外空资源能够被占有。

第二条
(1)探索和利用外空资源必须持有负责经济和空间活动的部长或各部长(以下简称部长)的纸质任务授权书。

(2)任何人不得从其他人或从事相关活动而作为中介处获得授权,从事第1款规定的活动。

(3)获得授权的营运人从事第1款规定的活动时,必须遵守授权条件以及卢森堡承担的国际义务。

(4)本法不适用于卫星通信、轨道位置或频段使用。

---

* 卢森堡《探索和利用外空资源法》于2017年7月13日经卢森堡议会通过,并于同年8月1日正式生效。官方公布英译本在通过之前名为"Draft Law on the Exploration and Use of Space Resources",现该法已经正式通过并生效,在中译本中略译"Draft"一词,但英文本仍旧保持卢森堡官方公布原件不变。关于本法具体信息,可以参考:< http://www. spaceresources. public. lu/en/actualites/2017/Luxembourg – is – the – first – European – nation – to – offer – a – legal – framework – for – space – resources – utilization. html >(译者注)。

** 于焕,女,德国吕纳堡罗伊法纳大学博士生。

第三条

以商业目的探索和利用外空资源任务的申请,应以书面形式向部长提出申请,获得授权。

第四条

任务授权只能授予依据卢森堡法律成立的上市股份有限公司(société anonyme)或股份有限公司(société en commandite par actions)或私人有限责任公司(société à responsabilité limitée)或有注册办事处在卢森堡的欧洲公司(société européenne)的申请。

第五条

授权是个人的,不可转让。

第六条

授权申请必须附上所有对其评估有用的信息以及任务方案。

第七条

(1)授权须经有证据显示申请方中央管理机构和注册办事处在卢森堡真实存在,包括行政和会计结构。

(2)获得授权的营运人应具有稳固的资金、技术方案和法定程序,以及在外空资源探索和利用过程中,包括外空资源的商业化计划和实施在内的安排。获得授权的营运人需进一步强化其内部管理方案,尤其要包括一个具有良好定义的透明的和责任一致的清晰的组织结构,能够识别、管理、监测和报告其面临或可能面临风险的有效流程和充足的内部控制机制,包括健全的行政和会计程序,以及针对技术系统和应用的控制和安全安排。

(3)本条款中提到的安排、流程、程序和机制,应该是全面的,并且在固有的商业模式中以及授权所针对的任务中,与其性质、规模和风险的复杂性相称。

第八条

(1)获得授权应接受部长关于与股东或成员身份有关的直接或间接的沟通(这些股东或成员包括)营运人10%资本或投票权直

接或间接的股权持有者），

如果股权持有人没有达到上述10%的门槛，则需要就所占份额前二十名最大股东或成员的身份信息进行沟通。

考虑到确保良好审慎运营的需要，如果这些股东或成员不适格，则授权将被拒绝。

(2) 良好和审慎的营运概念，依照下列标准进行评估：

a) 申请授权的营运人的声誉及第1款提及的其股东和成员的信誉；

b) 第1款提及的股东或成员的管理机构任何成员的信誉、知识、技能和经验；

c) 第1款提及的股东和成员的财政可靠性；

d) 是否有合理理由怀疑与探索任务或外空资源利用有关的洗钱或做恐怖主义融资正在或已经或试图进行，以及探索任务或外空资源的利用，可能增加上述风险。

第1款提及的股东或成员的管理机构成员的声誉，依照第九条第1款第2句话进行评估。

第九条

(1) 授权须评定营运人管理机构成员的条件。营运人管理机构的成员，应在任何时候都具备良好的信誉，并拥有充足的知识、技能和经验，以履行自己的职责。这种良好信誉，应在违警记录和保障无任何可指责行为的证据的基础上进行评定。

(2) 营运人中必须至少有两人对管理负责。管理人员必须有权有效决定业务方向。其必须具有在空间产业或相关部门中以高水平的责任和自主权从事相关活动的从业经验，从而掌握充足的专业经验。

(3) 第1款中提及的任何人事变动应事先与部长沟通。

部长可以要求提供变更人员的必要信息，变更人员要满足良好信誉和专业经验的法律要求。部长应拒绝人员变更的提议，如果其不具备充足的专业信誉或不具备足够的专业经验，或有客观和明显的理由相信人员变动会对安全审慎的营运管理造成威胁。

(4)获得授权后,管理机构的成员应将部长以之为调查授权申请基础的实质性信息的任何变动,主动以一个完整、连贯、全面的书面形式通知部长。

第十条

(1)申请授权必须附有任务的风险评估。应以如下方式详细说明这些风险的险种,包括:个人财产、不属于申请授权营运人同一团体的保险企业的保险单,或者不属于申请授权的营运人同一团体的信用机构的保证。

(2)授权应以(申请人)有可与任务风险相适应的财政基础为条件。

第十一条

(1)授权应以申请人持有由一个或多个可以证明其具有足够专业经验的审计机构出具的(申请人的)年度财务报表为条件。

(2)有关审计机构的任何方面的变动应提前经部长批准。

(3)根据经修改的 1915 年 8 月 10 日《商业公司法》的规定,可以组成监事会的特派员规则仅在《商业公司法》强制规定的,即便存在公司内部审计,仍可适用的情况下,才适用于营运人。

第十二条

授权应说明将获授权的营运人的行为应满足第 6 条至第 11 条第 1 款的规定。还可以包含如下额外条款:

a)将要开展的活动在卢森堡大公国领土以内或以外进行;

b)与所述任务可能相关的限制;

c)所述任务的监管方式;

d)将获授权营运人确保遵守其义务的条件。

第十三条

对于每一个授权申请,部长应当规定费用,以支付与处理申请有关的行政成本。费用应为 5 000 欧元到 500 000 欧元不等,具体金额取决于申请的复杂性和涉及工作的总量。

费用的收取程序应由卢森堡大公国相应法规决定。

第十四条

(1)如果获得授权的营运人不再满足授权条件,授权将被撤回。

(2)如果获得授权的营运人36个月内未使用授权,宣布放弃授权,或停止开展业务6个月,授权将被撤回。

(3)如果通过虚假陈述或任何其他不合规手段获得授权,授权将被撤回。

第十五条

获得授权后,部长负责对任务的持续监督。

第十六条

获得授权的营运人对任务中造成的损害负全部责任,包括准备阶段的所有工作和职责。

第十七条

获得从事任务的授权,并不排除应当从其他机构(获得)的批准或授权。

第十八条

(1)任何人违反或试图违反本法第二条的规定,将处以8天以上5年以下的有期徒刑,并/或处,5 000欧元以上1 250 000欧元以下的罚款。

(2)任何人违反或试图违反本法第五条,第九条第3款第1项,第十一条第1款或第2款的规定,或违反授权的授予和条件,将处以8天以上1年以下有期徒刑,并/或处,1 250欧元以上500 000欧元以下的罚款。

(3)在不损害第1款和第2款规定的前提下,法院可以宣告停止违反现行法律规定的行为,并针对已发现的侵害行为,处以每天不超过1 000 000欧元的罚款。

Draft Law on the Exploration and Use of Space Resources

Article 1

Space resources are capable of being appropriated.

Article 2

(1) No person can explore or use space resources without holding a written mission authorisation from the minister or ministers in charge of the economy and space activities (hereinafter "the ministers").

(2) No person shall be authorised to carry out the activity referred to in paragraph 1 either through another person or as an intermediary for the carrying out of such activity.

(3) The authorised operator may only carry out the activity referred to in paragraph 1 in accordance with the conditions of the authorisation and the international obligations of Luxembourg.

(4) This Law shall not apply to satellite communications, orbital positions or the use of frequency bands.

Article 3

The authorisation shall be granted to an operator for a mission of exploration and use of space resources for commercial purposes upon written application to the ministers.

Article 4

The authorisation for a mission shall only be granted if the applicant is a public company limited by shares (société anonyme) or a corporate partnership limited by shares (société en commandite par actions) or a private limited liability company (société à responsabilité limitée) of Luxembourg law or a European Company (société européenne) having its registered office in Luxembourg.

Article 5

The authorisation is personal and non-assignable.

Article 6

The application for authorisation must be accompanied by all such information as may be useful for the assessment thereof as well as by a mission program.

Article 7

(1) The authorisation shall be subject to the production of evidence showing the existence in Luxembourg of the central administration and of the registered office, including the administrative and accounting structures of the operator to be authorised.

(2) The operator to be authorised shall have a robust scheme of financial, technical and statutory procedures and arrangements through which the exploration and utilization mission, including the commercialisation of space resources are planned and implemented. The operator to be authorised shall furthermore have a robust internal governance scheme, which includes in particular a clear organisational structure with well defined, transparent and consistent lines of responsibility, effective processes to identify, manage, monitor and report the risks it is or might be exposed to, and adequate internal control mechanisms, including sound administrative and accounting procedures, as well as

control and security arrangements for its technical systems and applications.

(3) The arrangements, processes, procedures and mechanisms referred to in this article shall be comprehensive and proportionate to the nature, scale and complexity of the risks inherent to the business model of the operator to be authorised as well as to the mission for which the authorisation is sought.

Article 8

(1) The authorisation shall be subject to the communication to the ministers of the identity of the shareholders or members, whether direct or indirect, natural or legal persons, that have direct or indirect holdings of at least 10 per cent of the capital or of the voting rights in the operator, and of the amount of such holdings or, if such 10 per cent threshold is not met, the identity of the twenty largest shareholders or members. The authorisation shall be refused if, taking into account the need to ensure a sound and prudent operation, the suitability of those shareholders or members is not satisfactory.

(2) The concept of sound and prudent operation is assessed in accordance with the following criteria:

a) the reputation of the operator to be authorised and the shareholders and members referred to in paragraph 1;

b) the reputation, knowledge, skills and experience of any member of the management body of the shareholders or members referred to in paragraph 1;

c) the financial soundness of the shareholders and members referred to in paragraph 1;

d) whether there are reasonable grounds to suspect that money laundering or terrorist financing is being or has been committed or attempted in relation to the proposed exploration mission or the proposed utilization of space resources or that such exploration mission or such utilization could increase the risk thereof.

The good repute of the members of the management body of the shareholders or members referred to in paragraph 1 shall be assessed in accordance with the terms of article 9, paragraph 1, second sentence.

Article 9

(1) The authorisation shall be subject to the condition that the members of the management body of the operator shall at all times be of sufficiently good repute and possess sufficient knowledge, skills and experience to perform their duties. Such good repute shall be assessed on the basis of police records and of any evidence tending to show that the persons concerned are of good repute and offer every guarantee of irreproachable conduct.

(2) At least two persons must be responsible for the management of the operator. Those persons must be empowered to effectively determine the direction taken by the business. They must possess adequate professional experience by virtue of their having previously carried out similar activities at a high level of responsibility and autonomy in the space industry or in a related sector.

(3) Any change in the persons referred to in paragraph 1 shall be communicated in advance to the ministers.

The ministers may request all such information as may be necessary regarding the persons who may be required to fulfil the legal requirements with respect to good repute and professional experience. The ministers shall refuse the proposed change if these persons are not of adequate professional repute or do not have sufficient professional experience or where there are objective and demonstrable grounds for believing that the proposed change would pose a threat to the sound and prudent management of the operation.

(4) Granting the authorisation implies that the members of the management body shall, on their own initiative, notify in writing and in

a complete, coherent and comprehensive form, to the ministers any change regarding the substantial information on which the ministers based their investigation of the application for the authorisation.

Article 10

(1) The application for the authorisation must be accompanied by a risk assessment of the mission. It shall specify the coverage of these risks by personal financial means, by an insurance policy of an insurance undertaking not belonging to the same group than the operator to be authorised or by a guarantee of a credit institution not belonging to the same group than the operator to be authorised.

(2) The authorisation shall be conditional upon the existence of financial bases that are appropriate to the risks associated with the mission.

Article 11

(1) The authorisation shall be conditional on the operator to be authorised having its annual accounts audited by one or more réviseurs d'entreprises agréés who can show that they possess adequate professional experience.

(2) Any change in the réviseurs d'entreprises agréés must be authorised in advance by the ministers.

(3) The rules in respect of commissaires, which may form a supervisory board as laid down in the Law of 10 August 1915 on commercial companies, as amended, only apply to operators where the Law on commercial companies mandatorily prescribes it even if there is a réviseur d'entreprise.

Article 12

The authorisation shall describe the manner in which the operator to be authorised fulfils the conditions of articles 6 to 11, paragraph 1. It may in addition include provisions on:

a) the activities to be carried on within the territory of the Grand Duchy or out of such territory;

b) the limits that could be associated with the mission;

c) the modalities for the supervision of the mission;

d) the conditions for ensuring compliance by the operator to be authorised with its obligations.

Article 13

For each application for an authorisation, a fee shall be set by the ministers in order to cover the administrative expenses incurred in relation to the processing of the application. Such fee shall range from 5,000 to 500,000 euros depending on the complexity of the application and the amount of work involved.

A Grand—Ducal regulation shall determine the procedure applicable to the collection of such fee.

Article 14

(1) The authorisation shall be withdrawn if the conditions for the granting thereof are no longer met.

(2) The authorisation shall be withdrawn if the operator does not make use thereof within thirty – six months of it being granted, renounces to it or has ceased to carry out its business for the preceding six months.

(3) The authorisation shall furthermore be withdrawn if it has been obtained through false statements or through any other irregular means.

Article 15

The ministers are in charge of the continuous supervision of the missions for which an authorisation has been granted.

Article 16

The operator that is granted an authorisation for a mission is fully responsible for any damage caused at the occasion of the mission, including at the occasion of all preparatory works and duties.

Article 17

The granting of an authorisation for a mission does not dispense from the need to obtain other approvals or authorisations.

Article 18

(1) Any person who contravenes or attempts to contravene the provisions of article 2 shall be punished by a term of imprisonment of between eight days and five years and a fine of between 5,000 and 1,250,000 euros or either one of those penalties.

(2) Any person who contravenes or attempts to contravene the provisions of articles 5, 9 paragraph 3 subparagraph 1, 11 paragraph 1 or 2 or that contravenes the terms and conditions of the authorisation shall be punished by a term of imprisonment of between eight days and one year and a fine of between 1,250 and 500,000 euros or either one of those penalties.

(3) Without prejudice to paragraphs 1 and 2, the court to which the matter is being referred, may declare the discontinuance of an operation contravening the provisions of the present law, under a penalty the maximum of which shall not exceed 1,000,000 euros per day of infringement found.

外层空间法大事记(2011—2017)

聂明岩

2011 年

1月26日至27日,亚太空间合作组织理事会第四次会议在泰国帕塔亚举行,土耳其成为亚太空间合作组织最新的成员。

3月26日至29日,作为国际空间法学会的理事,哈尔滨工业大学法学院院长、空间法研究所所长赵海峰教授在奥地利维也纳参加了国际空间法学会理事会会议和相关的学术活动。其中,3月26日为为期一天的理事会会议,讨论了国际空间法学会有关学术会议、出版、模拟法庭等各项工作。3月28日,赵海峰教授作为国际空间法学会的成员,以观察员的身份参加了联合国外空委法律小组委员会的会议,并参加了由国际空间法学会和欧洲空间法中心联合组织的面向联合国外空委法律小组委员会成员的外空法研讨会。研讨会主要讨论了外层空间和空气空间划界的问题。

3月28日至4月8日,联合国和平利用外层空间委员会法律小组委员会在维也纳举行了第五十届会议,由 Ahmad Talebzadeh (伊朗)担任主席。该小组委员会的报告已提交委员会(A/AC.105/990)。小组委员会各次会议未经编辑的录音记录稿载于 COPUOS/Legal/T. 820-838 号文件。

5月4日,作为中国空间法学会20周年会庆和中国政法大学60周年校庆活动之一,由中国空间法学会主办,中国政法大学法学院承办的"《空间资产议定书》法律问题研讨会"暨中国空间法学会

2011年度学术课题结题评审会在北京丽亭苑酒店举行。来自中国空间法学会、中国航天科技集团公司、外交部、国防科工局、总装备部、商务部、亚太空间合作组织、哈尔滨工业大学、中国政法大学、北京理工大学等单位的有关领导、专家、学者和应邀嘉宾近50人出席了会议。作为中国空间法学会专家组组长,赵海峰教授主持了中国空间法学会2011年度课题评审。2011年度共有8项课题参加结项,其中哈尔滨工业大学赵海峰主持的课题"我国载人空间站国际合作的政策及法律问题研究"顺利通过了课题结项评审。

5月9日至11日,统一私法协会理事会于罗马举行第十九届会议,并授权转交议定书初步草案,供计划于2012年第一季度举行的外交会议讨论通过。

5月9日至12日,国际宇航科学院与罗马尼亚空间局联合组织的讨论题为"从威胁—行动"的第二次关于小行星和彗星对地球的撞击会议,在罗马尼亚布加勒斯特举行。会议讨论了以下问题:有潜在危险性的天体;最新进展;发现和跟踪资源与计划;碰撞、结果与教育;飞行任务规划与技术;活动规划;行星护卫方面的法律、政策和政治框架;行星护卫方面取得的进展。

6月1日,依照大会第65/97号决议以及和平利用外层空间委员会第五十三届会议所达成的一致意见,委员会和经五十四届会议举行了一次向联合国所有会员开放的纪念活动,以纪念人类载人航天飞行五十周年暨委员会五十周年。参加纪念活动的各国以鼓掌方式通过了《人类载人航天飞行五十周年暨和平利用外层空间委员会五十周年宣言》。

9月5日至9日,导航卫星委员会第六次会议在日本东京召开。

9月26日至28日,肯尼亚政府主办了主题为"建设非洲共同的空间愿景"的第四次空间科学和技术促进可持续发展非洲领导力会议。该次会议期间,肯尼亚政府和外层空间事务厅联合举办了一次专门讨论空间法的会议。

10月3日至7日,第62届国际宇航联大会在南非开普敦举行,会议期间,国际空间法学会举行第 54 届学术研讨会。

11 月 8 日至 9 日,地球观测卫星委员会全体会议由地球观测卫星委员会主席意大利空间局主办,在意大利卢卡举行。

2012 年

3 月 19 至 30 日,联合国外层空间委员会法律小组委员会于奥地利维也纳举行第五十一届会议并发布报告(A/AC.105/1003)。委员会由 Tare Charles Brisibe(尼日利亚)担任主席。会议期间,3 月 19 日,国际空间法学会和欧洲空间法中心举行了一次主题为"空间物体所有权的转移:责任、赔偿责任和登记问题"的专题讨论会,由国际空间法学会的 Tanja Masson-Zwaan 和欧洲空间法中心的 Sergio Marchisio 联合主持。

6 月 19 到 20 日,第一届亚太空间合作组织法律与政策论坛在北京举行。来自亚太空间合作组织(孟加拉、中国、伊朗、蒙古、巴基斯坦、秘鲁、泰国、土耳其)的代表、来自联合国外空司、欧空局、国际空间法学会的代表以及来自哈尔滨工业大学、中国政法大学、北京理工大学、北京航空航天大学、深圳大学、香港大学的代表参加了会议。哈尔滨工业大学法学院院长、空间法研究所所长赵海峰教授出席会议并就法律的区域化问题做了发言。

6 月 20 日至 22 日,在巴西里约热内卢举行联合国可持续发展大会,大会就加强利用天基地理空间数据支持可持续发展政策并建立国家空间数据基础设施的方式方法提出建议。

8 月 30 日,国际法协会第 75 届大会通过《国家空间立法示范法索菲亚准则》。

10 月 1 至 5 日,第 63 届国际宇航联大会在意大利那不勒斯举行,会议期间,国际空间法学会举行第 55 届学术研讨会。作为国际空间法学会的理事,赵海峰教授参加了国际空间法学会理事会会议和相关的学术活动。其中,10 月 3 日,参加了学会全体会议,经全体会议选举,连任为国际空间法学会理事。10 月 5 日,参加了"合作型人类空间项目的法律问题"研讨会,就空间站的若干法律问题做了报告。

11月5日至8日"空间法对经济和社会发展的贡献"第八期联合国空间法讲习班在布宜诺斯艾利斯举行,讲习班由阿根廷政府主办,由外层空间事务厅和阿根廷国家空间活动委员会联合组织,并得到了欧空局的支持。

11月9日,赵海峰教授参加了在韩国召开的2012年第49届国际航空和航天法年会,并就"中国空间工业和航天法的现状与展望",做了专题报告。

11月21日至22日,中国宇航学会和中国空间法学会在北京联合举办"中国宇航学会·中国空间法学会2012年学术年会"。11月21日,赵海峰教授在京参加了该学术年会。并在会上作了《欧洲国家的国内空间立法及其对我国的启示》的报告。

2013年

2月25日至3月1日,哈尔滨工业大学法学院院长、空间法研究所所长赵海峰教授赴日本东京参加航天政策和管理研讨会,并作题为"中国航天立法的新近发展"的报告。

2月28日,赵海峰教授参加日本航天论坛组织举办的第二届"为人类的持续的航天开发和利用"国际研讨会。

3月15日,赵海峰教授访问欧洲空间局,并现场观摩欧洲空间法中心的授课活动。

3月16日,赵海峰教授在法国巴黎参加国际空间法学会理事会2013年春季会议。

4月8至19日,联合国外层空间委员会法律小组委员会于奥地利维也纳举行第五十二届会议并发布报告(A/AC.105/1045)。委员会由Tare Charles Brisibe(尼日利亚)担任主席。会议期间,4月8日,国际空间法学会和欧洲空间法中心举行了一次主题为"统一私法协会空间议定书"的专题讨论会,由国际空间法学会的Tanja Masson-Zwaan和欧洲空间法中心的Sergio Marchisio联合主持。此外,4月16日日本组办了题为"空间法方面的国家机制和国际机制"的午餐时间特别研讨会。

6月16至23日,应哈尔滨工业大学空间法研究所邀请,韩国航空法与空间法学会名誉会长金斗焕（Kim Doo Hwan）教授在哈尔滨工业大学就外空法的四个主题进行专题讲座。

6月16至23日，应哈尔滨工业大学空间法研究所邀请，加拿大麦吉尔大学航空与空间法研究所所长保罗·斯蒂芬·蒂姆普赛（Paul Stephen Dempsey）教授在哈尔滨工业大学就外层空间法相关问题举办系列讲座。

6月26至27日，亚太空间合作组织"2013年空间法律与政策论坛"在北京理工大学举行。哈尔滨工业大学赵海峰教授、Fabio Tronchetti副教授应邀就相关问题进行了专题发言。

9月2日至13日，欧洲空间法中心空间法律与政策暑期班在奥地利克洛斯特新堡举行。

9月23至27日，第64届国际宇航联大会在中国北京举行，会议期间，国际空间法学会举办第56届学术研讨会。

9月23日，赵海峰教授在北京参加国际空间法学会理事会全体会议。哈尔滨工业大学法学院教师李晶珠、张宇被接纳为国际空间法学会正式会员。

9月26日，Manfred Lachs空间法模拟法庭竞赛最后一轮在北京举办。

11月8至9日，中国欧洲学会欧洲法研究会第七届学术年会在湖北武汉召开。中国欧洲法研究会副会长赵海峰教授参加会议，并作题为"中欧空间合作的现状与未来"的主题发言。

12月5日，国际空间法学会在华盛顿特区举行第八次关于空间法关键问题的Eilene M. Galloway专题讨论会。

12月3日至5日，空间科学和技术促进可持续发展非洲领导人会议在阿克拉举行，其空间法会议重点关注能力建设、空间碎片所涉法律问题、各国在国际外层空间条约下的义务，以及从非洲的视角看与和平探索和利用外层空间有关的国家立法。

2014年

3月14日，2014年欧洲空间法中心从业人员论坛在巴黎举行。

3月18日，中央军委法制局召开国际空间立法座谈会，外交部、工业和信息化部、总装备部、中国空间法学会、哈尔滨工业大学、北京理工大学、中国政法大学、北京师范大学、中央财经大学等单位参会交流。

3月19至24日,哈尔滨工业大学空间法研究所所长赵海峰在意大利米兰大学讲学,访问罗马大学并赴维也纳列席联合国外空委法律小组委员会第53届会议开幕会。

3月24至4月4日,联合国外层空间委员会法律小组委员会于奥地利维也纳举行第五十三届会议并发布报告(A/AC.105/1067)。委员会由Kai-Uwe Schrogl(德国)担任主席。会议期间,3月24日,国际空间法学会和欧洲空间法中心举行了一次主题为"微小型卫星的监管需要"的专题讨论会,由国际空间法学会的Tanja Masson-Zwaan和欧洲空间法中心的Sergio Marchisio联合主持。

4月14日至17日,第31届空间与重大灾害国际宪章理事及执行秘书会议在北京召开,来自14个国家和地区及组织的15个成员机构参加了此次会议。

5月25日,中国政法大学举办"外空安全与外空活动长期可持续性"国际研讨会,国际空间法学会、美国密西西比大学、奥地利维也纳大学、中国外交部、中国空间法学会、中国政法大学、北京航空航天大学、北京理工大学、哈尔滨工业大学、中央财经大学等单位参会交流。

5月28日至31日,赵海峰教授参加由加拿大麦吉尔大学航空航天法研究所举办"空间全球治理研讨会"并作题为"亚太地区区域空间合作机制的成长与全球治理"的报告。

9月1日至12日第二十三期欧洲空间法中心空间法律和政策暑期班在瑞士日内瓦举办。

9月24日,赵海峰教授访问意大利国立米兰大学,并为该校师生作题为"外层空间法的最近发展"的专题讲座。

9月29日,赵海峰教授在加拿大多伦多出席国际空间法学会理事会会议。

9月29至10月3日,第65届国际宇航联大会在加拿大多伦多举行,会议期间,国际空间法学会举办第57届学术研讨会。

9月30日,哈尔滨工业大学空间法研究所所长赵海峰,中国国防科技大学国家安全与军事战略研究中心助理研究员周黎妮,香港大学法律学院博士生杜蓉在加拿大多伦多参加国际宇航科学院第27届"空间政策,规范及经济论坛"。赵海峰教授宣讲题为"亚太空间合作组织与欧空局在理论和实践上的异同"的论文,周黎妮宣讲题为"中国空间站开展国际合作前景展望"的论文,杜蓉宣讲题为"亚洲地区的空间合作"的论文。

10月2日,哈尔滨工业大学空间法研究所副所长法比欧·特隆凯蒂在加拿大多伦多参加国际宇航科学院与国际空间法学会联合举办的第29届科学-法律圆桌会,并宣讲题为"高分辨率对地观测数据的安全及反恐问题研究"的论文。

10月2日,赵海峰教授在加拿大多伦多参加由国际宇航联合会空间安全委员会与英国《空间政策》期刊社联合举办的"空间安全圆桌会议"并于当日参加国际空间法学会2014年度颁奖晚会。

10月3日第二十三届Manfred Lachs空间法模拟法庭竞赛最后一轮在加拿大多伦多举办。

10月11—16日,应哈尔滨工业大学法学院邀请,国际空间法学会理事,日本防卫省国家安全研究所政府和法律部主任桥本靖明教授作"非传统安全法治"系列讲座。

10月28日,中国国家航天局召开"空间法动态研讨会",外交部、国务院法制办、中国空间法学会、中科院国家天文台、中国国防科技信息中心、中国长城工业集团公司、中国航天系统科学与工程研究院、哈尔滨工业大学、北京航空航天大学等单位参会交流。

11月17日至21日联合国/中国/亚太空间合作组织空间法讲习班在北京举办。

11月21—22日,赵海峰教授出席中国欧洲法学会年会,并作关于"欧洲空间政策的新发展"的发言。

12月4日,赵海峰教授应邀在韩国航空航天大学作题为"中国的航空航天法律与政策"的学术报告。

12月5日,哈尔滨工业大学空间法研究所所长赵海峰教授,北京理工大学空间法研究所所长李寿平教授应邀出席韩国航空航天法律政策学会第53届航空航天法律与政策国际会议。赵海峰就"亚太地区空间合作组织的成就、法律构架和未来"进行专题演讲,李寿平作题为"卫星导航国际合作法律制度的构建"的学术报告。

12月5日,应全国哲学社会科学规划办公室邀请,赵海峰教授担任国家社会科学基金项目成果鉴定专家,并完成外空法律相关研究课题的书面评审工作。

12月10日第九次关于空间法关键问题的Eilene M. Galloway专题讨论会在华盛顿特区举行;哈尔滨工业大学空间法研究所副所长法比欧·特隆凯蒂参会并作题为"非传统的空间活动.法律政策挑战与机遇前瞻——国际空间法热点问题"的报告。法比欧·特隆凯蒂还提交题为"域外采矿:现有空间条约与国际法是否足够适用当今的发展环境"的论文,阐述相关法律问题并对美国新近产生的"小行星法案"进行了评述。

2015年

2月26日至28日国际宇宙航行科学院/国际空间法学会气候变化与灾害管理会在印度特里凡得琅举行。

3月12日,国家航天局系统工程司副司长李国平与美国驻华大使馆环境科技卫生处参赞安浩博在京举行会谈,双方就两国航天合作、建立中美民用航天政府间磋商机制交换了意见,一致同意加强沟通与交流,力争建立有关磋商机制。

3月14日,2014年欧洲空间法中心从业人员论坛在巴黎举行。

4月13至24日,联合国外层空间委员会法律小组委员会于奥地利维也纳举行第五十四届会议并发布报告(A/AC.105/1090)。

委员会由 Kai–Uwe Schrogl(德国)担任主席。会议期间,4 月 13 日,国际空间法学会和欧洲空间法中心举行了主题为"空间交通管理"的专题讨论会,由国际空间法学会的 Tanja Masson–Zwaan 和欧洲空间法中心的 Sergio Marchisio 联合主持。

5 月 14 日至 17 日 Manfred Lachs 空间法模拟法庭竞赛欧洲赛在波兰弗罗茨瓦夫举行。

5 月 29 日,第二届中国卫星全球服务国际合作商洽会在北京举行。会议以"共建天基丝绸之路,中国卫星全球服务"为主题,紧密围绕国家"一带一路"战略,结合泛区域经济建设和社会发展的实际需求,构建覆盖全球的天基信息网络,服务于广大用户,惠及全球经济建设和社会民生事业的健康发展。

6 月 1 日至 5 日 Manfred Lachs 空间法模拟法庭竞赛欧洲赛在贝尔格莱德举办。

8 月 31 日至 9 月 11 日第二十四期欧洲空间法中心空间法律和政策暑期班在法国卡昂举办。

9 月 30 日至 10 月 2 日拉丁美洲航空和空间法及商业航空学会会议在亚松森举办。

10 月 12 日至 16 日,第 66 届国际宇航联大会在以色列耶路撒冷举行,会议期间,国际空间法学会举办第 58 届学术研讨会。

12 月 1 日至 4 日,哈尔滨工业大学空间法研究所所长赵海峰教授赴印尼参加了第 22 届亚太空间机构论坛的相关活动。12 月 2 日下午,应日本东京大学空间政策研究机构的邀请,赵海峰教授参加了第 22 届亚太空间机构论坛的边会"亚太地区空间活动的未来"空间政策研讨会,并在会上做了"中国航天政策和法律的最新发展"的报告。

12 月 10 日至 11 日建立空间资产国际登记处的筹备委员会在罗马举行了其第四届会议,并且该筹备委员会成功完成了登记处规章的最后文本。

12 月 18 日至 19 日第八届全国空间碎片学术交流会在京召

开,会议由国家航天局空间碎片监测与应用中心主办,中国航天科技集团公司一院承办。

2016 年

1 月 13 日外交部在其网站发布了《中国对阿拉伯国家政策文件》,涵盖了深化全面合作、共同发展的中阿战略合作关系、中国对阿拉伯国家政策、全面加强中阿合作、中阿合作论坛和中国与阿拉伯区域组织关系等五部分内容。

1 月 19 日,在中国国家主席习近平和沙特阿拉伯国王萨勒曼·本·阿卜杜勒阿齐兹·阿勒沙特的见证下,中国卫星导航系统管理办公室主任冉承其和阿卜杜勒阿齐兹国王科技城主席图尔基亲王在利雅得签署了《中沙卫星导航领域合作谅解备忘录》。

1 月 20 日,中国卫星导航系统管理办公室主任冉承其和阿拉伯信息通信技术组织秘书长穆罕默德.本.阿莫在埃及开罗阿盟总部签署了《中阿卫星导航领域合作谅解备忘录》。

3 月 8 日,国务院批复同意自 2016 年起,将每年 4 月 24 日设立为"中国航天日"。中国航天日旨在宣传中国和平利用外层空间的一贯宗旨,大力弘扬航天精神,科学普及航天知识,激发全民族探索创新热情,唱响"发展航天事业、建设航天强国"的主旋律,凝聚实现中国梦航天梦的强大力量。

3 月 9 日,由中科院赛思库和德国 Disrupt 太空共同主办的首届中欧商业航天论坛在北京举行。

4 月 4 至 15 日,联合国外层空间委员会法律小组委员会于奥地利维也纳举行第五十五届会议并发布报告(A/AC. 105/1113)。委员会由 Hellmut Lagos Koller(智利)担任主席。在此期间,4 月 4 日,国际空间法学会和欧洲空间法中心举行了由国际空间法学会 Tanja Masson – Zwaan 和欧洲空间法中心 Sergio Marchisio 担任联席主席的有关"《登记公约》生效四十年:当今实际问题"这一主题的专题讨论会。会议期间,法国和日本代表团组办了题为"空间法跨边界视角"的研讨会;阿根廷代表团组办题为"UNISPACE+50 活动开始之际有关国际法的挑战"的专题讨论会;欧洲空间政策研究所组办题为"空间条约和美国商业空间发射活动竞争力法令之间的空间挖掘"专题讨论会。

4月26日至27日伊比利亚美洲航空和空间法及商业航空学会在亚松森举行巴拉圭第一次国际空间和航空大会。

4月27日至29日2016年 Manfred Lachs 空间法模拟法庭竞赛欧洲赛在英国格拉斯哥举办。

6月16日,国务院新闻办发表《中国北斗卫星导航系统》白皮书。

8月29日至9月10日第二十五期欧洲空间法中心空间法律和政策暑期班在华沙举办。

9月5日至8日关于"空间法和政策对二十一世纪空间治理和空间安全所做贡献"的第十期联合国空间法讲习班在维也纳联合国办事处举行。

9月26至30日,第67届国际宇航联大会在墨西哥瓜达拉哈拉举行,会议期间,国际空间法学会举办第59届学术研讨会。

2016年10月20至21日,首届中国航天高峰论坛暨中国宇航学会、中国空间法学会2016年学术年会在京召开。会议由中国航天科技集团公司科技委、中国宇航学会、中国空间法学会主办,来自中国航天科研院所、企事业单位、高等院校、军队等有关单位的专家、学者300多人出席会议。本届论坛暨年会以"创新驱动发展 共铸航天强国"为主题,为庆祝中国航天事业创建60周年而召开。会议采用主旨报告与分论坛专题研讨相结合的方式,内容涵盖空间技术、空间科学、空间应用、空间法律和空间政策等相关领域。国家法官学院教授、哈尔滨工业大学法学院特聘教授赵海峰参加了此次会议,并在法治航天的分论坛上做《中国空间政策研究——以日本、印度为参考》的报告。该论文获本届论坛暨年会优秀论文一等奖。

11月29日,《中华人民共和国卫星导航条例》起草工作组第一次会议在京召开。

12月1日至2日为期两天的欧空局部长级理事会会议在瑞士卢塞恩举行,内容是欧空局成员国承认欧空局作为外空委常设观察员所起作用及欧空局在制定和执行国家空间法规方面给其成员国的建议。

12月5日关于空间法关键问题的第十一次Eilene M. Galloway专题讨论会在华盛顿特区举行。

12月16日至18日,中国空间法学会第13届CASC杯Manfred Lachs国际空间法模拟法庭竞赛在北京理工大学举行。来自中国政法大学、中南财经政法大学、北京理工大学、北京外国语大学、华中科技大学等高校共10支队伍参加了本次比赛。经过激烈的决赛,中国政法大学最终获得了冠军。赵海峰教授应邀作为主审法官参加了竞赛的审裁活动,并在总结会上就国际空间法模拟法庭竞赛在空间法学科发展和人才培养的重要意义、书面诉状的写作技巧等做了专题报告。

2017年

3月18日,欧洲空间法中心在巴黎举办年轻律师第二期专题讨论会。

3月27至4月7日,联合国外层空间委员会法律小组委员会于奥地利维也纳举行第五十六届会议并发布报告(A/AC. 105/1122)。3月27日至29日,会议在小组委员会第937次会议选出的代理主席Laura Jamschon Mac Garry(阿根廷)的主持下进行。3月30日至4月7日,会议在Hellmut Lagos Koller(智利)的主持下进行。会议期间,3月27日,国际空间法学会和欧洲空间法中心举行了关于"《外层空间条约》通过后50年有关空间资源探索、利用和使用的法律模式"这一主题的一次专题讨论会,该专题讨论会由国际空间法学会的Kai-Uwe Schrogl和欧洲空间法中心的Sergio

Marchisio 联合主持。

4月21日,北京航空航天大学与中国空间法学会在北京联合召开《中华人民共和国卫星导航条例》起草工作研讨会,国家法官学院教授、哈尔滨工业大学法学院特聘教授赵海峰应邀参加了会议,并就卫星导航立法问题发了言。

6月6日,2017全球航天探索大会在北京开幕。大会由国际宇航联合会主办,中国宇航学会承办。本次大会以"分享·合作"为主题,来自世界各国的800多位专家学者和航天工作者围绕空间探测、空间实验室、国际合作等议题开展交流研讨。

6月30日,美国总统特朗普签署行政令,要求重新设立国家航天委员会。数位国会议员、工业界官员和阿波罗11号航员奥尔德林等出席了在白宫举行的签署仪式。特朗普在签署仪式上说:宣布重设国家航天委员会向世界发出了一个明确信号,即美国正在恢复令其自豪的航天领先传承。特朗普还表示,国家航天委员会将成为政府内引导航天政策的中枢,他将从那里听取意见、信息和行动建议。

7月10日,由亚太空间合作组织(APSCO)与哈尔滨工业大学人文社科与法学学院联合举办的第四届亚太空间合作组织空间法律与政策论坛在哈尔滨开幕。亚太空间合作组织秘书长李新军、亚太空间合作组织主席巴哈让米·穆赫辛、联合国外空司部门主任海德曼·尼克拉斯、哈尔滨工业大学副校长任南琪教授、哈工大人文社科与法学学院院长赵宏瑞教授等出席开幕式。

11月1日至2日,第二届中国航天高峰论坛暨中国宇航学会·中国空间法学会2017年学术年会在京召开。论坛以"协同创新、融合发展"为主题,旨在促进航天学术交流与研讨,繁荣航天学术思想,促进航天强国建设。赵海峰教授、哈尔滨工业大学人文社科与法学学院贾雪池副教授、李晶珠讲师出席了此次论坛。在法治航天的分论坛上,赵海峰做《"一带一路"空间信息走廊建设法律问题研究》的报告,李晶珠做《外空安全背景下空间交通管理法律规则的构建》的报告。两篇论文均获本届论坛暨年会优秀论文一等奖。